U0525208

◎本项目经费来源：五邑大学广东侨乡文化研究中心，斯坦福大学（国际事务办公室，社会科学研究所，Freeman-Spogli研究所中国基金会，环境人类学Lang基金会，人类学系斯坦福考古中心UPS基金会，Wenner-Gren人类学研究基金会）

侨乡研究丛书
QIAOXIANG STUDIES SERIES

# 铁路华工的跨国生活

广东侨乡和北美铁路华工营的物质文化研究

The Transnational Lives of Chinese Railroad Workers:
Material Culture Research from a Guangdong Province Qiaoxiang and Railroad Worker Camp Sites in North America

谭金花　[美] 芭芭拉·沃斯　[美] 莱恩·肯尼迪　编著

中国社会科学出版社

## 图书在版编目（CIP）数据

铁路华工的跨国生活：广东侨乡和北美铁路华工营的物质文化研究 / 谭金花，（美）芭芭拉·沃斯，（美）莱恩·肯尼迪编著. —北京：中国社会科学出版社，2019.5
ISBN 978 - 7 - 5203 - 4456 - 2

Ⅰ. ①铁⋯　Ⅱ. ①谭⋯ ②芭⋯ ③莱⋯　Ⅲ. ①铁路工程—华工—社会生活—研究—广东　Ⅳ. ①D634

中国版本图书馆 CIP 数据核字（2019）第 090177 号

---

| | |
|---|---|
| 出 版 人 | 赵剑英 |
| 责任编辑 | 宋燕鹏 |
| 责任校对 | 李　剑 |
| 责任印制 | 李寡寡 |

| | |
|---|---|
| 出　　版 | 中国社会科学出版社 |
| 社　　址 | 北京鼓楼西大街甲 158 号 |
| 邮　　编 | 100720 |
| 网　　址 | http://www.csspw.cn |
| 发 行 部 | 010 - 84083685 |
| 门 市 部 | 010 - 84029450 |
| 经　　销 | 新华书店及其他书店 |

| | |
|---|---|
| 印刷装订 | 北京君升印刷有限公司 |
| 版　　次 | 2019 年 5 月第 1 版 |
| 印　　次 | 2019 年 5 月第 1 次印刷 |

| | |
|---|---|
| 开　　本 | 710×1000　1/16 |
| 印　　张 | 16.5 |
| 字　　数 | 253 千字 |
| 定　　价 | 168.00 元 |

---

凡购买中国社会科学出版社图书，如有质量问题请与本社营销中心联系调换
电话：010 - 84083683
版权所有　侵权必究

广东省五邑大学广东侨乡文化研究中心
Guangdong Qiaoxiang Cultural Research Center, Wuyi University, Jiangmen City, Guangdong Province

广东省文物考古研究所
Guangdong Provincial Institute of Cultural Relics and Archaeology, Guangdong Province

美国斯坦福大学人类学系斯坦福考古中心
Department of Anthropology and Stanford Archaeology Center, Stanford University, Stanford, California, United States of America

广东省开平市仓东村调查项目是由五邑大学广东侨乡文化研究中心发起邀请，与广东省考古研究所和斯坦福大学人类学系考古中心合作的一个研究项目。在项目研究过程中，人员分工如下：

**人员组成：**
**领队**：谭金花博士（五邑大学），Barbara L. Voss 博士（斯坦福大学）
**合作领队（2017）**：J. Ryan Kennedy 博士（新奥尔良大学）
**执行领队（2016）**：J. Ryan Kennedy 博士（新奥尔良大学），Laura Ng（斯坦福大学）

**田野工作**：Benjamin Kyle Baker（斯坦福大学），Deborah Cohler（旧金山州立大学），Kimberley Grace Connor（斯坦福大学），Tyler David Davis（南俄勒冈大学），Ariana Fong，Marissa Fong，Royce Fong，Kimberley Garcia，Jocelyn Lee（EAC 考古），Nicole Martensen（洪堡州立大学），Jiajing Mo 莫嘉靖（杜伦大学），Koji Ozawa（斯坦福大学），Virginia Popper（马萨诸塞大学波士顿分校），Chelsea Elizabeth Rose（南俄勒冈大学），Jiajing Wang 王佳静（斯坦福大学）。

**史学工作**：谭金花（五邑大学），Matthew Sommer，Peter Hick，Joseph Ng（斯坦福大学）

**项目录像**：Barre Fong， Barre Fong 设计公司

**项目制图**：仓东遗产教育基地，Katie Johnson-Noggle（南俄勒冈大学）
**图表设计**：Katie Johnson-Noggle（南俄勒冈大学）

**报告撰写**：芭芭拉·沃斯（Barbara L. Voss）（第 3.5 节），赖恩·肯尼迪（J. Ryan Kennedy）（第 3.6 节），维吉尼亚·帕朴（Virginia Popper）（第 3.7 节）

**本书翻译**：Jiajing Wang 王佳静，Yahui He 贺娅辉，Ran Chen 陈冉（斯坦福大学）

**翻译校对**：谭金花（五邑大学）

# 目　录

美国铁路华工：联结太平洋两岸的劳工群体（代序） ………… （1）

Belief Introduction of this Book ………………………………… （1）

第一章　铁路华工研究的跨国视角 ……………………………… （1）

第二章　北美铁路华工的考古研究 ……………………………… （12）

  第一节　劳工的历史经验：中国铁路劳工多学科研究的

     考古学贡献 ……………………………………… （12）

  第二节　加利福尼亚州内华达山脉山顶营地之景观 ……… （33）

  第三节　论犹他州突顶峰上的中国劳工营 ………………… （45）

  第四节　铁路华工与美国土著在美西种族化铁路经济中的

     结盟策略 ………………………………………… （58）

  第五节　北美铁路华工的动物考古学和本土化 …………… （74）

第三章　铁路劳工家乡开平市的研究 …………………………… （106）

  第一节　开平市仓东村调查简介 …………………………… （106）

  第二节　仓东村的历史背景和文化环境 …………………… （111）

  第三节　仓东村地表调查方法和结果 ……………………… （118）

  第四节　仓东村的深度调查与结果 ………………………… （139）

  第五节　餐具瓷器分析 ……………………………………… （162）

  第六节　仓东村动物遗存分析 ……………………………… （184）

  第七节　仓东村大植物遗存和浮选样本的分析 …………… （195）

第四章　北美铁路华工与广东侨乡的物质实践之对比 ………… （222）

编后感语 …………………………………………………………… （236）

1

# 美国铁路华工：
# 联结太平洋两岸的劳工群体
## （代序）

### 张国雄

2012年底，时任美国斯坦福大学图书馆馆长、现任美国国会图书馆亚洲部主任的邵东方先生来到五邑大学广东侨乡文化研究中心，代表斯坦福大学美国铁路华工项目组提出合作开展美国铁路华工研究的建议，并带来了协议书。

2014年，是美国华工参加横贯大陆铁路建设150周年。

2019年，是美国横贯大陆铁路建成通车150周年。

美国政府、学界、社团从2012年开始，就为此进行各种准备，斯坦福大学牵头组织美国相关大学和研究机构的学者开展美国铁路华工研究是学界最重要的纪念准备活动。邵东方先生到中国相关高校和研究机构寻求开展国际合作，五邑大学广东侨乡文化研究中心是他们希望合作的对象之一。

参与美国横贯大陆铁路建设的华工，有70%是来自广东省江门市的台山、开平，江门是美国铁路华工的家乡。作为坐落在铁路华工家乡的大学研究机构——五邑大学广东侨乡文化研究中心的研究者对邵东方先生带来的邀请非常感兴趣也非常重视，经双方商议达成了合作开展美国铁路华工研究的协议。

从2013年开始，五邑大学广东侨乡文化研究中心就将美国铁路华工研究列为中心的重要任务，持续与斯坦福大学铁路华工项目组开展合作。

2014年9月，以张少书教授、谢利·费希尔·费雪金教授为组长的铁路华工家乡调研组来到五邑大学进行学术交流，并到台山、开平、新会铁路华工村落和遗迹开展田野调查。

2015年5月，五邑大学广东侨乡文化研究中心的张国雄教授、刘进教授、谭金花副教授应邀前往斯坦福大学，先后到东亚研究中心、人类学系考古中心与项目组进行工作交流，并考察加州铁路华工遗址。

2018年4月，谭金花副教授受邀作为访问学者到斯坦福大学开展铁路华工的合作研究；5月21日至6月4日，五邑大学广东侨乡文化研究中心铁路华工项目组成员刘进教授、石坚平教授、姚婷博士、冉琰杰博士一行前往美国，从萨克拉门托出发，由西往东，经过加州、内华达州到达犹他州横贯大陆铁路合龙处，沿着当年的铁路线进行田野考察，与沿途各地研究横贯大陆铁路的专家学者进行学术交流。谭金花副教授参与了这次田野调查活动，负责活动的策划与安排。

在与美国斯坦福大学铁路华工项目组的合作研究中，以斯坦福大学人类学系考古中心芭芭拉·沃斯（Barbara L. Voss）博士为组长的团队所开展的铁路华工生活史中美对比研究，是这项国际学术合作非常重要的组成部分。

2015年5月，我们在斯坦福大学人类学系考古中心同芭芭拉·沃斯博士一起详细商议了2016年在江门侨乡铁路华工村落开展人类学调查的工作计划和相关协议。2016年初，芭芭拉·沃斯博士和斯坦福大学历史系主任苏成捷博士前来江门，与广东侨乡文化研究中心就即将开展的田野调查工作进行深入的实地研讨，并拜访了广东省文物考古研究所，就合作开展这个项目的研究交换了意见。

铁路华工家乡的田野调查分两个阶段进行，第一阶段于2016年12月20日至2017年1月3日进行，主要是开展铁路华工村落地表调查和评估潜在地层堆积。第二阶段于2017年12月11日至23日进行，主要任务是在第一阶段的基础上，进行人类学深度调查，并在开平仓东村工作站整理、分析调查所采集的遗物。两个阶段采集的所有标本都保存在五邑大学广东侨乡文化研究中心。

在铁路华工村落人类学深度调查工作中，两个阶段的工作都得到了广东省文物考古研究所的指导。五邑大学广东侨乡文化研究中心、斯坦福大学人类学系考古中心和广东省文物考古研究所联合于 2017 年 8 月 1 日在开平仓东遗产教育基地举办了"北美华工五邑侨乡考古研究国际研讨会",来自广州、深圳、江门以及美国斯坦福大学、旧金山州立大学、宾夕法尼亚大学的中外学者 30 余人参加。围绕生活史考古的现状、方法、理论,中美学者以各自开展的项目为重点进行了热烈的讨论交流。这次活动为开展美国铁路华工村落人类学深度田野调查和遗物整理分析提供了学术保障。

2018 年 7 月,由芭芭拉·沃斯、莱恩·肯尼迪、谭金花、伍颖华等四人共同撰写的论文 The Archaeology of Home: Qiaoxiang and Nonstate Actors in the Archaeology of the Chinese Diaspora 在国际考古领域权威学术期刊 American Antiquity 发表,该文首次从跨国、跨文化的视角将美国早期华人聚居地的考古调查发现与五邑侨乡铁路华工村落人类学深度田野调查发现进行比较研究,这些实证研究印证了美国加利福尼亚州和广东五邑地区一百多年来持续文化交流的史实及其特质。

即将出版的由谭金花、芭芭拉·沃斯、莱恩·肯尼迪共同编辑的《铁路华工的跨国生活:广东侨乡和北美铁路华工营的物质文化研究》报告,就是这项中美合作调查研究最新最重要的阶段性成果。

我们简单回顾一下中美两国关于铁路华工的研究历程,就可以认识这项研究成果的学术意义和学术价值。

根据笔者掌握的文献资料,有关美国铁路华工的研究,早在 19 世纪 60 年代美国一些关于加利福尼亚州历史的著作中,就有了对铁路华工的分析和对其历史功绩的评价。此后,美国学界不断有成果面世。

1868 年在克罗尼斯的《加利福尼亚的资源》一书中,他高度评价华工的作用:"若没有中国人的帮助,我国的工业不可能那么早就奠定了基础;对我国全面发展具有极大重要性的中央太平洋铁路也不可能修建得那么快。中国人不仅满足了我国对劳动力的需要,而且他们是廉价的劳动力。"克罗尼斯这本专著出版于横贯大陆铁路全线通车的前一年,对华工参与西部淘金和连接东西部的跨州铁路建设对美国的战略意义,克罗尼斯做出了恰如其分的肯定。

在早期的学术成果中，最重要的是 1881 年出版的乔治·F. 西华的《美国的中国移民——论它的社会和经济方面》一书。乔治·F. 西华从 1840 年到 1880 年先后担任汕头、广州、上海美国驻华领事馆总领事和驻华公使，是一个在中国任职 40 余年的职业外交官。这个身份让他接触到大量的美国官方档案资料，比如"美国国会关于中国移民的专项报告书"，"驻华使领馆给国务院的专项报告"等。1879 年，乔治·F. 西华受美国国务卿伊械士的命令，对中国移民美国的华工出洋的真实情况进行调查（是否与被拐卖到古巴、秘鲁的猪仔华工同类），他担任总领事的广州是美国华工最重要的输出地，任职期间早就对当地华工出洋情况有所了解。这样的职业背景和这样的专项调查任务，促成他 1880 年卸任后完成了这部有分量的著作。在《美国的中国移民——论它的社会和经济方面》中，乔治·F. 西华从淘金年代开始对华工的移民方式进行了分析，认为他们全部都是自由移民，是美国西部开发难得的廉价劳动力，中央太平洋铁路公司发觉华工比加利福利尼亚州本地的劳动力更为得力，更能使公司获得巨大的利润。这使后来承包美国西部地区铁路工程的资本家竞相仿效，引入更多的华工。他还在书中对华工移民美国的成本收益进行了分析，保留了不少难得的资料。比如，书中记载华工家乡一天的收益是一角，而在美国的收益一天是一美元等。乔治·F. 西华以外交官、学者身份撰写的《美国的中国移民——论它的社会和经济方面》一书就有了特别的学术意蕴。

19 世纪美国涉及铁路华工的研究有一个大的社会背景。19 世纪 60 年代后期，在加利福尼亚州出现了鼓动排华的声音，一些工会组织认为华人对白人工人形成了竞争压力。此时，工会在加利福尼亚州对美国两大政党的影响日益深入，社会舆论中排华的声音越来越大。所以，我们看到克罗尼斯和乔治·F. 西华的著作都有一个特点，就是对加州社会出现的华工压制了白人工人的生存空间的论调进行了反驳。比如，排华声调中有一种观点，这些华工如同没有自由的黑奴，他们是被拐骗而来的。还有一种观点认为华工抢占了白人工人的工作机会。克罗尼斯和乔治·F. 西华都运用实证资料对这些论调进行了驳斥。同时期，还有其他一些到过加利福尼亚州的学者、著名旅行家、记者和专家也持有同样的观点。

1909年柯立奇的《中国移民》出版，这是一本被誉为20世纪初严肃介绍被人忽视的少数民族——华人的著作。他运用前人的研究成果和媒体报道、政府统计数据等资料，对起源于19世纪60年代的排华运动进行了比较详细的分析与批判。其中，铁路华工是重要的分析对象之一，他认为包括铁路华工在内的中国移民都是自由移民，说他们是奴隶纯属虚构，铁路华工的参与引发白人工人的不满，排华起源于工会，华工后来则成为美国政党政治的牺牲品。他对铁路华工招工起源、招募方式以及华工的奉献成本与回报的分析，都很有学术价值。

1938年奥斯卡·刘易斯的《四大股东》一书出版，详细介绍了中央太平洋铁路公司的"四巨头"承接横贯大陆铁路西段的过程和组织建设的详情。其中，在招募白人工人极其困难的局面下，中央太平洋铁路公司从最初抱着试试看的心态招募华工，到后来一遇到艰难紧急工程首先就想到华工的心态和行为转变的详细过程，以及华工的英勇精神、心灵手巧的才干和为铁路付出的巨大牺牲，他都进行了生动的描述。

1950年陈匡民的《美洲华侨通鉴》一书在纽约出版发行，对铁路华工的描述和评价是：太平洋铁道之建筑，筑路工人百分之九十为华人，该铁道得提早完成者，全为华人之功。美记者目睹华工，披荆斩棘，誉为"美国之真实开路先锋"。这是一本通览，不是专门的学术著作，不过也反映了美国华人对先侨贡献美国历史的认知，在长期缺乏对华工贡献了解和公正历史评价的美国社会，这也是一种声音的表达吧。早在1928年，中国留学生吴景超在芝加哥大学完成的博士学位论文《唐人街：共生与同化》中，使用中央太平洋铁路"四巨头"之一的查尔斯·克拉克及工程监理人斯特罗布里奇的口述资料，对招募爱尔兰劳工的无奈，华工规模和出奇高的工作效率做出了不带偏见的评价。克拉克说："他们干活的劲头完全符合我们的愿望，致使我们感到，只要哪儿工程紧急，最好立即派华人去。在此之前，我们总是派白人去干；如今，一遇紧急工程，我一定让华工去，因为他们很可靠，始终如一，而且有承担艰苦任务的才干和能力。"这本著作1991年被翻译成中文在中国大陆正式出版发行。

1964年贡特·巴特出版了《"苦力"——1850—1870美国华工史》一书，这是又一部严肃对待这段历史的专著。其主要内容是分析这个时期的华工是如何来到美国的，描述华人社会的轮廓，铁路华工正是产生于这个时期。贡特·巴特通过他对包括铁路华工在内的这一时期华工迁移行为及其家乡的社会环境、路途中的行为分析，同样反对将华工视为奴隶（这是排华的重要谎言之一），他们属于自由移民。与以前的研究相比，贡特·巴特将视角延伸到了华工的家乡——中国广东的珠江三角洲，让美国学术界对华工到美国打工的社会基础有了初步的了解。他对迁移工具、迁移费用、迁移时间以及迁移目的等迁移细节情况较前人有了深入的研究。华工到美国后华人社团对这些同乡劳工的控制、华工在铁路工地的生产生活情况等，也都有了更深入的分析，引用的一些当事人的观察记录资料丰富了对这一劳工群体劳动生活细节的认识。与以往研究不同的是，他将铁路华工的研究视角更延伸到1869年横贯大陆铁路通车后围绕中央太平洋铁路西段开展的南北铁路网建设场域，更对最终失败的南部肯塔基、孟菲斯等地种植园主希望利用华工去替代对付黑人工人的劳工输入企图进行了较详细的分析，应该说这是对铁路华工研究的扩展。

1966年美国学者亚历山大·塞克斯顿发表了《十九世纪华工在美国筑路的功绩和牺牲》一文，集中对铁路华工在缓解中央太平洋铁路公司严重欠缺的劳工问题上的贡献、攻克内华达州最艰难的路段、为中央太平铁路公司加快推进筑路进程赢得时间、为中央太平洋铁路公司节省了大量金钱等方面的历史功绩进行了详细的论述，并对他们为此付出的巨大牺牲以及获得的不公正对待给予了揭示和同情。在论文中他引述了中央太平洋铁路公司总裁利兰·斯坦福的一段对华工贡献的评价："没有华工，这条重要的国家交通干线的西段，就不能在国会法案所要求的时限内完工。"

1979年宋李瑞芳的《美国华人的历史和现状》一书出版，她有感于20世纪60年代以来美国缺乏严肃的分析华人群体的著作，而已有成果又带有美国社会根深蒂固成见的现实进行了这项研究。这本著作的一个特点是大量使用了国会档案资料、19世纪以来的研究成果、移民局的统计资料等，非常丰富，大段的引用为我们了解美国华人历史增添了很多感性的生动认识。其中，关于铁路华工的描述平实而有启发。最值得注意的是第三部分"中国移民先驱"的结束语。她写道："加利福尼亚早期的历史学家对华人先驱所做的贡献都是一致公认的。华人在开发地壳内部宝藏，挖掘金矿资源，为国家增加财富的工作中是一支主力。他们耕种农田，收获庄稼，使大批涌向西部定居、征服荒野地区的人得以温饱。他们为尚未制定法律的边疆地区确立了尊严、安定、平静、良好的社会秩序。他们为加利福尼亚社会增添了色彩，他们的衣着和生活方式和西方人的习惯截然不同，他们的到来和缴纳税款，使许多县免于破产。他们在建设横贯大陆的铁路及其支线中立下的丰功伟绩所显示出的英勇气概已经载入史册。他们勤劳朴实、吃苦耐劳的品质，拯救了西部亿万英亩肥沃的农田和无数城镇地产。"宋李瑞芳将铁路华工的丰功伟绩视为华人对美国早期发展贡献的一块重要基石，至今值得我们好好体悟。

1982年麦美玲和迟进之合著的《金山路漫漫》一书出版，它记录了美国华人两个世纪以来在美国大陆上求生存、争尊严、创业绩的奋斗历史。这是一本面向美国社会的通俗读物，重点介绍"二战"后华人的奋斗和发展，对历史则描述得比较简略，"铺设中央太平洋铁路"在第一章中做了介绍，立足的是展示华工的艰难困苦和后来的不公正待遇。

在美国的铁路华工研究中，2004年出版的由铁路华工后裔赵耀贵撰写的《横贯大陆铁路的无名建设者》一书有独特的价值。赵耀贵先生不是专业的历史学者，他是美国宇航局的工程师，其祖父在1870年来到美国后就在中央太平洋铁路公司工作，曾祖父也是铁路华工，家庭与这条铁路的情缘让他对这段历史比其他人有更多的一些了解和特殊的情感。所以退休后，他用5年多的时间到加利福尼亚州、内华达州和犹他州的档案馆、博物馆、图书馆查找资料，并通过多个渠道寻访华工后人，他熟悉广东方言，对档案馆、博物馆、图书馆馆藏的文献进行解读具有语言的优势，《横贯大陆铁路的无名建设者》的完成包含了他对华工先侨的尊重。这本著作不仅文献性很强，而且对华工何时参与横贯大陆铁路建设、有多少人参与等一些基本的历史事实，都利用铁路公司的原始档案资料和其他文献进行了全新的考证，并且推翻或推进了学术界原有的一些认识。比如，长期以来中美学界认为华工参与铁路建设始于1865年，但是赵耀贵在铁路公司原始的工资档案中发现了1864年1月华工领取工资的证据。

很有趣的是，也是在2004年，美国华裔学者赵汝诚博士的《万语千言能否构建一幅真实的图画——美国太平洋铁路华工和爱尔兰劳工报纸形象分析》学位论文完成。赵汝诚博士1952年12月22日生于加州洛杉矶，1981年在俄勒冈州立大学获得工程新闻学学士之后，先后在《俄勒冈人》等俄勒冈州、加利福尼亚州和马萨诸塞州的多家报社担任记者和编辑。1995年在俄勒冈大学获新闻与传播学硕士学位，2004年在密苏里大学获新闻学博士学位。作为一个在美国出生的华人以及他的新闻专业修养和长期在报社工作的记者编辑经历，促使他将博士学位论文选题确定在新闻媒体视角下的铁路华工研究。2012年五邑大学广东侨乡文化研究中心约请邓武先生在中国大陆翻译出版了赵汝诚的博士学位论文，在征得赵汝诚博士家人同意并征询了博士论文指导老师贝蒂·霍钦·温费尔德博士的意见后，书名修改为《旅居者与移民——美国太平洋铁路华工和爱尔兰劳工报纸形象分析》，中文版也是这部著作唯一一次的出版发行。这部著作与前面介绍的其他著作最大的不同是，大量利用当年铁路沿线各地报纸对两支铁路建设大军的报道资料，运用媒体传播学的理论进行新闻社会学分析，这是一个新的研究视角和研究成果。在对报纸报道资料的对比分析中，他认为两支铁路建筑大军的形象是不同的，许多报纸的报道强调了两支劳工大军各自的口音，但它们对爱尔兰劳工往往更加在意，往往会在报道中提及他们的名字，而对华人劳工来说，他们的名字很少出现在报道中。这些报道对两支劳工大军都不乏贬抑，但方式不同，对爱尔兰人的报道总是突出他们的对抗行为、扰乱治安的行径和频繁的酗酒，对华人的描绘则是偏重他们亚洲人的面部特征、所谓的低智商和偷盗、拉皮条一类的罪案，当有霍乱、天花和麻风病流行时，这些报纸总是援引当地官员的话，将这些传染病的源头指向华人。赵汝诚博士认为，媒体通过描绘劳工群体的形象和他们之间的对话显现出来种族歧视的意识。爱尔兰劳工的衣着与当地白人相似，因此他们不太容易被区分，而且他们也说英语，尽管带有口音；爱尔兰人是移民，准备在美国安顿下来；华人们却保持着传统的衣着、猪尾式的发型和中国的饮食，且很难用英语同当地人交流；华工作为"旅居者"，他们大都打算最终回到中国与他们的亲人团聚，也就没有必要遵从这里的习俗。这个时期的美国报纸意识到了上述差别，因此它们对华人劳工的敌意就更加强烈了。

赵汝诚博士深感可叹，19世纪的美国报纸对赴美华人的不公正报道以及强加给他们的污辱性偏见几乎贯穿了美国的整个建设时期。他指出这些报道中的区别大都源于社会歧视和19世纪60年代与今天不同的新闻准则，同时报纸的报道也强化了当时美国社会对待华工的歧视性认识。

美国有关铁路华工的研究成果远不止上述的介绍，肯定有挂一漏万之处。

中国对铁路华工的关注也不晚，但是长期以来，研究很不够。

清末，一些使美大臣的奏章中有所提及但不是重点。在学界，梁启超的《新大陆游记》可能是最早关注评介这个群体的记录。梁启超先生在《新大陆游记》的附录《记华工禁约》中指出："今者，加罅宽尼之繁盛，实吾国人民血汗所造出之世界也。何也？无金矿、无铁路则无加罅宽尼，而加罅宽尼之金矿、铁路，皆自中国人之手而开采建筑者也。"淘金、筑路的华工就是一个群体。

此后长期以来，有关美国铁路华工的研究在中国一直极少受到关注。进入20世纪中期，1976年中国台湾学者刘伯骥的《美国华侨史》出版，1981年《美国华侨史续编》出版，刘伯骥先生的著作是中国学者研究美国华侨历史最早最翔实的一部，他大量使用了美国和中国两方面的多种文献资料，让我们对铁路华工历史细节的把握有了很多新的认知。

进入80年代，伴随改革开放，尤其是中美关系的改善，美国华侨华人历史研究逐渐被学界关注，19世纪的铁路华工自然成为学者们论述的内容之一。一些美国华人学者有关美国华侨华人历史的著作陆续在中国翻译出版，让学界和社会看到了美国华人学者对铁路华工的一些分析。中国学者的研究和资料整理成果也陆续出现。陈翰笙先生主编的十辑《华工出国史料汇编》于1984年陆续出版发行，其中第一辑的"中国官方文书选辑"和第七辑"美国与加拿大华工"都收录了铁路华工的相关中外文献。1989年杨国标等人的《美国华侨史》出版，这是中国80年代以来第一部美国华侨的通史，参与横贯大陆铁路建设这一重大的历史事件自然受到重视，主要揭示了铁路华工参与这条铁路修建的过程以及表现出的不惧艰难、敢于冒险的英勇奉献精神。同时期，一批学术论文陆续发表，比如朱杰勤的《十九世纪后期中国人在美国开发中的作用与处境》、丁则民的《美国中央太平洋铁路的修建与华工的巨大贡献》、奚国伟的《为建筑美国第一条横贯大陆的铁路做出贡献的华工》、王寅的《十九世纪下半叶华工对美国铁路建设的贡献》等。

改革开放以来关注美国铁路华工研究的学者群中，必须注意到北京师范大学历史系长期从事美国历史研究的黄安年教授，他自1999年发表了《中央太平洋铁路的建成与在美华工的贡献》一文后，就与这段历史、这个群体结下了深深的情缘，是国内长期关注、持续研究并不断有成果面世的专家之一。2006年他的《沉默的道钉——建设北美铁路的华工》画册出版，这是第一本由中国学者编辑撰写的全面展示铁路华工群体的"画册"。我之所以称其为带引号的"画册"，一是这本画册收集了大量的有关美国横贯大陆铁路和华工所参与建筑的珍贵的历史照片，更有一大特点那就是每部分配了大量的文字，这些详细的文字其实就是一篇篇专题论文，简单用画册难以涵盖它丰富的内涵。"沉默的道钉"包含着黄安年先生期望引发中国学界更多人予以重视的学术呼吁和学术热情。更难得的是，他于2010年和2015年相继出版了《道钉，还再沉默》以及《沉默道钉的足迹》（与李炬合著）两部著作，文体有论文、有书评、有微博，更有精美的铁路沿线重要历史遗迹与现实对比的精美图片。几本以"道钉"为主题的"画册"，何尝不是这位老人对美国铁路华工群体锲而不舍、长期关注的学术经历的记录和见证。

2010年生键红的《美国中央太平洋铁路建设中的华工》出版了，这是中国第一本以铁路华工为主题的学术著作，也是著者的博士学位论文。为了完成这个学位论文选题，生键红博士从2000年到2007年四次前往美国加利福尼亚州、内华达州、犹他州收集档案资料，记录口述历史，很多第一手资料成为中国学者第一次全面研究美国铁路华工的文献支撑。这本著作从横贯大陆铁路的缘起、华工的招募、华工的筑路生活、华工的贡献以及铁路华工的去向等方面进行了分析论述，对铁路华工从事的工种、每月的收益开支、横贯大陆铁路的历史意义等方面的分析，都明显推进了中国学术界关于美国铁路华工的研究。

2017年沈卫红的《金钉：寻找中国人的美国记忆》一书出版发行，这是一本比较特别的著作。它不像是我们常见的学术专著，更像是一本游记式的著作，随着著者的笔端人们逐渐走进150多年前美国铁路华工的历史，它又时时将你拉回现实，用今天的眼光予以审视，很有阅读的快感。这不能不说与这本书的撰写过程有关。2012年广东省政府启动了编修《广东华侨史》工程，美国铁路华工都是广东先侨，自然成为《广东华侨史》编修的重要内容之一。当年，编修办公室派出了一个田野调查小组前往横贯大陆铁路西段沿线进行调查。沈卫红博士是广东省侨务办公室的干部，业务工作和个人爱好使她长期关注铁路华工的历史，身为调查小组成员的她，不仅全程参与而且负责此项调查活动的策划，这本著作就是她参与调查和多年工作的成果。在书中，大量历史和现实的文献资料、现场考察、口述历史相互印证，铁路沿线遗址、遗物与太平洋彼岸华工家乡的现实连接，追溯了150多年前铁路华工群体的历史，尽量去复原他们生活的原态，很多细节来自对历史文献的到位解读和现实的结合论证，她对铁路华工的历史内涵提出了自己的思考，将我们对这个群体的关注领域拉得更开，海边的渔村、高山的伐木场、加州平原的农业小镇，都进入铁路华工研究的视野，这是中国学者第一本深入铁路沿线重要遗址、遗物，全景式地反映美国铁路华工丰功伟绩的著作。

回顾中美学术界对美国铁路华工的研究，是否可以概括出这样几个特点。

1. 美国对横贯大陆铁路华工的研究起步早，持续不断，学术成果积累丰富。中国对横贯大陆铁路华工的研究非常薄弱，关注早，起步晚，学术积累很少。这固然与这段历史的主场地在美国有关，也与中美长期对立，联系交流少相关。随着中国改革开放，中美关系成为中国最重要的外交关系之一，中国与世界的联系逐渐加强，关于中美之间重大历史事件的研究也就更多地进入中国学术界视野，所以从20世纪80年代开始，中国学者对美国铁路华工研究的成果逐渐面世。

2. 长期以来，中美双方学者依据的研究资料，都主要来自美国保存的官方档案、媒体报道、民间文献以及口述历史记录。美国学者对中方文献运用极少，而中国学者对本国文献的重视也很缺乏，其挖掘及运用当然远远不够，其论著中多引述美国文献。这固然与美国对铁路华工档案文献从铁路修建同时期就开始保护，不断有学者对当事人和其后人进行跟踪记录等情况相关，更与对这一劳工群体的学术研究视野、价值评价有直接联系。

3. 中美学者对美国铁路华工的研究重点也不约而同地集中在美国，主要分析中央太平洋铁路公司使用华工的缘由（西部劳动力缺乏，白人工人数量无法满足铁路建设需求，而且不如华工好管理、好使用），对华工群体的评价（劳动纪律、劳动组织、劳动精神、劳动能力等），对铁路华工贡献的肯定（对中央太平洋铁路工程进度、东西部人口流动、西部开发等方面的贡献）等。其中，中美学者学术关注的问题和研究角度是有所区别的。美国学者从19世纪到21世纪的研究，为铁路华工身份进行正名，为聘用铁路华工的无奈进行申辩，为铁路华工英勇吃苦精神、劳动能力、劳动效率奇高加以肯定。这一学术传统和研究特点与19世纪60年代以来美国国内对华工的种族歧视政策直接相关，大致在20世纪60年代以前的美国学者的研究多运用国会档案、铁路公司档案、媒体报道、当事人的历史记忆等方面资料，通过具体情况的描述，来反驳种族歧视论调附加给这个劳工群体的种种不实之词。60年代后的研究更深入地分析了对华工种族歧视意识和社会舆论氛围形成的过程、推动要素，对当年的"政治正确"进行反思。总体来讲，铁路华工的贡献不是美国学者主要的学术意识，我们也看到了同时期一些学者对华工"功绩"的分析，比如亚历山大·塞克斯顿的《十九世纪华工在美国筑路的功绩和牺牲》就将"功绩"作为论文的主题内容之一，其"功绩"考察的视角集中在铁路本身；宋李瑞芳是第一个从更加广阔的视角来评价华工"功绩"的美国学者，她的《美国华人的历史和现状》从开金矿、垦植农业、维护社会秩序、文化多样性、税收促进社会发展、载入史册的铁路精神等多方面对这个群体的伟大贡献进行了归纳。这是她作为一个华裔学者对美国社会对华人这个"少数民族"缺乏严肃认真的态度，一些著作充满陈词滥调的现状深感不满的心声表达。中国学者对美国铁路华工的研究，则集中在华工筑路历程的具体描述，揭示铁路华工遭遇的不公平的社会、法律待遇，注重凸显华工吃苦耐劳、忍辱负重、勇于冒险、不怕牺牲的精神品质和特殊贡献等方面，"贡献"是多数中国学者都涉及的内容。中美学术界对美国铁路华工研究内容各有侧重的这种区别，应该是他们面对各自的社会环境和社会问题的不同而引发的学术兴奋点相异相关吧。

这三个特点，可以概括为一句话：长期以来的美国铁路华工研究是"美国视角"的铁路华工研究。不仅使用的资料基本上是美国的，关注的学术场域集中在美国，讨论的学术问题基本上是美国学界在引导，就是中国学者重视的"贡献"也没有超出美国的地理范围。这具有时代的特点，同时也是学术的时代局限。

美国铁路华工群体是中国的国际移民群体，这个群体在近现代尤其在近代的国际移民群体中，有一个显著的特征，那就是他们一直生活在"两个世界"之中，劳动奋斗的"世界"是现实的、陌生的、"他者的"世界；家乡是想象的充满温情的心理上近在咫尺的"我的"世界（孔飞力、李明欢）。早期的美国学者注意到这些人远渡太平洋到美国铁路工地打工的原因，就是多寄钱回家。可是他们没有更深入地分析这种行为和心理对其家乡所产生的影响及其意义，仅仅是以此证明这些人是自由的劳动者，他们到美国是自由的，寄钱回家也是自由的。

这是一个身心处于两个世界的国际移民群体，对其行为和产生的影响的价值评价就自然需要从"两个世界"着眼。按照国际移民的理论，美国铁路华工的贡献绝不止于迁入地美国，对他们的迁出地——"侨乡"也必然产生重大影响。因此，我们需要突破"美国视角"去研究美国铁路华工，不仅要突破地理意义上的"美国视角"，将美国与太平洋彼岸的这些华工的家乡——"侨乡"联系起来考察；更要突破学术意义上的"美国视角"，对其"功绩"的价值判断不仅仅看到对铁路本身的意义、对西部开发的意义、对东西部联系的意义，更要看到这个群体对近代美国国家发展、美国梦的实现的贡献，看到他们横跨太平洋联系东西两岸的文化交流意义。

这就是我们2012年与斯坦福大学铁路华工项目组签订合作研究协议的初衷，达成的共识是美国铁路华工研究必须将美国和侨乡结合起来，形成整体的认识，缺少哪个方面都是不完整的。中美学者都可以发挥各自地利的优势各有侧重，也可以开展合作研究共同推进这个学术构想的实现。2017年《美国研究》第12期发表了张国雄的《美国铁路华工的追梦、圆梦——基于侨乡视角的考察》、刘进的《追寻沉默美国铁路华工——以中国近现代广东五邑侨乡文书为中心的探讨》、沈卫红的《美国铁路华工研究中值得注意的几个问题》三篇论文，就是中国学者对这个构想实践的阶段性成果。三篇论文的共同特点是强调"侨乡视角"，较多地利用铁路华工家乡的中国资料、乡土资料去分析这个国际移民群体对家乡进步的影响和贡献。

从2016年开始的中美两国学者在铁路华工家乡进行的人类学深度田野调查和对比研究，就是共同推进美国铁路华工整体性研究的一次有意义的国际合作学术实践。谭金花、芭芭拉·沃斯、莱恩·肯尼迪共同完成的《铁路华工的跨国生活：广东侨乡和北美铁路华工营的物质文化研究》报告的学术价值，大致可以这样来认识。

第一，多学科合作的新成果。这是一项由美国斯坦福大学人类学系考古中心、历史系和中国五邑大学广东侨乡文化研究中心、广东省文物考古研究所的研究人员进行的跨考古学、人类学、历史学、社会学、文化学的研究成果，不同学科的理论和方法（主要是考古学、人类学）综合运用于美国铁路华工研究，是一次很有探索意义的努力。

第二，拓展研究领域的新成果。本项成果的关注点是华工的物质生活，利用的主要是北美铁路华工遗址的考古资料和华工家乡的人类学深度田野调查资料，依据资料的特性使铁路华工的物质生活进入中美两国学者的视野。以往的中美相关研究集中在历史学领域，生活史的研究非常匮乏。斯坦福大学人类学系考古中心芭芭拉·沃斯博士团队经过多年的持续努力，早已广泛开展了铁路沿线华工遗址的田野考古工作，其成果也在美国和国际学术刊物上发表。此次合作在铁路华工家乡进行的人类学深度田野调查，不仅帮助美国学者对铁路沿线华工遗址、遗物的研究有更新的认识，更有助于中国学术界拓展美国铁路华工研究的领域，除了考古学、人类学的资料，我们还可以挖掘其他资料拓宽铁路华工物质生活的研究，去感知认识150多年前这个群体的喜怒哀乐。

第三，比较研究的新成果。以往的美国铁路华工研究不仅没有将华工家乡纳入研究视野进行整体分析，更缺乏比较研究。这项成果通过对铁路华工这个群体在中美两个"场地"的生活遗物进行比较分析，围绕"远离家乡，建立新居""市场资源差异""消费西方商品""乡村生活的变迁""乡村生活的稳定性""新文化形式的出现"六个研究主题，对铁路华工的生活传统、生活方式、适应能力、文化转变、文化坚守、文化传播等方面进行了实证性研究，为我们认识这个劳工群体的文化心理、文化行为提供了扎实的学术意见；并通过对中美两个"场地"生活遗物所反映的文化传播性状的分析，为我们评价这个劳工群体为太平洋两岸的文化交流所做出的独特贡献有了深入的认知。基于此，我们可以说这项比较研究是将"美国视角""侨乡视角"结合起来整体考察铁路华工的物质生活史，让我们看到了铁路华工这个社会底层民众横跨太平洋开展的文化交流、文化坚守与文化融入，这对中美学术界开展美国铁路华工研究是很有启发意义的。

这几方面的新探索，是以往中美学术界的美国铁路华工研究中没有整体进行过的学术实践，这项探索的学术意义和学术价值，仅此就值得肯定与重视。

在这个报告的第四章"总结"里有这样的结论：

> 在此项研究之前，由于缺少关于铁路华工家乡的物质文化信息，美国的考古学家在分析铁路华工遗址中遗物和遗迹的时候面临了困难。例如，虽然研究者们想要了解铁路华工是如何适应北美地区新的生活环境，但是由于无法得知劳工们在家乡时的居住条件、

饮食传统及其他生活传统，探讨文化转变是十分困难的。与之相似的是，在中国的侨乡学者们他们很难获取北美考古学家关于铁路华工的研究成果，因此无法将其与侨乡的历史、建筑和民族学的丰富资料进行比较。以上所提及的六个研究主题展示了考古学方法对侨乡研究的贡献，以及它如何可为铁路华工和侨乡居民的跨国比较研究提供一个基础。显然，铁路华工和其故乡生活的物质实践紧密相连，我们不能把它们视为独立的分析个体。

本书是首个将北美铁路华工遗址的考古资料与一个侨乡村落的地表和地下资料相结合的研究。这些数据以跨国的视角描述了一段铁路华工的故事，突出了这个群体在故乡与北美生活的联系。仓东村的研究提供了首批来自侨乡的对比性资料，增强了我们关于铁路华工物质生活的理解。本书的成果不仅为我们研究铁路华工在大洋两岸的生活提供了重要的证据，也为未来北美和中国的研究合作奠定了基础。

这项研究是国际合作的一个很好的开始，我希望项目组的心声和愿望能够更好地推动未来有更多的中美学者合作开展铁路华工研究。同时，也希望项目组有更多的合作研究成果面世。

是为序。

2019 年 1 月 28 日于江门市玉圭园

# Brief Introduction of this Book

Archaeology has become an important source of information about the experiences and daily lives of Chinese railroad workers who built the first transcontinental and subsequent railroads throughout the North American west. Since the 1960s, archaeologists have studied the work camps of Chinese immigrant and Chinese American laborers. Railroad-related artifacts, sites, and landscapes provide a rich source of empirical information about the historical experiences of Chinese railroad workers. The traces that workers left behind serve as silent witnesses to the rhythms of their daily lives: where they lived, the shelters they built, how and what they ate, their health care, their social relations, and the economic networks that were required to supply and sustain the largest industrial workforce in 19th century North American history.

Although archaeologists have studied Chinese Railroad worker sites for more than 50 years, comparable information from Chinese railroad workers' home villages in China has been lacking. Through the Chinese Railroad Workers in North America Project (chineserailroadworkers.stanford.edu), researchers at the Guangdong Qiaoxiang Cultural Research Center, Wuyi University invited historical archaeologists from Stanford University and other affiliated institutions to join them in investigations of Cangdong Village, a railroad workers' home village in Kaiping City, Guangdong Province (a county level city). On 24 November 2016, the Stanford Archaeology Center, the Guangdong Qiaoxiang Cultural Research Center of Wuyi Unviersity, and the Guangdong Provincial Institute of Cultural Relics and Archaeology of the

People's Republic of China established an Intention of Cooperation to facilitate this research. Field research, involving surface survey and subsurface testing, were undertaken at Cangdong Village in December 2016 and December 2017. These investigations were highly successful, resulting in the collection of an assemblage of material culture that represents the historic patterns of daily life in Cangdong Village during the late 19th and early 20th centuries.

The ultimate goal of this collaboration is a transnational understanding of the experiences and lives of Chinese railroad workers—their home villages, their travels, the places they worked and lived in North America, their communications with kin back in China, and the economic and cultural influences that transformed their home villages into the forms that they take today.

This book presents the results of this research in four parts.

Part 1, Chinese Railroad Workers in Transnational Perspective, establishes the basis and rationale for the study as well as its methods, goals, and outcomes.

Part 2, The Archaeology of Chinese Railroad Workers in North America, introduces the reader to the history and results of archaeological investigations of Chinese railroad worker camps. Chapter 2.1 introduces the archaeological study of Chinese railroad workers. Chapter 2.2 and Chapter 2.3 each present the results of field investigations at two important Chinese workers' camps: Summit Camp, in the Sierra Nevada Mountains in California; and Promontory Summit in Utah. Chapter 2.4 examines the relationships that formed between Chinese railroad workers and Native Americans. Chapter 2.5 summarizes the research that has been conducted on animal bone recovered from Chinese railroad work camps.

Part 3, Investigation of a Railroad Worker's Home Village in Kaiping City, presents the methods and results of the new collaborative research at Cangdong Village. Chapter 3.1 presents the rationale and plan for the investigation. Chapter 3.2 outlines the historical context of the selected case study. Chapter 3.3 and Chapter 3.4 present the methods and results of surface survey and subsurface testing, respectivly, documenting the discovery of intact deposits dating to the Late Qing (1875—1912) and Early Republic (1912—1949) eras. Analysis and interpretation of theartifacts recovered from these deposits are presented in Chapters 3.5 through 3.7, covering topics such as tableware ceramics, animal bone analysis, and plant remains analysis.

Part 4 concludes the book by comparing the material practices of Chinese Railroad Workers in North America with those living inqiaoxiang in Guangdong Province. This comparative research reveals six dynamics that shaped their lives and their relations to each other, and identifies new directions for continued research. These themes are: (1) Making Home away from Home; (2) Differences in Market Sources; (3) Consuming the West; (4) Transformation of Village Life; (5) Stability in Village Life; and (6) Emergence of New Cultural Forms. Taken together, these six interpretive themes provide important evidence for the study of lives of Chinese railroad workers on both sides of the Pacific Ocean, and they establish a foundation for future collaborations between North American and Chinese researchers in the years to come.

# 第一章　铁路华工研究的跨国视角

1869年5月10日，在犹他州的突顶峰之上，利兰·斯坦福（Leland Stanford）用一把银锤打入"最后"一颗黄金道钉。从此以后，中央太平洋铁路（Central Pacific Railroad，CPRR）和联合太平洋铁路（United States Transcontinental Railroad，UPRR）正式相连，首条横贯美国大陆的铁路全面竣工（图2-1）。如同许多仪式胜景一样，这个时刻在历史记录中仍迷雾重重：由于UPRR的罢工，原定于5月8日的仪式被推迟了两天；在正式的黄金道钉仪式之前，其他三个标志"结束"的道钉已经被钉入同样的位置；一些目击者声称，斯坦福本人并未参与黄金道钉仪式；在仪式结束之后，黄金道钉被迅速地移除，被华工用铁钉所替代。尽管流言种种，在斯坦福完成了他戏剧性的举动之后，铁路竣工的消息通过电报迅速地传播至美国各地。对于这个数年前因内战而濒临分崩离析的国家而言，铁路竣工将它实质性和象征性地联合为一体（Bowman 1969；San Francisco News Letter California Advertiser 1869；Strobridge 2005）。

随着150周年竣工纪念仪式的临近，大量媒体和学界开始对此表示关注。焦点之一便是如何呈现那些在CPRR铁路建设中起到中坚力量的华工们。在1969年庆祝竣工100周年之际，任何公众纪念活动均未提及华人移民对铁路营建和运行的贡献（Naruta 2009；Yu 1969）。因此，我们需要重建这段被遗忘的历史。然而，这其中最大的挑战是关于铁路华工经历的文献资料的匮乏。迄今为止，我们尚未发现任何由建造首条横跨美洲大陆铁路的华工所撰写的文字、书信或日记。关于铁路华工的口述记录和影像资料也限于少量几个原始资料，且均由西方学者所撰写，这其中关于华工的描写不免带有民族歧视、反移民和东方主义的色彩。

由于缺乏铁路华工所留下的文字记录，考古成为了解华工经历和日常生活的重要信息来源。这些华工营建了首条横跨美洲大陆以及各条贯穿北美西部的铁路。自20世纪60年代以来，考古学家一直致力于研究中国移民和美国华裔劳工的工作营地。铁路相关的遗物、遗址和地貌都为更好地了解铁路华工的历史经历提供了重要的实物信息。劳工留下的生活印记成了反映他们日常生活的无声证据：他们居住的地点、营建的房屋、饮食习惯、健康状况、社会管理以及经济关系，保障了19世纪北美历史上最大的工业劳动力。

尽管考古学家对铁路华工遗址的研究已长达50余年，但是来自铁路华工在中国家乡的对比性信息仍然十分匮乏。因此，五邑大学广东侨乡文化研究中心的学者们开展了一系列关于侨乡生活的跨学科研究，其中涉及历史学、档案学、口述史、建筑史、民俗研究和艺术史。不过，在本书之前，还未有任何关于侨乡的考古学方法的调查。

由于缺乏关于铁路华工家乡的考古学研究，美国考古学家在分析铁路华工遗址中的遗物和遗迹时遇到了困难。例如，虽然研究者们想要了解铁路华工是如何适应北美地区新的生活环境的，但是，由于无法得知劳工们在家乡时的居住条件、饮食传统及其他生活习惯，探讨文化转变是十分困难的。

与此相似的是，中国的学者在研究侨乡文化与历史的时候，也注意到返乡的铁路华工带来的一些重要的外国文化影响。但是，由于没有关于铁路华工在北美生活状况的详细信息，研究侨乡的学者缺乏进行直接比较的文化物质。

为了解决以上问题，本书将介绍一个具有开创性的合作研究项目。通过北美铁路华工研究项目（chineserailroadworkers.stanford.edu），五邑大学广东侨乡文化研究中心的学者们邀请斯坦福大学人类学系的历史考古学家以及其他相关机构共同开展在侨乡仓东村的调查研究。仓东村位于广东省开平市，是铁路华工的家乡。2016年11月24日，斯坦福大学考古中心、五邑大学广东侨乡文化研究中心，以及广东省文物考古研究所为促进这项研究而确立了合作意向。在 2016 年 12 月和 2017 年 12 月，研究者在仓东村进行了田野考察工作，其中涉及地表调查和地层探测。调查结果十分成功，采集了一系列反映仓东村从 19 世纪晚期至 20 世纪早期日常生活方式相关的文化遗存。

这项合作的最终目的是了解铁路华工的跨国经历和生活，包括他们的家乡生活、迁移历程、在北美工作生活的状况、他们与中国亲属的联络，以及给家乡的经济和文化面貌带来的影响。

本书一共分为四个部分。

第一章介绍如何以跨国的视角研究铁路劳工，同时也为本项研究及其方法、目标和结果建立基础和原则。

第二章为北美铁路华工的考古学研究，主要介绍关于铁路华工营地的考古学调查历史和成果。此部分共包含在历史考古协会的前沿期刊《历史考古学》的主题专栏中发表过的五篇文章（Voss 2015）。基于这些文章的内容与跨国读者的相关性，我们将其收入本书。第一节介绍了铁路华工的考古学研究历史和现状。第二和第三节分别阐述了在首条横贯美洲大陆铁路两处重要遗址的田野调查结果，即加利尼亚州内华达山脉（the Sierra Nevada Mountains）的山顶营地和位于犹他州的突顶峰（Promontory Summit）。第四节通过加利福尼亚州莫诺米尔斯（Mono Mills）附近的弗吉尼亚 & 特拉基铁路（Virginia & Truckee Railroad）多民族铁路华工营地的研究，探讨了铁路华工和北美原住民的关系。第五节总结性地研究了在铁路华工营地发现的动物骨骸，以此来探讨铁路华工的饮食以及他们与当地环境与市场的互动。

第三章是关于在铁路华工家乡开平市的考古调查，主要阐述了侨乡新的合作研究方法与成果。第一节介绍了调查的方法和计划。第二节概括了开平市仓东村的研究历史背景。第三节陈述了地表调查的方法和结果，其目的是确认地表下遗存堆积的位置。第四节阐述了试掘的方法和结果，其中包括从晚清（1875—1912）到民国早期（1912—1949）完整的遗迹堆积。第五至第七节分析和阐述了这些堆积中出土的遗物，对象包括陶瓷餐具、动物骨骸和植物遗存。

第四章总结，回归至本研究最初提及的问题。本书的结尾将北美的铁路华工与广东省侨乡居民的生活方式进行比较。这一对比性研究揭示了影响他们生活以及彼此之关系的六个因素，同时给未来研究指出了新的方向。

## 考古学与现代社会研究

考古是一门研究日常生活中与物质相关联的学科，其研究内容包括人们的居住地点，与环境的互动，居所的建造，日常饮食，食物的加工与分享，日常衣着以及人们对生活场所的利用和装饰。这些客观行为所留下的物质证据包括景观、遗址、建筑遗存、废弃物堆积以及各种活动所遗留的宏观和微观残留物。对这些物质遗存的研究可以应用于任何时间和地点。

在北美地区，现代世界的考古——通常被称为"历史考古"——已成为一个蓬勃发展的学科方向，其主要的研究时段为欧洲人首次殖民美洲地区（公元1492）至近代。历史考古学整合多重学科，将档案学、历史学、建筑学与包括田野调查和发掘在内的传统的考古技术相结合。学者们可通过景观、遗址、遗物和残留物来追溯物质的流动和空间分布，这也是现代和后现代世界产生的核心。除此之外，由于历史考古学着眼于物质遗存，它为揭示那些留在历史档案中的、被忽略的人群的经历起到重要的作用。

移民问题是历史考古学的一个重点，其中即包括大规模从中国迁移至北美的人群。北美地区的考古学家调查了上百个中国移民的居民遗址，它们有的是位于大都市、建造精良的唐人街，有的是暂时性的工作营地，如铁路华工营地（Voss and Allen 2008；Staski 2009；Ross 2013）。考古学家通过遗址中的物质遗存来重建当时人们的日常生活方式。在一处典型的铁路华工营地上，劳工们通过平整土地来建造帐篷和木屋。他们采集石头，来建造地基和炉灶，并且固定帐篷的各个角落。他们的遗物通常包括餐具残片、废弃的瓶子、食物残余、掉落的纽扣以及各种遗落下来的小型个人物品。在较好的环境条件下，这些物质遗存不断堆积，得以保存至今。通过仔细的调查、绘图、发掘和分析，这些遗存为我们了解铁路华工的日常生活提供了物质资料，使我们得以探索他们与环境的关系、在跨时间与空间内的迁移，以及他们在经济生产和消费中所扮演的角色（第二章第一至第五节）。

## 珠江三角洲侨乡的研究

在中国，关于华人移民的家乡（又称"侨乡"）的研究是一个蓬勃发展、多学科结合的课题。五邑大学广东侨乡文化研究中心所开展的合作研究便是一个典范。在这里，历史学家、档案学家、经济学家、建筑历史学家、艺术史学家、民间研究专家和许多其他学者共同开展研究，得出丰富的侨乡历史与文化研究成果（如 Tan 2013a，2013b；Chiu 2012；Li 2013；Liu and Li 2011a，2011b；Mei and Guang 2010；Mei and Zhang 2001；Wang 2012，Zhang 2005，2011a，2011b；Zhang and Mei 2006）。

在本研究之前，考古学并未被纳入侨乡研究的范畴。关于晚清（1875—1912）到民国（1912—1949）这一时段的物质文化和日常生活历史，中国考古学者关注较少，它们多列为建筑历史学家、民俗研究专家、手工艺专家和历史人类学家的研究范畴。本研究将考古研究方法纳入这个多学科研究的行列，可以进一步丰富五邑大学广东侨乡文化研究中心已有的多学科跨国研究。

北美地区历史考古学常用的两种研究方法均能够与已开展的多学科研究方法相结合。第一个方法是地表研究，这包括肉眼勘察、绘图、徒步调查和地表物质采集。在北美历史考古研究中，地表调查被用于确定历史遗址位置、评估遗址状况、采集和分析遗物样品，以及确认潜在地下遗存和遗迹的位置。在中国的侨乡研究中，地表调查可以和已有的社会地理研究、人地关系、建筑历史和物质文化研究良好结合。

第二个方法为地下探测。在北美，历史考古学家通过这个方法来评估地下遗物与遗迹，以此确认其保存状况。通过所获取的信息，来更好地了解土地利用方式的改变，并获取地下的物质文化、动植物遗存和特定时期人类活动所留下的残留物。在中国的侨乡研究中，我们可以通过地下探测来进一步研究人地关系、物质文化、饮食历史和民间生活。

## 铁路华工跨国研究的机会与挑战

以上提及的两种方法为跨学科的侨乡研究提供了补充证据和新的分析视角。考古学方法在本质上以地点为基础，着眼于具体地点出土的物质证据。因此，在最初的铁路华工和侨乡的研究中，考古调查规模较小，主要考察过去人们生活的具体地点，即铁路华工在北美的劳工营以及他们在珠江三角洲的家乡。通过分析地表调查和地层探测所获取的遗存，我们可探究人们如何获取、改造、利用和丢弃各类物质文化，这将本地生活方式和经济生产与分配链相连，使研究主题可上升至区域、国家以及跨国范围。最终，通过整合比较各个遗址的考古成果，我们可以探索一些微观和宏观的研究课题。

本项目的研究成果为铁路华工与侨乡居民日常生活的跨国比较研究提供了基础。研究者首次通过比较中国和北美的地表调查和发掘结果，来更好地了解移民与留乡居民的跨国纽带。尽管如此，研究挑战仍然存在。首先，北美的考古学家已调查了几百处铁路华工遗址，但仓东村是唯一一个以考古学方法所调查过的侨乡村落。因此，我们需要调查更多的村落，从而收集大量的比较性数据。在本书撰写之时，我们已开始着手调查位于台山的另一处侨乡村落。经过未来对更多村落的调查，我们可以逐渐解决北美历史考古与珠江三角洲对比性数据失衡的问题。

此外，研究者通常需要数年时间来完成各类文物、标本和残留物的整理分析工作。除了例行的遗物鉴定和描述，还可利用各种属性分析来促进跨区域研究，用化学成分分析来确定生产地点和技术，用微观残留物分析来揭示物品的使用方式，以及用 DNA 分析来精确动物种属的鉴定。为了将仓东村的研究成果尽快呈现给其他研究者，本书将介绍 2017 年 12 月至 2018 年 8 月所进行的初步分析成果。这些初步研究以遗物整理和鉴定为主。未来的研究将得出更多细致的结论。

最后，与所有历史研究类似，此项研究受到材料本身所带来的限制。在仓东村，所清理的地层堆积以晚清（1875—1912）至民国

（1912—1949）为主，尚未发现首条横贯大陆铁路建设时期（1865—1869）的地层堆积。因此，仓东村的材料所提供的信息与两段历史动态有关：首先，19世纪80—90年代北美地区铁路建设蓬勃扩张，建设了第二条和第三条横跨美洲大陆的铁路，以及各种区域性的支线铁路（第一节）；第二，在这期间，特别是在1887年美国联邦政府通过歧视性的排华法案之后，部分铁路华工返回位于广东省的老家（Chan 1991, 2005；Gyory 1998；Lee 2002）。

## 研究成果

虽然本研究仍处于初始阶段，但我们已可得出关于珠江三角洲地区的侨乡与北美铁路华工之间联系的一些结论（第4章）。这些发现可归纳为六点。

### 一 远离故乡，建立新居

在仓东村，我们发现了许多与华人铁路华工营中完全一致的遗物。这些遗物涉及食物制备、用餐、祭祀以及药品使用，体现了相同物质在多样化环境中的运用。他们的存在表明，华工们通过物质文化来营造一个"远离家乡的家"，从而实现他们在新的社会与物质环境中的延续。

### 二 市场资源的差异

尽管仓东村和铁路华工营的遗物存在一定相似性，在其他方面它们仍有差别。这种差别在晚清（1875—1912）至民国（1912—1949）的中国陶瓷餐具中尤为明显。仓东村的陶瓷与铁路华工营所出土的器物在装饰图案和器物类型上多有类似，但其他方面有所差异。本书的第四章将详细阐述，这些差异可能来源于大型进出口公司的控制，或是由于金山庄公司对北美地区铁路华工供应的基本性垄断。海外社群内中国陶瓷具有明显的统一性和单一性，表明金山庄公司与特定的制造商签订了大量标准化生产的陶瓷订单，其中很多制造商位于珠江三角洲以外的地区。相反地，仓东村的居民的家用物品则主要来源于本地或区域内的供应商，它们均位于开平以及临近县市。这个原因造成了铁路华工和广东家乡居民一些日常生活上的差异。

### 三　消费西方商品

在铁路华工营和仓东村，研究者发现了大量欧美生产的商品。考古研究发现，北美地区的铁路华工参与当地市场，并且购买例如衣服、工具、陶瓷、食物、饮品和药品一类的西方商品。在仓东村的居民也购买和使用西方商品。这种现象表明，侨乡居民融入全球市场。

### 四　乡村生活的变迁

过去的研究已详细记录了移民对家乡日常生活的影响，而仓东村调查为现有的研究提供了新的信息。首先，试掘显示，仓东村的地貌从晚清（1875—1912）至民国（1912—1949）转变巨大。每个地下探测单位中均出现了19世纪晚期到20世纪早期挖掘的灰坑。它们其中大多与建筑活动有关，例如石灰或灰泥的搅拌，或是堆积用于制造砖瓦的黏土。以往在仓东村和其他侨乡的建筑研究显示，村民通过海外亲属的汇款来扩大和提升他们的居住环境（Tan 2013a, 2013b）。我们的地下探测表明，这些建筑活动对非建筑空间也产生了影响。

关于乡村生活的第二个改变，目前原因还不明了。地表调查显示，仓东村的居民拥有获取多种陶瓷餐具的渠道，这些餐具至少包括十余种装饰图案。然而，从晚清（1875—1912）至民国（1912—1949）时期地层出土的遗物分析显示，此期间的餐具的种类相对较少。目前我们尚不清楚造成这种物质文化改变的原因，因此还需进一步调查。

### 五　乡村生活的稳定性

尽管移民给乡村生活的一些方面带来了改变，但是仍然有充足的证据显示这段时期的文化存在稳定性。例如，在仓东村的地下堆积中发现了一些陶瓷餐具，它们与先前预测的19世纪中国南方传统餐具一致。虽然人们使用的餐具类型和装饰随着时间的推移而改变，但餐具的形制与其父祖辈相同。这个现象说明，无论他们的生活在其他方面如何变化，一些日常的行为方式一直得以延续。

### 六　新文化形式的出现

仓东村的调查还发现了一种新的物品——中英文双语药瓶。在此之前，研究人员从未发现过这类物品。这个药瓶内装有松香（Abietine）医药公司所生产的药品，它是铁路华工 Fong Lee 与西方企业家 R. M. Green 合作的产品。他们利用北美地区的原料生产出这一款新的保健产品，并将这些产品销售给美国和中国的消费者。这种罕见的物品正是本研究所探究的跨国动态的例证，显示了不同国家的移民和定居者在北美西部活跃的文化互动。

总而言之，从这六个方面可见考古学方法在侨乡研究中的价值。这些结果为研究铁路华工在其家乡和北美地区的生活提供了重要证据，也为今后北美和中国学者的合作奠定基础。

## 参考文献

Bowman, J. N.

1969 Driving the Last Spike at Promontory, 1869. *Utah Historical Quarterly* 37（1）: 76 – 101.

Chan, S.

2005 *Chinese American Transnationalism: The Flow of People, Resources, and Ideas between China and America during the Exclusion Era.* Philadelphia, Temple University Press.

Chan, S., Editor

1991 *Entry Denied: Exclusion and the Chinese Community in America, 1882 – 1943.* Philadelphia PA, Temple University Press.

Chiu, H. B.

2012 *When 1000 Words are Worth a Picture: How Newspapers Portrayed the Chinese and Irish Who Built the First Transcontinental Railroad*（赵汝诚，《旅居者与移民—美国太平洋铁路华工与爱尔兰劳工报纸形象分析》，郑武译，北京：中国华侨出版社）. Beijing, Overseas Chinese Publishing House.

Gyory, A.

1998 *Closing the Gate: Race, Politics, and the Chinese Exclusion Act.* Chapel Hill, University of North Carolina Press.

Huang Jiye and Zhang Guoxiong, Editors.

2006 *Kaiping Diaolou and Village Research*（黄继烨、张国雄主编：《开平碉楼与村落研究》，中国华侨出版社）. Overseas Chinese Publishing House.

Lee, E.

2002 "The Chinese Exclusion Example: Race, Immigration, and American Gatekeeping." *Journal of American Ethnic History* 21 (3): 36–62.

Li, Guoping

2013 李国平,《广东华侨文化景观研究》,北京:中国华侨出版社(*A Research on Overseas Chinese Cultural Landscapes of Guangdong*), Overseas Chinese Publishing House, Beijing。

Liu, Jin and Wenzhao Li

2011 a., 刘进、李文照,《江门五邑侨汇档案选编(1940—1950)》,北京:中国华侨出版社(*Selected Archival Materials on Overseas Remittance in Jiangmen City (1940–1950)*). Beijing, Overseas Chinese Publishing House。

2011 b., 刘进、李文照,《银信与五邑侨乡社会》,田在原、赵寒松译,广东:广东人民出版社(*Yinxin and the Wuyi Qiaoxiang Society*). Guangzhou, China: Guangdong People's Press.

Mei, Weiqiang, and Zefeng Guan

2010 梅伟强、关泽峰,《广东台山华侨史》,北京:中国华侨出版社(*Overseas Chinese History in Taishan of Guangdong*). Chinese Overseas Publishing House, Beijing。

Mei Weiqiang and Zhang Guoxiong, Editors

2001 *Wuyi Overseas Chinese History* (梅伟强、张国雄主编:《五邑华侨华人史》, 广东高等教育出版社), Guangdong Higher Education Press。

Naruta, Anna

2009 Commemorations of Chinese Railroad Workers in Centennial Celebrations, 1969. *Chinese America: History and Perspectives* 2009: 153–156.

Ross, Douglas E.

2013 Overseas Chinese Archaeology. *Encyclopedia of Global Archaeology*. C. Smith, editor. Springer, New York.

San Francisco News Letter California Advertiser

1869 Transcontinental Railroad Postscript. *San Francisco News Letter California Advertiser*, May 15.

Staski, Edward

2009 Asian American Studies in Historical Archaeology. *International Handbook of Historical Archaeology*. T. Majewski and D. Gaimster, editors. pp. 347–359. Springer, New York.

Strobridge, Edson T.

2005 Our First Transcontinental Railroad and the Last Gold Spikes at Promontory, Utah, May 10, 1869. Central Pacific Railroad Photographic History Museum. http://

cprr. org/Museum/Last_Spikes_ET_Strobridge. pdf.

Tan, Jinhua (Selia)

2013a *The Culture of Lu Mansion Architecture in China's Kaiping County*, 1900 – 1949. Doctoral dissertation, Architecture Conservation Programme, University of Hong Kong, Pokfulam.

2013b《开平碉楼与村落的建筑装饰研究》*Kaiping diaolou yu cunluo de jianzhu zhuangshi yanjiu* (Research on the Ornamentation of Kaiping Diaolou and Its Associated Villages). Overseas Chinese Publishing House, Beijing, China。

Voss, Barbara L.

2015 The Historical Experience of Labor: Archaeological Contributions to Interdisciplinary Research on Chinese Railroad Workers. *Historical Archaeology* 49 (1): 4 – 23.

Voss, Barbara L., Editor

2015 *The Archaeology of Chinese Railroad Workers in North America*. Society for Historical Archaeology, Thematic Issue 49 (1).

Voss, Barbara L., and Rebecca Allen

2008 Overseas Chinese Archaeology: Historical Foundations, Current Reflections, and New Directions. *Historical Archaeology* 42: 5 – 28.

Wang, C. -y.

2012 王纯阳:《村落遗产地政府主道开发模式研究:以开平碉楼与村落为例》,北京:中国华侨出版社 (*Research on Government-Sponsored Heritage Development Model: Kaiping Diaolou and Villages as a Case*), Beijing, Overseas Chinese Publishing House。

Yu, Connie Young

1969 The Golden Spike's Unsung Heroes. *San Francisco Examiner*, May 10.

Zhang Guoxiong

2004 张国雄著:《开平碉楼》,广东人民出版社 (*Kaiping Diaolou*). Guangdong People's Press。

2011a 张国雄著:《开平碉楼与村落》,中国华侨出版社 (*Kaiping Diaolou and Village*). Overseas Chinese Publishing House.

2011b 张国雄著:《良溪古村》,岭南美术出版社 (*Liangxi Ancient Village*). Lingnan Fine Arts Press。

Zhang Guoxiong and Mei Weiqiang

2006 张国雄、梅伟强编著:《开平碉楼与村落田野调查》,中国华侨出版社 (*Kaiping Diaolou, Villiage, and Countryside Survey*). Overseas Chinese Publishing House。

# 第二章 北美铁路华工的考古研究

## 第一节 劳工的历史经验：
## 中国铁路劳工多学科研究的考古学贡献

芭芭拉·沃斯（Barbara L. Voss）

### 简 介

在美国首条横贯大陆铁路竣工后不久，在美国的历史书中便记录了这样一则故事：1865年，中央太平洋铁路公司（Central Pacific Railroad）的投资者斯坦福（Leland Stanford）和克罗克（E. B. Crocker）发现加利福尼亚州的白人劳工紧缺。克罗克便提出，华人劳工勤奋又可靠，且他们两人之前都有在其家政和商业活动中雇佣华工的经验（Howard 1962：227；Williams 1988：96）。铁路建设主管斯特劳布里奇（J. H. Strobridge）对此犹豫不决，但当他面对爱尔兰移民劳工组织的相关传闻时，态度有所转变。根据克罗克之后向太平洋委员会的陈述，"最终，他（Strobridge）雇用了50位华工，并且在不久之后又雇用了50位。之后，在发现华工的优势之后，他又添加了50位，并且不断招雇直到所有职位都被占满为止，最终总人数达到了10000—12000人"。（Clark 1931：214；Griswold 1962：109 - 111；Howard 1962：227 - 228；

Chiu 1967：46；Kraus 1969a：43；Saxton 1971：60 – 66；Mayer and Vose 1975：28；Tsai 1986；Williams 1988：96 – 97；Ambrose 2000：149 – 152；I. Chang 2003：56；也可参考 Heath 1927）。

这 10000—12000 名营建首条跨州铁路的华工成为 19 世纪美洲最大的一支劳动力。一些历史学家认为华工的实际数量可能更多，至少有 14000 名，或许达 23000 名（Griswold 1962；Mayer and Vose 1975；Tsai 1986；Chew 2004）。这些铁路华工大多从加州或者内华达州招募，与大约 2000 名非中国劳工（包括欧洲裔美国人、非洲裔美国人和美国原住民）共同营建第一条跨美洲大陆铁路。他们大多是之前从事过矿业、伐木、道路建设等其他行业的青年男性。其中一些人可能参与过早期的铁路建设，例如 1858 年加州中央铁路马里斯维尔（Marysville）段的建设，以及 19 世纪 60 年代早期圣荷西—旧金山铁路的建设（Barth 1964：117 – 120；Chiu 1967；Chinn et al. 1969：43；Bain 1999：209）。但是，对于他们中的大多数而言，铁路建设是一项全新的工作。

当加州已有的华人劳动力被开发殆尽之时，中央太平洋铁路公司在 1865 年 3 月开始与荷兰船长库曼斯查普（Cornelius Koopmanschap）签订合约，由他从中国南方的农村里招聘数千名新劳工（Griswold 1962：17）。建设主管斯特劳布里奇和执行总工程师曾在 1865 年晚期惊叹于中国劳工们"高超的技术水平，他们其中很多可成为钻探、爆破，以及其他石方工程技术的专家"（Heath 1927：12）。因为这些技能，华工在美国 19 世纪首条横贯大陆铁路的建设中担任了重要角色，其中包括在合恩角（Cape Horn）的峭壁表面开辟路基和在内华达山脉基岩进行隧道爆破。这些经验丰富又高效的工人还曾完成了在 1869 年 4 月 10 日一天内铺设 10 英里 56 英寸铁轨的壮举。1869 年 5 月 10 日，也就是敲下最后一根黄金道钉之时（the Last Spike，图 2 – 1），克罗克对会集起来的群众演说道："在这值得欢庆的时候，我请大家铭记，我们的铁路工程之所以能提前完成，要归功于那些贫穷、备受轻视的中国人。他们在工作中展现出了极大的忠诚和敬业。"（Griswold 1962：322）。

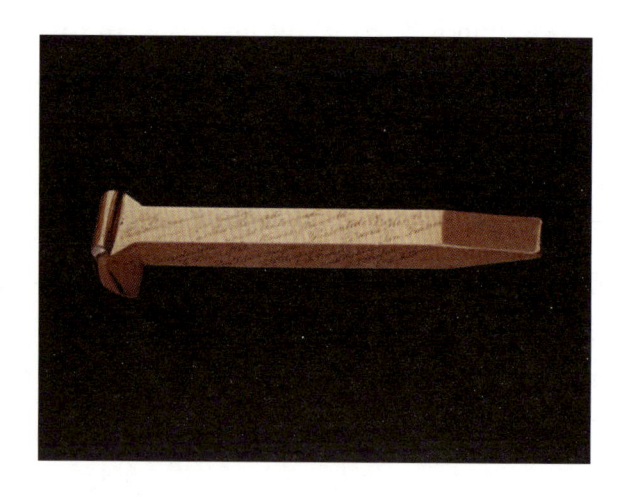

图 2-1 最后一根道钉。William T. Garrett Foundry，旧金山，1869 年（1998.115，斯坦福大学 Iris&B. Gerald 视觉艺术中心；受赠于 David Hewes）

在1869年第一条跨州铁路完工之后，中国移民和华裔劳工继续效力于美国西部铁路的建设数十年。尽管他们做出了杰出的贡献，我们对他们个人的生活和经历却知之甚少。诚然，报纸、杂志，中央太平洋铁路的所有者，以及管理人员都曾在报告、信件和国会证词中对铁路华工有所描述（其语言常带有种族歧视）（U. S. Congress 1877；Hoffmann 1879；Heath 1927；Kraus 1969a，1969b；Williams 1988；Bain 1999：222，237）。然而，关于这些华工自己的口述资料却鲜见于档案记载（Chew 2004），中央太平洋铁路公司并未记录这些华工的名字，而是以"团体的形式工作和支付工酬"（Kraus 1969a：51，54，1969b：204，221；Williams 1988：97-98；Huang 2006：90）。当时的记者和历史学家斑克里夫特（Hubert Howe Bancroft）的研究人员仅采访了白人工人和管理者（Kraus 1969a；Deverell 1994）。在中央太平洋铁路完工之际，国会于1876—1877年和1887年分别对中国移民以及美国太平洋铁路委员会进行了调查，但在此过程中没有任何华工在法庭诉讼或国会听证会上提供证词（United States Pacific Railway Commission 1887）。

除此之外，尽管各方国际团体已付出了很大努力，迄今为止我们尚未发现任何参与首条横贯大陆铁路建设华工的个人文字、信件或日记（Chang and Fishkin 2015）。与其他白人劳工有所不同，华工寄往广东家乡以及香港的信件未存留于任何美国的历史档案馆。在中国，很多家庭和城镇档案也于20世纪的战争、"文化大革命"和社会动荡中摧毁。

因此，关于中央太平洋铁路华工的描述在历史书籍和公共纪念碑记录中总是千篇一律。这些记录均记载道：这些华工以12—20人一组的形式被雇用和管理，每一组拥有自己的厨师和组长。他们自己管理住宿，食用的食材包括从中国进口干贝、鱼、水果、蔬菜和海草，以及大米、猪肉、禽类和茶等本土食品。华工们每日洗澡，在收工之后换上干净的衣服，相比于公司提供的帐篷，他们更愿意住在自己建造的住所，不与外人交际，除了赌博之外，少有其他不良恶习。

这些广为流传的记录均来源于少量的原始资料。例如，诺德霍夫（Nordhoff）（1874）的著作《加州》（California）曾被多次引用，而事实上他的叙述是基于数十年后在加州中央谷一小批铁路华工的生活状况，而非那些营建首条横贯大陆铁路的华工。另一个被反复引用的文献来自赫斯（Heath）（1927）发表于企业通讯《南太平洋简报》（Southern Pacific Bulletin）上关于"首批华人"的三段描述。赫斯（Health）虽曾供职于南太平洋铁路公司公共关系处，但他的这些描述却成文于近60年之后。同样地，一些记者在铁路建设期间曾参与过短期的公众活动，发表了一些关于劳工生活的报道，这些简要记事后来也成为历史学家们的引用文献。在这种原始资料匮乏的情况下，历史考古学为我们了解华工的生活提供了一条更为直接的渠道。这个学科通常为"微不足道的事物"提供重要信息（Scott 1994），能为我们了解19世纪美国华人移民生活提供信息——那些成千上万的华工以他们不懈的努力，改变了美国的历史。

## 考古和北美铁路华工研究项目

为了能让"那些效力于横贯大陆铁路，对美国西部的地理景观和社会人文做出贡献的华工发声"，斯坦福大学张少书（Gordon H. Chang）和谢利·费希尔·费雪金（Shelley Fisher Fishkin）两位教授于2012年开启了北美铁路华工研究项目（Chinese Railroad Workers in North America Project，CRWNAP）。张少书（Gordon H. Chang）（2001，2008）是一名历史学家，是亚美研究多学科领域的核心人物。Fishkin（2005）是一位成就非凡的美国研究的学者，她开拓了跨国的美国研究，为跨学科的国际合作提供清晰的方向。北美华工是一段充满象征与矛盾的历史，这段历史却常被带有成见和错误的信息所误导。为了解决这个问题，Fishkin开辟了新的研究方向（Chang and Fishkin 2015）（图2-2）。

(a) (b)

图2-2 营建首条横贯大陆铁路的华工的公共纪念物

（a）华人苦力，由Kenneth H. Fox于1972年制作，现位于加利福尼亚州奥本市（Auburn）；（b）壁画"历史的影子"（Shadows Past）的局部，由J. Vowers Foxey于2012年绘制，现位于加利福尼亚州科尔法克斯市（Colfax）（作者拍摄于2012年）

## 新方向，新挑战

2012年2月，张少书询问我是否曾经对铁路华工有所研究，若有的话，是否有兴趣和别的考古学家一起加入这项工作。在此之后的数月之内，我与张少书和谢利·费希尔·费雪金两位教授，以及其他参与CRWNAP的研究人员会面数次，探讨了进行考古合作的可能性。同时，我也结识了来自中国广东的学术访问团。广东是大部分于19世纪移民北美的华人（包括铁路华工）的故乡省份。通过这些讨论，我们确定了几个优先重点开展的考古研究，以及数个核心挑战。

对于CRWNAP项目而言，我们的考古学研究重点非常明确。在劳工本身的文字记录无法获取的情况之下，我们是否可利用考古材料来复原那些效力于首条横贯大陆铁路以及其他美西铁路的华工们的历史经历？他们的日常生活是怎么样的？他们在不同铁路的工作经历是类似的还是不同的？他们的感官体验是什么——他们看到、闻到、触摸、听到和品尝了什么？他们吃些什么，如何烹调食物？他们的住所是什么样的，拥有怎样的家居？他们如何管理卫生？在一个新环境中，他们面临什么健康挑战，如何照顾自己？他们喜欢什么样的休闲活动？

在这些考古学能够提供的线索之外，CRWNAP项目的成员也提出了一些关于人口以及社会生活的问题。例如，这些劳工营的社会结构是怎样的？那些未在历史资料里记载的妇女和儿童是否也生活在劳工营？华工与其他工人关系如何？华工与他们家乡有怎样的联系？

另外一类问题集中在物质文化和经济状况方面。在铁路劳工营发现的物品来自何处？在这些物品中，哪些是从中国进口而来，是如何被获取和分配的？铁路华工是否也参与了本土经济？他们是否用本土材料制作物品，采用当地的食材？

这些重点问题均是考古学可以解决的。考古学通常关注人们过去如何生活，使用什么样的日常用品，如何和环境彼此互动，以及如何照料自己。这些研究问题也为我们对铁路华工的历史考古指出了新方向。以往关于铁路华工的研究大多为描述性的，虽然有一些研究跳出了描述局限，他们通常仅仅关注文化融入和同化的问题。与之不同的是，CRWNAP项目提出的问题要求考古学家以铁路华工自身为出发点，复原他们的经历，这将是一种富含情境、从内而外的视角。

我和张少书以及谢利·费希尔·费雪金两位教授曾指出了将考古学纳入跨学科和跨国合作的几个挑战。第一挑战就是语言问题，大多数美国考古学家无法听说或阅读中文，因此历史考古学者无法有效利用中文文献或是参与学术讨论。同样地，关于中国移民以及美国华裔的历史考古仅用英文发表。为了解决第一个问题，CRWNAP项目把翻译工作包含在内。本书的所有中文文章为解决这一问题迈出了第一步。除了语言障碍，跨学科的翻译也可能带来一些问题。历史考古学中的一些专业术语和习惯用语对于非专业的读者颇为晦涩。考古学的思考方式通常与地点和物件相结合，而这种方式对于那些接受文献训练的学者来说相对陌生。只有通过持久不断的沟通，我们才有可能衔接这些学科之间的差异。非考古学家需要学习考古学的一些运作方式，而考古学家也应该重新构思研究问题，使之与人文为主的学术研究更加匹配。

第二个挑战是研究方法。考古学本身是以地点为基础的，因此关于19世纪铁路华工的考古研究大多着眼于特定的遗址。然而，在这期间的铁路建设和运作的特点却是不断扩张，迅速迁移的。那么，以固定地点为基础的考古学如何能对这些关于迁移的研究做出贡献？同样地，考古学的另一项核心优势是研究历史性的变化。铁路建设的速度飞快，劳工营存在的时间也很短暂，有的营地仅居住一天。那么，考古学将如何研究这些遗址？对于考古学而言，以地点和时间为研究的方法面临挑战。同时，这也引发我们新的思考：考古学如何能够融合其他学科进行更好的合作，来研究19世纪西部这群高流动性的人群？

第三个挑战则是关于资料的获取。历史考古学研究多数为"灰色文献"，这其中包括遗址资料、文物资源管理报告、政府机关研究、环境影响研究、技术报告以及未发表的论文等。由于包含保密信息，这些资料不便向公众或其他学者公开。因此，虽然关于铁路华工的考古学研究已数量繁多，但它们基本上无法被非考古学者获取。

## 付诸实践：建立考古学的关系网

为了应对挑战，开启CRWNAP项目所提出的重点研究，我、张少书以及谢利·费希尔·费雪金决定建立一个关系网，以促进研究铁路相关的考古学家们的相互交流。迄今为止，已有90多位考古学家加入铁路华工北美项目考古网络协会（Archaeology Network of the Chinese Railroad Workers in North America Project）。我们的首次线下会议是在2013年加州考古学会（Society for California Archaeology）的年会上，属于非正式聚会。从此之后，我们在各大研讨会均举办规律性会议，其中包括美国考古学学会（Society for American Archaeology）、历史考古学学会（Society for Historical Archaeology）、美国人类学学会（American Anthropological Association）、亚美研究学会（Association of Asian American

Studies)、西北人类学会议（Northwest Anthropological Conference），以及之后每年一次的加州考古学年会。

2013年10月，CRWNAP项目在斯坦福考古中心举行了一个专题研讨会，以促进考古学及其他CRWNAP学者的交流合作（图2-3）。参会人员超过65人，其中包括大约40位考古学家，来自不同的政府机构、文化资源管理单位、博物馆以及学术机构。其他约20位CRWNAP成员从事的研究范畴包括历史、文学、视觉研究、文化、城市研究、地理学、美国研究、亚美研究和人文研究，同时还有一些铁路劳工的后裔参加了会议。此次研讨会的重点是将关于铁路华工的考古学展示给其他学科的学者和公众。在公共外联方面，丽贝卡·艾伦（Rebecca Allen）、玛丽·马尼尔利（Mary Maniery）和萨拉·赫夫纳（Sarah Heffner）三人正在编辑一本记录铁路华工遗址所发现的文物和书籍。为了方便获取灰色文献，克里斯多佛·梅里特（Christopher Merritt）为CRWNAP项目建立了书目（http：//web.stanford.edu/group/chineserailroad/cgi-bin/wordpress/researchmaterials/archaeology/）。考古关系网的成员们也正和历史保护部门和州立机构进行协调，拟定编写保密资料的流程，使一些灰色文献可以公之于众。最终，所有的这些材料都会录入CRWNAP的电子文献档案。

图2-3　2013年10月铁路华工在北美项目的考古网络研讨会
（图片来源：北美铁路华工研究项目，2013年）

这次的专题研讨会也为未来的研究指出了新方向。尽管单个铁路华工营遗址已被确认和研究（后面章节将会详细阐述），全面的考古调查却十分罕见，仅有一小部分历史铁路段得以研究。目前，我们正在策划对新的横贯大陆铁路全路段进行考古调查（Molenda 2015；Polk 2015），其他项目正处于规划阶段。除了这些新的田野项目，研讨会的参与者也强调了分析现存材料的重要性（Baxter and Allen 2015；Molenda 2015），以及如何利用各个遗址已发表的资料来诠释更广泛的问题（Akin et al. 2015；Harrod and Crandall 2015；Heffner 2015；Kennedy 2015；Urbaniak and Dixon 2015）。最后，参与者们指出，许多铁路华工遗址正在遭遇风化、开发、非法文物盗取以及公共捣毁的破坏。因此，我们十分有必要将这些遗址向国家历史名录报告，使其受到有效的保护（Baxter and Allen 2015）。

在张少书和谢利·费希尔·费雪金的领导之下，考古关系网的学者们正在与中国以及其他亚洲国家的学者们进行沟通。2014 年 9 月，考古关系网的代表成员参加了 CRWNAP 在广州中山大学的访问团。由于历史考古学在亚洲是一个新兴领域，因此我们目前最有效的沟通来自从事民族学、海外华人历史、建筑学以及地理学的研究人员。在未来，我们计划在美国和中国组织跨学科的专题研讨会，同时 CRWNAP 也在开发数位人文平台，以促进国际合作。

## 铁路华工在北美的考古学研究历史

在北美，关于铁路华工的考古学研究有着丰富的历史。铁路华工营的正式研究开始于 20 世纪 60 年代，但在此之前，铁路历史学家、业余考古者和收藏家们已对相关遗址和遗物进行了研究。1968 年，历史考古学会成立，历史考古学也因此成为北美的专业学科；同时相关的历史保护法规出台（例如 1966 年《国家历史保护法》），要求评估历史时期的考古资源。从此以后，铁路华工考古成为海外华人考古研究的主要组成部分，也被称作美国华人考古或亚美考古（Schuyler 1980；Greenwood 1993；Wegars 1993；Maniery 2004；Voss 2005；Voss and Allen 2008；Staski

2009；Ross 2013）。

大多关于铁路华工的研究是遵从历史保护法的成果。为了编写此篇综述，我对铁路华工遗址的相关遗址资料和文化资源管理（Cultural Resource Management，CRM）报告进行了详尽的调查，尽管如此，很多资料未被列入其中。除了 CRM 的资料，学生的论文也是此研究的重要组成部分，特别是内华达大学雷诺分校、爱达荷大学、蒙大拿大学、西怀俄明社区学院，以及德州大学奥斯丁分校的人类学项目。

本篇关于北美铁路华工的考古研究的历史概述以横贯大陆铁路线为组织结构，包括中央太平洋线、南太平洋线和北太平洋线。在这三条线路之中，华人移民是西部线路的主要劳动力，而白人劳工（包括美国出生和欧洲移民）则在东部的线路工作（华人移民也建设了其他两条横贯大陆铁路，即艾奇逊—托皮卡—圣菲铁路段和加拿大太平洋铁路的西部段，然而，在这些铁路段并未发现考古遗址）。接下来将对区域铁路、分支铁路以及窄轨铁路进行描述讨论。

## 中央太平洋铁路（1865—1869）

1869 年 5 月 10 日，美国首条横贯大陆铁路东部（联合太平洋）和西部的（中央太平洋）铁路工程在犹他州的突顶峰（Promontory Summit）会合，举行了著名的金钉（Golden Spike）仪式。这条铁路将爱荷华的康瑟尔布拉夫斯市和加州的沙加缅度市连接起来。近百年后，在 1969 年历史考古学会年会上，Chace 和 Evans（1969）首次陈述了对中国铁路劳工遗址的考古学研究。他们介绍了在加利福尼亚州唐纳山口（Donner Pass）的山顶营地进行的一次地表调查结果，在那里，中国劳工在内华达山脉顶端进行了四年的隧道爆破工作。Chace 和 Evans 在山顶营地的研究为其他出土于华人移民和美国华人遗址的遗物研究提供了重要的支持（Chace 1976；Etter 1980；Evans 1980）。太浩湖国家森林（Tahoe National Forest）的山顶营地于 1997 年被正式记录，并于 2008 年推荐给国家历史名录，加利福尼亚州历史保护办公室于 2009 年批准了申请。作为北美铁路华工面积最大、时间最长的生活营地之一，山顶营地一直是考古研究的焦点（Baxter and Allen 2015；Molenda 2015）。

在太浩湖国家森林公园的铁路评估调查的同时，也发现了另外两个中国劳工营：风车树（Windmill Tree）遗址和中国厨房（China Kitchen）（Molenda 2015）。同时，大量的研究表明，太浩湖盆地有中国伐木劳工和煤矿劳工，这些人为中央太平洋铁路的建设和运作提供了木材和燃料（Chung 2003；Smith and Dixon 2005；Lee 2008）。

位于犹他州奥格登（Ogden）附近的突顶峰也是考古项目的长期研究对象。由于"轨道连接"的象征性和历史重要性，此地于1957年被列为"金色道钉国家历史遗址"（Golden Spike National HIstoric Site，GSNHS）。如波尔克（Polk）（第三节）所总结的，自1960年以来，GSNHS的考古和历史资源成了多次历史学和考古调查的对象，尽管对地表以下的研究工作仍很少。GSNHS包括了至少19处劳工营，它们在1868—1869年寒冬曾用作劳工住所。至少四处营地被鉴定为华人住所（Polk and Simmons Johnson 2012；Polk，第三节）。GSNHS的劳工营遗址以建筑遗存众多而著名，这些遗存包括防空洞、坑状结构、平台以及地基（Anderson 1983）。

在被登记的考古遗址中，其中最非同寻常的遗址和一处中国文化堆积有关。在中央太平洋突顶峰附近的纪念石（Monumental Rock）内，其中有一个棕色釉的粗瓷酒壶，被放置在一个小土堆上。与上述的山顶营地和突顶峰的大规模劳工营有所不同，这个器物的发现"代表了个人行为的能动性，可能是为了在日常的艰辛劳作中寻求一处平静庇护"（Merritt 2013）。

以往关于首条横贯大陆铁路的考古学工作大多倾向于研究有特殊用途的大型营地。正如莫伦达（Molenda）（2013：5）所指出："大型的长期劳工营通常倾向驻扎在靠近墙体、水渠和隧道附近且均留有地表可见的石质建筑遗迹……相反地，海外华人似乎大多住在那些临时的'帐篷营地'中，这些地方的工程进度十分迅速。"例如，在内华达州的费内伦（Fenelon），考古学家辨认出了零星散落的中国瓷器碎片，可能是19世纪60年代营建铁路的华工所遗留下来的。莫伦达（Molenda）在太浩湖国家森林公园进行的一项调查，发现铁路路基附近有几处散落的遗物堆积，这些也可能是短期的帐篷营地。

在首条横贯大陆铁路建成之后，许多中国劳工被雇用修理和维护线路。值得注意的是，在建设期间未雇用任何华工的联合太平洋铁路线，很快招用了在中央太平洋铁路线工作的华工，以支援此线路在东部段的运作。雷蒙德（Raymond）和菲克（Fike）(1981) 在 25 个犹他州的铁路站进行了地表调查和历史研究，发现其中 6 处存在从 19 世纪 70 年代到 20 世纪初大量华人居住的证据。加德纳（Gardner）(2004，2005) 及其团队（Gardner et al. 2002；MacNaughton 2012）也对当时怀俄明州奥斯本和汉普顿的中央太平洋铁路劳工营进行了研究。

## 南太平洋铁路（1873—1883）

南太平洋铁路公司于 1865 年正式成立，1868 年被中央太平洋铁路公司收购，1870 年完成合并。这条南部跨美洲大陆铁路的建设始于 1873 年，连接了加利福尼亚州的沙加缅度与路易斯安那州的新奥尔良，途径洛杉矶。中央太平洋铁路的前建设总监特劳布里奇（Strobridge）在退休之后开始了这项新的铁路建设工作。南太平洋铁路建设在很大程度上依赖于修建过首条横贯大陆铁路的有经验的华工。完成之时，建设一共雇用了大约 6000 名劳工，其中 5000 人为华人（Briggs 1974：31）。1883 年 1 月 12 日，举行金钉仪式，西段和东段在一座横跨德克萨斯州佩科斯河（Pecos River）的桥上合并。

费迪克（Fedick）和斯登（Stone）（Fedick and Stone 1988；Stone and Fedick 1990）曾在亚利桑那州凤凰城附近长达 22 英里、宽 100 英寸的南太平洋铁路段上进行考古调查。他们确认了 7 处和铁路建设维护有关的遗址并对其中的第 12 号遗址进行了地表遗物采集、试掘以及数据复原。他们发现这个遗址上有"大量的中国陶瓷、鸦片瓶以及和传统中国饮食有关的食物遗存"（Stone and Fedick 1990：146），表明该遗址主要由中国劳工居住。依据时间顺序划分的出土物表明，该遗址更可能与铁路的维护和修理有关，这也说明当时的华工在南太平洋铁路运营及其建设中起到重要作用（Stone and Fedick 1990：144-145）。

布里格斯（Briggs）（1974）调查了位于得克萨斯州瓦尔德县佩克斯河的两处铁路劳工营地，分别是朗特里营（Langtry Camp）和里奥格兰德上部隧道一号营（Upper Rio Grande Tunnel No.1 Camp）。朗特里营遗址有石头围绕的帐篷台面和双层炉灶。布里格斯（1974：53）估计此营地曾住有500—665名华工。这里的出土物主要为生活用品，大部分位置偏僻，与佩克斯河和铁路线相距较远，可能为了最大限度降低与东区的白人和墨西哥劳工的冲突。然而，水源的远距离和对供应商的依赖也给当地中国劳工带来压力（Briggs 1974：197-204）。

位于得克萨斯州埃尔帕索市（El Paso）的唐人街由南太平洋铁路的资深劳工建立，他们中很多在铁路完工后继续为其工作。考古研究发现，与可以随时从中国进口货物的沿海地区的唐人街居民不同，埃尔帕索市的华人社区十分依赖本土的材料和食物。例如，美国生产的瓶子常被二次利用，用作洗衣漂白粉、中国酒以及传统中药的容器（Staski 1993）。

## 北太平洋铁路（1870—1883）

北太平洋铁路连接芝加哥和西雅图，其建设雇用了3000—5000名华工，其中大多数人也是修建第一条横贯大陆铁路的劳工。该铁路于1883年9月8日完工，在蒙大拿州金溪（Gold Creek）附近举行了金钉仪式。

业余考古学家加里·魏斯（Gary Weisz）（2003）与合作者（Merritt 2010；Merritt et al. 2012；Akin et al.）在蒙大拿州西部克拉克福克河（Clark Fork River）崎岖的河谷中的南太平洋铁路线（Northern Pacific Railroad，NPRR）上发现了9处营地。兰德雷斯（Landreth）等（Landreth et al. 1985）在NPRR前线小镇Cabinet Landing发现了第10处营地。通过对这10处遗址的比较分析，可以看出几点相似性：它们均为沿河谷分布的椭圆线形的营地，都存在铁路建设的劳动工具，还有马蹄铁和其他役畜装备。除此之外，物质文化的区分沿袭了族群的划分。空间分析表明了明显的分区，华工有自己的独立区域，华人和白人劳工之间通常通过自然地形创造缓冲区域。华人的营地总是位于地形不平坦、蚊虫肆虐的地区，表明营地地理划分强化了劳工的种族等级。华工营地所发现的材料"强调食物、民间信仰和休闲——它们均为缓解艰苦工作的方式"（Merritt et al. 2012：686）。中国铁路劳工在修建 NPRR 上的生命损失是惨重的，在汤普森河（Thompson River）、海因（Heron）和诺克森（Noxon）营地现存罕见的坟墓和墓碑（Merritt et al. 2012：680-681）。目前，爱荷华大学正在对位于爱达荷州邦纳县（Bonner County）的 NPRR 的华工营进行研究（Stokeld and Petrich-Guy 2014）。根据乌尔班尼亚克（Urbaniak）和狄克逊（Dixon）(2015) 的研究，修建 NPRR 的华工最终取代了包括日本、挪威和英国移民在内的多个民族的劳动力。

## 其他铁路

在横贯大陆铁路建设的同时，太平洋铁路公司迅速建成了"上千条大大小小的铁路干线，这些铁路道口、栈桥以及隧道组成了西部广阔的分支网络"（Dixon 2014：193）。从 19 世纪 60 年代到 90 年代，华工成了这些铁路建设和运作的中坚力量。

在内华达州弗吉尼亚和特拉基铁路（V&TRR）连接了内华达州康斯托克矿区和包括里诺（Reno）、卡森城（Carson city）、银城（Silver city）及弗吉尼亚城在内的银矿加工和供应中心，这条铁路主要由完成第一条横贯大陆铁路的 1200 名中国劳工完成。

建设 V&TRR 的华工成为反华运动的主要对象，运动蔓延至靠近弗吉尼亚城位于美洲平地（American Flats）的铁路营地，并将中国劳工驱赶至附近的山区。铁路管理人员做出妥协，将铁路的某些部分分给白人劳工建设。罗斯基（Wroleski）(1996) 对 V&TRR 其中的 6 千米进行了一项徒步调查，并对所发现的 4 个铁路华工遗址进行了调查。其中一个遗址被严重侵蚀；第二个是居住遗址，有 13 个帐篷平台以及大量火灶遗迹；第三个遗址有一个单独平坦区域，上面分布着大量食物、酒以及鸦片等与消费相关的遗物。罗斯基（Wroleski）认为第三个遗址可能是一个单独的娱乐区域，极有可能是一个向铁路劳工贩卖商品的中心。

根据罗斯基（Wroleski 1996：66-68）的观点，将娱乐活动区域与休息区域分开是工薪阶层的一个常见现象，人们在那里分享食物和药品，在艰苦单调的工作中促进劳工关系。

第四个是20世纪90年代被记录和发掘（Rogers 1997；Furnis and Maniery 2015）的V&TRR劳工营——湖景营地（Lakeview Camp）。在铁路修坡和挖掘隧道之时，此营地曾居住过40—70位中国人。特尼斯（Furnis）和马尼尔利（Maniery）的文章解释了他们如何通过系统的发掘和记录的方法，揭露活动区域的模式，包括一些被短期使用仅留下零星遗存的劳工营。和罗斯基（Wrobleski）的发现相同，特尼斯（Furnis）和马尼尔利（Maniery）发现，在这些营地上，用于做饭、饮食以及社交性的公共场所与睡觉休息区是分隔开的。

和V&TRR类似，尤里卡＆帕利塞德（Eureka & Palisades）铁路是连接了内华达州尤里卡地区的银矿和帕利塞德的第一个跨州大陆铁路。齐尔（Zier）（1985）调查了一个可能只使用了几天的临时性中国铁路劳工营地遗址。这个遗址包括三个遗物堆积，齐尔认为每个堆积代表了12—20个劳工活动留下的遗存。

其他位于内华达州的铁路也为当地提供服务，例如博迪＆本顿窄轨铁路（Bodie & Benton Railroad）。这两条铁路由V&T集团运作，连接伐木场与各个矿场。孙塞里（Suneri）（第四节）目前正在对此铁路上的莫诺米尔斯（Mono Mills）遗址进行研究，在这里，中国人和美洲原住民派尤特土著（Native American Paiutes）共同生活。逊塞里（Sunseri）的调查表明，这两个被打压的劳工群体之间存在跨文化互动和合作。

在犹他州，考古学家记录了一个小型流动式铁路华工营地，可能与1879年完工的普莱森特山谷（Pleasant Valley）铁路相关。他们还确认了1883年完成的丹佛和里奥格兰德西部铁路，发现了可能代表华工营的岩石结构（Merritt 2013）。在科罗拉多州的梅萨县，康纳（Conner）和达内尔（Darnell）（2012）对丹佛和里奥格兰德（Rio Grande）西部铁路的埃克赛斯（Excelsior）车站进行了考古评估。他们的研究发现了明显的中国人遗物堆积，包括瓷器餐具、中式褐釉粗陶和鸦片用具。他们的结论是，尽管当时关于铁路的历史记录并未列举任何中国劳工的名字，但这确实是一个与铁路建设或运作有关的铁路中国人劳工营遗址（Conner and Darnell 2012：36）。

在蒙大拿州的朗达普（Roundup），乌尔班尼亚克（Urbaniak）和狄克逊（Dixon）（2015）辨认出了可能由中国劳工为建设密尔沃基公路（Milwaukee Road）采矿时留下的岩石铭文。在加利福尼亚州的圣地亚哥，哈拉伦（Hallaran）等（1989）研究了19世纪初位于圣地亚哥和亚利桑那州东部铁路（San Diego & Arizona Eastern Railway）的建设营地，发现了多种族的劳动工人群体，包括墨西哥人、欧裔美国人、美国土著、印度人、巴基斯坦人、希腊人、瑞典人以及中国人。

## 现存的主题和新方向

此前的考古研究对铁路华工在美国西部的经历只是简短一瞥，仅系统调查了少数几段历史遗留的铁路路线，也体现了考古知识的巨大空白。大多数考古调查集中在一些与大型铁路修建、隧道挖掘和桥梁作业相关的长期劳工营，但这些仅仅代表了铁路建设的一个方面。大多数铁路建设劳工通常以小群体的形式短期生活在独立的营地中。尽管考古学家可以根据地面坡度、水资源获取以及与铁路的关系来建立模型，预测铁路劳工营地的位置和特征（Briggs 1974；Buckles 1983；Wrobleski 1996：24），但更多的田野研究仍在进行中。

从研究方法来看，尽管一些重要的案例研究展现了短期（Furnis and Maniery 2015）和长期工作营地的发掘价值（Briggs 1974；Wrobleski 1996；Baxter and Allen 第二节；Sunseri 第四节），地表调查和文物收集还是占主导地位。

许多报告以描述为主，介绍劳工营位置以及所发现的考古遗迹和遗物。通过这些丰富的资料，我们可对各个遗址进行比较分析。自20世纪70年代以来，考古学家已通过这些描述性报告，成功开展了北美地区华人移民物质文化的分类研究，包括陶瓷（Chace 1976；Evans 1980）、鸦片用具（Etter 1980；Wylie and Fike 1993）和博具（Jolly 2012）。这些材料让我们得以对中国人劳工营遗址的研究进行更加精确分期断代和对比研究。桑多（Sando）和菲尔顿（Felton）(1993)指出，19世纪60年代盛行的双喜纹饰碗具大约在70年代之后被竹花纹饰所替代。阿尔金（Akin）、巴德（Bard）和魏斯（Weisz）(2015)也发现，随着铁路劳工营在时间掌控方面的提升，亚洲硬币进入北美的渠道得以完善。

研究人员还将铁路华工营的资料与历史时期唐人街的日常生活进行比较，发现唐人街的中国人在年龄、性别和阶级方面差异更大。菲尔顿等（Felton et al. 1984；Sando and Felton 1993）注意到，虽然劳工营遗址大多使用廉价的双喜纹饰和竹花纹饰碗具，在城市的唐人街居民则会使用更加昂贵的、以冬青和四季纹为装饰的瓷器。卫礼（Wylie）和菲克（Fike）(1993：292）将劳工营所发现的鸦片枪头的出现频率与唐人街的情况做了对比。他们发现，也许是因为鸦片可减轻工作劳累，烟具在劳工营的使用更加频繁。这个观点与最近在蒙大拿州北太平洋铁路劳工营的研究一致。在这些劳工营，鸦片用具无处不在，他们的存在"减轻体力劳动带来的身体和心理痛苦……直到19世纪90年代引入阿司匹林，它们是市场上最有效的止痛药"（Merritt et al. 2012：689）。古斯特（Gust）(1993）对数个由铁路建设所形成的中国人移民遗址出土的动物遗存进行了对比性研究；在此之上，肯尼迪（Kennedy）（第五节）扩大了对比的范围，突出了铁路华工饮食的地方性差异和规律。

虽然以往的研究大多关注中国移民特有的物质文化，但最近的几个项目都强调了铁路华工营对劳工阶级历史和资本主义世界体系形成的重要性。例如，加利福尼亚州交通部（California Department of Transportation）在对劳工营进行了一项程序化的考古调查中发现，从1848—1941年，来到美国西部的大多数新移民都参加过劳工营的工作，尽管"在19世纪的大部分时间里，政府和私人企业均未对这些短期的劳动力或者劳工营有过任何系统性的记录工作。（这些包括铁路工人所使用的劳工营）是以利益为主导的企业运作的中坚部分，同时也是大规模资产消耗的直接结果……劳工营的经济流通不仅包括资本与商品，也涉及劳工们本身"（California Department of Transportation 2013：10）。在这个背景之下，中国人铁路劳工营拥有与其他美国西部产业相似的特点：经济单

*28*

一，相对隔绝的人口，时间性短，与地区、国家以及全球经济的相互联系和依赖（Van Bueren 2002；Dixon 2014）。通过以全球化系统为视角，加德纳（Gardner）(2004，2005)认为，一个区域性的核心—边缘关系网已在美国西部的中国人移民社区中形成：靠近煤矿等大型工业的唐人街为核心社群，与铁路建设有关的中国人聚落则为边缘社群。从物质上来看，边缘社群通常较为孤立，其饮食缺乏多样性，对非华物质文化的依赖性逐渐提高。

以往关于铁路华工的研究通常着眼于种族、族群和民族性一类的理论方向，但是这些理论如何能在考古学中得以施展是一个值得探讨的问题。考古学家向来以铁路华工所留下的独特器物组合来定义和描述海外华人的物质文化，大多旨在通过研究铁路华工来探讨关于同化、文化互渗以及传统主义的问题，然而，他们很少探讨劳工承包商和供应者创造的商品链如何限制了劳工们的消费行为。例如，我们并不清楚在铁路劳工营中一些广为出现的亚洲瓷器类型是工人们自己的偏好，还是那些以利益为主导的工头、铁路供应商以及他们的进出口伙伴在利益驱动下做出的决策。

整个19世纪，美国西部的资本主义企业雇用的劳动力来自不同地区、民族和国家（Dixon 2014；Sunseri 第2.4章；Urbaniak and Dixon 2015）。如本书的开头所述，工人们大多被组成种族分明的劳工队伍，企业特意将工人们区分开来易于管理。在美国西部工业的发展初期，中央太平洋铁路公司在修建首条横贯大陆铁路之时的劳工分配方式特别强调种族化劳工系统。布里格斯（Briggs）(1974)和麦那顿（MacNaughton）(2012)指出，因为铁路劳工营的考古遗存分别代表不同种族的工人群体，在空间上区分明确，这种现象为考古学研究提供了比较族群和消费行为的材料。不过，梅里特（Merritt）等人（2012）也提出，这些以种族来划分的劳工营自身也是一种异族化的过程，而不仅仅是反映了对社会的划分。正如莫伦达（Molenda）(2015)和逊塞里（Sunsei）(第四节)所提出的，尽管这些种族性理念促成了隔离化的劳工，但铁路华工不仅仅是被动的接受者。

在首条横贯大陆铁路建成即将150周年之际，为了开拓项目联合负责人张少书（Gordon H. Chang）和谢利·费希尔·费雪金（Shelley Fisher Fishkin）倡导的"由内而外"的研究倡议，CRWNAP 的考古学家开展了新的调查，本书之后的四个章节为此类研究提供了实例。在第二节中，巴克斯（Baxter）和艾伦（Allen）介绍了加利福尼亚州北部内华达山脉山顶营地以往和现今的研究状况。这一节强调了华工们在内华达山上所经历的艰辛和所创造的成就。在第三节中，波尔克（Polk）介绍了金色道钉国家历史遗址的考古工作，同时提出，这片土地已被工业的贪婪和种族信仰的隔离变得四分五裂。

在其他情况下，不同背景的劳动者通过密切合作，建立了新的关系和文化模式。逊塞里（Sunseri）（第四节）的研究记录了加利福尼亚州莫诺米尔斯铁路劳工营华人与美国原住民派尤特人之间的关系，这两个社群通过物品和食物交换，建立相互联系。本书的这一部分的最后一篇文章是动物考古学的研究，肯尼迪（Kennedy）（第五节）通过比较在整个北美西部铁路遗迹发现的动物骨骸，重建了中国铁路劳工的食谱，体现了劳工如何适应当地环境并参与区域经济。

## 中国铁路劳工的其他物质表现

本专辑所包含的文章标志着一个持续的合作项目，它将为未来数年的研究开辟新的方向。除了传统的考古调查，发掘、遗物研究和数据分析、地理信息系统、数字人文档案和三维可视化的计划也正在进行，以整合考古、档案、图像、地理、口述历史和文化研究的资料。跨国研究的关系网将为美国历史考古学家和亚洲其他领域的学者提供前所未有的合作。

随着考古学家和其他人在为研究考古景观、遗迹、建筑、食物遗存和零碎物质遗存而运用新方法和发现新问题，我们同时也可考虑一些其他关于铁路劳工的材料，这些材料在之前很少被考古学研究所利用。

第一就是铁路劳工群体本身。尽管 19 世纪的西部铁路被宣传为工业时代的先锋性工程，但其建设大多还是由人力完成。所有的清理、挖掘、铺垫、隧道、桥梁连接和铁轨铺设都是以人工为基础的。在利益和政府激励的驱使之下，建设时间紧迫，绝大部分建设工作依赖于手工工具。在劳工们从工作中获取成就感之时，也有大量劳工在工作事故、环境暴露、疾病以及种族暴力中丧生。为了完成契约，首条横贯大陆铁路的承包商和工头必须维持一个身体健全的劳动力储备，以便随时取代受伤或死亡的劳工（Hoffmann 1879：221 - 225；Barth 1964；Saxton 1971：60 - 66）。中央太平洋铁路和大多数其他铁路均未记载华工的伤亡情况（Ambrose 2000：156；N. Lee 2002；I. Chang 2003：59）。根据历史文献估计，有1000—1500名华工在首条横贯大陆铁路的建设中丧生。如果这个估计正确，这意味着1/10的劳工死亡率（Kraus 1969a；Saxton 1971；Yen 1976；Tsai 1986）。在首条横贯大陆铁路竣工之后，中国人曾回到内华达山脉去寻找他们丧生工友的遗体（I. Chang 2003：63 - 64），俗称叫"执先友"（jup seen you，寻找已故朋友）。由于劳工遗骸大多无法保存，普通的考古学研究结果——包括住所遗迹、食物、药品，以及去痛的鸦片——成为个人为自己或他人在险境中努力存活的重要证据。

　　政府的激励政策只关注铁路建设的速度，而不考虑劳工的安全，这无疑导致了铁路巨头和建设老板对劳工生命的漠视。铁路建设和围绕它开发的金融项目的利润相当可观（Riegel 1926；Saxton 1971；Mayer and Vose 1975；White 2011）。斯坦福大学由利兰和珍妮·斯坦福（Leland Stanford）和（Jane Stanford）创立，他们通过建设中央太平洋铁路及其相关的经济和政治实业积累了丰富的财富。因此，北美铁路华工工程在此校的成立并非巧合。Leland Stanford 与中国移民的关系十分矛盾：在他的政治生涯早期，他支持限制对中国人移民政策，将中国人的移民称为"劣等种族"（Stanford，1862）。然而，仅仅两年之后，当他成为中央太平洋铁路的"四大巨头"之一的时候，他改变了他的反移民立场，并且一度提出，如果再有50万中国移民到美国，这将是一件好事（Williams 1988：97）。这种逆转纯粹源于以自我为中心的机会主义。在此之后，Stanford 又对1892年的《基瑞法案》（Geary Act）表示了支持，此法案延长且加强了对中国人移民的入境禁止（Tsai 1986）。在这一系列的政治阴谋之下，Stanford 家族继续雇用上百华工，他们劳作于牧场、葡萄园以及为斯坦福大学的建设和运行而忙碌(图2-4)。校园的奢华景观和宏伟建筑是美国镀金时代的物质杰作,这个成果要归功于华工。

图2-4 铁路华工的其他物质表现:
斯坦福大学主院落的入口(作者摄于2012年)

华工很少得以致富,他们的薪水大多低于白人劳工,而且必须负责自己的食宿。他们缺少经济资源,大多因移民而负债累累(Griswold 1962:118-119; Chiu 1967:46-47; Kraus 1969b:217; Saxton 1971:60-66; Daniels 1988:19; Williams 1988:97-98; White 2011:294-297)。尽管如此,他们中的一些人因铁路建设在铁路运作系统中获得了稳定的职业(Southern Pacific Company Bureau of News 1917; Chiu 1967);另外一些人用工钱的存款付清了债务,经营拥有更大稳定性和自决权的小型企业(Kraus 1969a; Cassel 2002)。尽管金额很少,但这种赚取工资和投资的机会成了铁路华工历史经验的另一个重要物质表现。在美国西部,不断扩张的唐人街转变成城镇的商业区。这些商家包括为铁路建设项目提供劳工和供应品的企业,以及由前铁路劳工开展的新业务(Chiu 1967; Tsai 1986; Chan 1991:30)。在中国,铁路劳工和其他中国人移民所寄的汇款被用作建设学校、福利院、医院、会堂、道路、桥梁甚至铁路等公共项目,从而改变了19世纪广东省的景观。

这些铁路工人所带来的改变不仅限于新增的商业运输方式。他们所建立的身份和社群重塑了美洲和中国的社会生活构造。直至今日，他们劳动所创造的财富持续地影响着商业、教育和慈善事业。通过对铁路劳工留下的遗迹和遗物进行研究，考古学为这些政治策略、经济关系、文化意义和历史经验所建立的密集网络提供了切入点。

## 致　谢

我首先要感谢北美铁路华工研究项目的联合负责人张少书（Gordon H. Chang）和谢利·费希尔·费雪金（Shelley Fisher Fishkin）热情邀请我和其他考古学家参与这个激动人心的合作项目。

胡垣坤（Phil Choy）和虞容仪芳（Connie Young Yu）均提供了重要的见解。本简介中对先前考古研究的回顾在很大程度上依赖于未发表的报告和一些难以获取的文件。我非常感谢其他所有和我分享研究和致力于这个项目的学者们。

## 第二节　加利福尼亚州内华达山脉山顶营地之景观

斯科特·巴克斯，丽贝卡·艾伦

（R. Scott Baxter, Rebecca Allen）

## 简　介

"太平洋铁路的劳工在建设山顶隧道方面取得巨大成绩。包括工程师在内的一些人认为，若是在其他任何国家，或是技术落后的条件下，这项工程至少需要三到四年完工。然而，在这些不断前进的加州人手中，隧道的建造时间被大幅度缩短。隧道总长 1660 英尺，于九月末从四个地点同时开工，包括东西两端，以及两个从中心打通竖井的工作面。每一个开凿点安排三组工人,共计十二个组。每组工人工作八个小时,使工程可夜以继日地进行!如今,也就是开工的首月,这条长达 1660 英尺的隧道仅剩下 681 英尺!隧道开凿在过去的一周已前进 60 英尺,按照这个速率计算,8 月的中旬即可全面竣工。从长度来计算,隧道还需从东面前进 346 英尺,从西面前进 335 英尺,共计 681 英尺。这条隧道从开工至建成仅需 11 个月!"(*Daily Alta California* 1967)

"唐纳山隧道(Donner Pass)位于内华达山脉 7000 英尺处,在旧金山和内华达州的里诺之间。坚硬的花岗岩遍布各地,沙土稀缺。少有平地或任何适宜居住之处,冬日积雪可达 40 英尺。中国劳工在此处建设隧道之时,扎营至此,在花岗岩石下,开凿隧道。"(Chace and Evans 1969)

山顶营地(Summit Camp)位于加利福尼亚州的普莱瑟县(Placer County),靠近唐纳山口和 80 号州际公路,这里是建设横贯大陆铁路唐纳山顶隧道的华工聚居地。隧道建于 1865 年和 1869 年之间,同时也是劳工的营地,为最大最早的美国华工营代表之一。在美国华裔历史上,横贯大陆铁路的建设是他们付出辛劳汗水的重要象征。

2006 年,太浩湖国家森林要求对山顶营地进行损害评估以及历史名录认定。该遗址曾受到石油管道的影响,该管道贯穿整个遗址,曾经反复泄漏,导致后期进行了大量清理工作。遗址的维护曾面临多方挑战,其中包括管道建设(和破坏)、考古学家和游客。因此,美国林业局希望对遗址的保护状况进行评估,并采取缓解措施(Allen and Baxter 2006)。

## 山顶营地的中国劳工

为了建设横贯大陆铁路,中央太平洋铁路公司从沙加缅度(Sacramento)由东而进,联合太平洋铁路公司由西而进。中央太平洋铁路公司由利兰·斯坦福、E. B. 克罗克、查尔斯·克罗克、马克·霍普金、科利斯·亨廷顿和西奥多·犹大(Leland Stanford, E. B. Crocker, Charles Crocker, Mark Hopkins, Collis P. Huntington and Theodore Judah)

所掌控。其中，斯坦福、霍普金、亨廷顿和查理斯·克罗克被称为"四大巨头"，之后30多年，他们主导了加利福尼亚州中部绝大部分的政治和经济。

为了将铁路路段和长度合理分配给联合太平洋和中央太平洋两家铁路公司，国会颁布了数项统称为《太平洋铁路法》的法案。这些法案规定，公司的每英里铁路铺设可得20块土地，同时拥有木材和采石的权利。因此，每家公司都在建成的铁轨两侧获得了每长1千米、宽200英尺、面积为640英亩（即1平方英里）的公路用地，以方格棋盘式分布在铁路两侧。公司也可将土地变卖以筹集更多资金。显然，土地和补贴是这项交易中最具有吸引力的部分（Kibbey 1996：18）。仅仅通过变卖土地，"四大巨头"便获得了铁路建设的资金，但他们仍将劳动力和材料成本压至最低。

1863年1月，首段横贯大陆铁路在沙加缅度码头K街的一端开工（Steinheimer and Dorn 1989：10；McClain 1995：8；Kibbey 1996：22）。之后，按照计划建设工程向中央峡谷（Central Valley）前进。随着铁路建设进入内华达山脉的山麓，市民可以乘坐从沙加缅度开出的游览列车观看工程的最新进展，这也一度成为风尚。完成山谷和毗邻山麓的路段之后，工程进展变得缓慢，大雪和坚硬花岗岩成为唐纳山隧道两个主要障碍。到1867年夏天，思科（Cisco）和特拉基（Truckee）之间的铁路仍未完工。为了加快进程，工程的第二阶段，即山峰以东与山顶的部分同步开工建设。火车、铁轨、汽车和零件通过达奇弗莱特唐纳湖公路（Dutch Flat Donner Lake Wagon Road）运送到科伯恩（Coburn）的车站（特拉基）。尽管位于特拉基和里诺之间的铁路于1868年5月便已完工，但是连接思科和特拉基的铁路直到当年6月才正式竣工（Myrick 1962：18）。

关于华工们为何参与建设铁路的故事已经成为美西历史的一段传说。最初，他们被认为身材矮小，难以胜任铁路建设的繁重工作。然而，华工们能承担别人推之不及的危险工作，很快建立了他们勤劳努力的声誉。正是这种好名声，华工们得以来到山顶营地。在唐纳山顶，铁路建设需要在山顶2英里的范围内打通7个隧道（图2-5）。最长的隧道为6号隧道，长1659英尺，且位于坚硬花岗岩石地表124英寸之下

(Griswold 1962：117），海拔变化达 30 英寸，海拔起伏 30 英尺。劳工在花岗岩面上挖洞，将黑色粉状火药放入岩石将其爆破，之后由另一队工人清理爆破留下的碎石。在隧道之间，需要大量的岩石铺设坡道。这项工程共花费了 4 年的时间，且常在超过 40 英尺的积雪中进行（图 2-6）。因此，原本为临时性的劳工营发展成了一个小镇，即后来大家熟知的"山顶营地"。

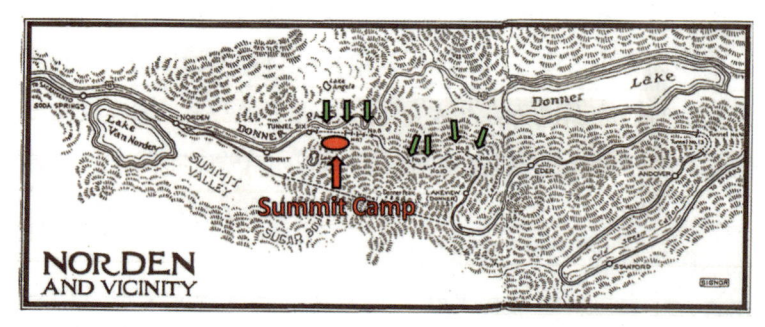

图 2-5　由中国铁路劳工建造的 7 条隧道（箭头所示），距山顶营地小于 2 千米。
［地图根据 Signor（1985：114-115）调整，由 R. S. Baxter 于 2008 年绘制］

图 2-6　在雪中建造铁路的中国劳工

（图片来源：http：//scalar. usc. edu/anvc/the-knottedline/media/railroad-in-winter. jpg，大约摄于 19 世纪晚期）

劳工的工作是艰苦而危险的，他们将岩石爆破，徒手捡出碎片。他们日复一日，每周工作 6 天，获取 35 美元的报酬，在扣去生活费之后，仅剩 20 美元。相比之下，非亚裔劳工的报酬大致相同，但他们无须缴纳生活费。建设工作全年无休，连寒冬也不例外。在 1866 年的冬天，5 名中国劳工死于突发的雪崩。直到第二年夏天，积雪融化的时候，他们的遗体才被其他劳工发现（Gillis 1870：157）。

典型的铁路劳工营一般位于铁路旁，由帐篷和一些临时建筑结构组成，随着铁路向东推进，可随时拆卸移动。在某些情况下，滚动的工棚在铺设时沿着轨道移动。由于山顶营地被占用相当长的一段时间，中国的铁路劳工建造了更多永久性建筑。建造这些建筑的另一原因则是为了抵抗山顶冬日的严寒。图 2-7 是 Alfred A. Hart 提供的一张历史照片，展现了位于山顶营地 6 号隧道的东侧入口，也被称为山顶隧道（Summit Tunnel）。

图 2-7　6 号隧道东侧山顶营地的一部分。请注意图片中的小木屋。

［照片由 Alfred A. Hart 提供（http://www.donnersummithistoricalsociety.org/PDFs/newsletters/news12/july12.pdf），大约摄于 1865—1869 年］

## 山顶营地的考古发现

通过对比，本文作者将图 2-7 所示的一间房屋与考古记录得以对应（Baxter and Allen 2008），将此遗迹定为"10号地点"。在此地，考古队员在照片的确切位置找到了一个石础，并勾勒出房屋的布局，确认一个炉灶，可能与屋内的取暖做饭相关（图2-8）。在房基之外，则是一处坍塌的灶台和一个小灶，通常是称为炒锅炉的火灶，这类临时灶台常常出现在华工营的历史图画中。考古工作者在房屋周围发掘了几个探坑并发现了遗物，包括钉子、窗户玻璃、博具、硬币、中式和西式的餐具以及鸦片枪头的碎片（Baxter and Allen 2008）。

图2-8 位于山顶营地的火灶遗迹（图片来源：R. S. Baxter 2007）

在山坡附近，考古学家发现了另一个大致呈圆柱形的火灶，它的形制和其他海外华人遗址中发现的大型烘遗迹相似（Medin 2002）。中国厨师经常使用这些烹饪设施进行大规模的公共烹饪，包括熏肉或烤肉的制作。一些烧烤灶的大小足以烹饪诸如猪这样的整只动物。在清除表面遗物的同时，考古学家还在另一个房屋内发现了更多使用时间短暂的遗物，房屋两端有一对炒锅。在此区域的探坑中还发现了钉子、窗户玻璃、炒锅碎片、中式褐釉粗陶、中式和欧式的餐具、鸦片枪头碎片以及盛放鸦片或香料的容器（Baxter and Allen 2008）。出土遗物还包括一些博具和酒瓶，表明当时存在娱乐活动。同时还发现了鸦片枪头，表明鸦片被经常使用，可能用于医疗、休闲、社交场合，或是三者皆有。

通过对灶台内外周围土壤中的植物（包括大植物和微植物）和脂类残留物分析，华工们的饮食既包括例如接骨木果、熊果等本土食物，又包括如大米、大麦和豆类等进口食物（Puseman and Cummings 2008）。历史记载表明，这些华工们的饮食还有干牡蛎和鲍鱼、蘑菇、干果、大米、饼干、粉丝、腌渍白菜、中国蔗糖、花生油、中国腊肉、猪肉和家禽。在山顶营地附近的湖泊中有大量的鲶鱼，铁路华工们经常到此捕获新鲜的鱼。

由于遗址上所发现的遗物数量过少，提供的信息有限，因此田野工作的结果较为复杂。很难想象华工们在此曾居住长达4年，却只留下稀少遗物，这是一个未曾预料到的结果。在下文中，我们将详细叙述先前的考古工作，由于遗物数量和种类十分有限，我们将之后的研究重心转移到绘制遗址地表可见的遗迹。通过这种记录方式，我们能够将一些石础和烹饪遗迹与历史照片中的房屋位置联系对应，从而更好地了解营地布局、房屋大小及其构造方法。考古学家还发现了许多与食物烹饪相关的遗迹，为了解传统烹饪方法提供了证据，并认为该遗址存在社区集体性的烹饪。历史记录表明，每个劳工队伍由12—20人组成，其中一人被任命为工头，负责劳工的日常工作安排及食宿。此外，有一人被任命为厨师，他不仅负责做饭，还向劳工提供白天不间断的茶水以及晚间洗浴用的热水（Lindström et al. 1999）。图2-9展现了唐纳山口8号隧道东侧入口一名运送茶水的工人。

图2-9　8号隧道的东部入口。图中的男子正在向劳工运送茶水。
［图片由Alfred A. Hart提供，（http：//content.cdlib.org/ark：/13030/tf058005hz），大约摄于1865—1869年］

## 遗址内遗物稀缺之原因

正如前文所提，遗址中发现的遗物数量特别少，难以想象华工们曾在此居住至少4年之久。大多遗物十分破碎，形制小于25美分的钱币。造成这个现象的原因可能有多种。其一，此地区的地表大多为花岗岩，土壤稀少，因此大多遗物暴露于外。其二，正因为这样的地表情况，散落在稀疏植被中的遗物可见度高。遗址附近的基础设施繁多，包括40号高速公路、太平洋翠园步道（Pacific Crest Trail）、石油管道、被登山者、骑行者以及越野车辆所使用的铁路坡道和一处滑雪场。这些设施吸引了大量行人穿越遗址。据林务局的资料，曾经有位森林管理员在带领参观之时，鼓励游客收集地表遗物，以作为旅游纪念。

圣达菲太平洋管道（Santa Fe Pacific Pipeline）于1956年建成，用于天然气运输。此管道贯穿整个遗址，形成了一条宽约45英尺的破坏性通道。1987年安装的光缆穿越遗址中心。此外，遗址上方至少有两条公用工程管线，其建设所打下的基洞遍布遗址各处。

## 考古文物收集历史

由于大多较大的文物已在30年前被收集，因此我们在2006年的调查中仅发现少量文物。20世纪60年代至80年代，考古学家在遗址上进行了一系列的地表文物采集。虽然国家森林系统并未批准这一系列活动，但考古文献对此仍有所记录。

1962年，保罗·切伊斯（Paul Chace）收到了一箱碗具，由一位非考古人士在山顶营地所收集。之后在1966年，他和威廉·伊文思（William Evans）一起对这个地区进行了调查和文物采集。根据所收集的材料，切伊思（Chace）和伊文思（Evans）(1969) 在历史考古学会的年会上发表了一篇文章。该文章通过描述遗址内所发现的遗物，强调了铁路劳工的历史，建立了中国人遗址在此期间的文物"风格"。文中提及了地表发现的大量文物和木质结构遗存，其中以瓷器最受关注。他们首次为瓷器的形制或风格制定了描述性历史考古词汇，如双喜（Double Happiness）、青瓷（Celadon ware）、竹花（Bamboo ware，在早期也被称为 Three Circles and a Dragonfly）、褐釉炻器（Chinese brown-glazed stoneware，CBGS）。同时，他们也提及了其他中式文物，如铜钱、鸦片枪，以及一些欧美罐头瓶和"美国"风格的瓶子。

切伊思（Chace）和伊文思（Evans）的文章开创了两项重要的先例。第一，他们认为，"华工将中国文化保留在各个角落，丝毫不受本土影响"。在所有的中国人遗址均发现了标志明显的中国人文物，可对鉴定遗址性质起到标志性作用。第二，切伊思（Chace）和伊文思（Evans）提出了借助文化顾问对文物阐释的重要性。在他们的研究中，他们咨询了一位"广东出生的"信息提供者，由此获取了一些关于青瓷和褐釉炻器的信息。

根据在山顶营地的收获，伊文思（Evans）（1980）对中国人遗址的物质文化进行了更全面细致的描述。他收集了各个遗址的材料进行综合对比，这些遗址包括加利福尼亚州的熊谷（Bear Valley）、哥伦比亚（Columbia）、谐硼砂矿加工厂（Harmony Borax Works）、河滨（Riverside）、文图拉（Ventura），以及内华达州弗吉尼亚市（Virginia City）。同时，伊文思（Evans）（1980：90）对食物、"生计物品"和休闲活动（通过鸦片和赌博方面的证据）也给予了特别关注。通过研究各种陶瓷实用器皿，如餐具、鸦片管、罐头、灯罩、博具、硬币和药瓶，他得出了在美国西部以男性为主的华工社会中，器物组合缺乏多样；而在拥有女性和家庭的弗吉尼亚城，物质文化才具有多样性的结论。

这批材料包括了各种工具、食品储存容器，以及例如纽扣、鸦片用具（包括罐头和烟枪）和餐具等个人物品。他们现存于南加州中国历史学会（Chinese Historical Society of Southern California），该学会将这批材料慷慨出借给了 Scott Baxter 进行全面编目和分析。

1984 年，另一位考古学家在山顶营地采集了更多材料，这批材料目前的研究工作由约翰·莫伦达（John Molenda）负责（Molenda 2015）。根据苏珊·林德斯特伦（Susan Lindstrom）等人的记录（Lindstrom et al. 1999），在发生管道事故之后，该遗址后续的修复工作对遗址造成了进一步破坏。考古学家对遗址所受的影响均有关注，虽然他们未在遗址进行文物采集。因为同样的原因，Lindstrom（2005）后来又对遗址进行了重新调查。最近，威廉·阿叟斯艾特斯（William Self Associates）对山顶营地北端的几处遗址进行了评估。斯科特·巴克斯（Scott Baxter）（Arrigoni et al. 2013）对在山顶营地近 50 年的考古研究进行了着重总结，并对遗址上的考古发现进行扩展研究。

## 地域感和文化遗产

尽管山顶营地遗址未曾经历过系统的考古和地表采集，它仍可给我们提供有用信息，使我们可以更好地了解那些成千上万效力于横贯大陆铁路的无名华工的生活。2006 年，考古学家在现场进行了小范围的挖掘，揭示了营地布局的相关信息和一些与日常生活相关的材料，通过与以往所收集的信息相结合，这些材料用于开展关于建筑、土地使用、饮食、文化变迁以及劳动关系等课题研究。

山顶营地是加利福尼亚州考古记录中最悠久、规模最大的华工居住点之一。他的建设对于加利福尼亚州的经济、政治和社会制度产生了深远的影响，可能仅次于建国和淘金潮。铁路建设作为美国历史上最伟大的工程之一，山顶营地是其中重要的一环。

如果没有勤劳的华工，那么通过唐纳山顶的隧道建设将延迟几个月或更长时间，从而阻碍中央太平洋铁路的进程。由于工程难度系数高，耗时数年，山顶营地成为规模最大、居住时间最长的营地之一。铁路的建设也推动了华人向加利福尼亚州移民的浪潮，为如今仍然蓬勃发展的美国华人社会埋下了种子。与切伊思（Chace）和伊文思（Evans）（1969）所指的跨国"旅居者"不同（此标签已不再被人类学文献青睐），历史和考古文献显示，山顶营地的居民在铁路建设的各个时段均与他们周围的社区相互联系。

尽管受到了考古、文物收藏、管道建设、维修和破坏的各方面影响，山顶营地的绝大部分仍保留完整。虽然先前的文物收集已使我们对此地的考古遗迹有所了解，但作者最近的试掘发现，较浅的地层内仍有文物，保留完整的灶台和房屋地基可对营地布局和活动区域提供重要信息。遗址不仅在视觉上十分震撼，且自成一体。在遗址的周围，废弃的铁路坡道依旧存在，20世纪的新建筑物在视线之外。在遗址之上，唐纳湖、铁路坡道和隧道尽收眼底，使我们很容易联想到铁路华工的艰辛、坚韧和贡献。当年建造营地的目的及其所表现出来的力量依然可见。值得注意的是，如今遗址之上的风光与1865年依然相似（图2-10）。2009年，加利福尼亚州历史保护官员同意林务局和作者的建议，将其列入国家史迹名录。

图2-10　自横贯大陆铁路建设以来，唐纳山顶的风光未曾改变：（a）旅行者 Traveler Charles Nordhoff（1874）在他的旅记中所绘制的山顶营地；（b）带有华工的山顶营地立体模型，位于加利福尼亚州州立铁路博物馆（照片由 R. Allen 于 2009 年拍摄）；（c）山顶营地现状，照片右侧可见 6、7、8 号隧道（R. Allen 拍摄于 2007 年）

## 记录历史的动力

内维尔·里奇（Neville R. Ritchie）（2003：6）曾经指出，"中国文化遗产遗址"受当地的社会和政治环境的影响，在不同的群体中的含义不同。虽然里奇讨论的是位于新西兰和澳大利亚的遗址，但这种观点也可应用于美国西部。横贯大陆铁路 150 周年庆典与 21 世纪加利福尼亚州和西部各州的社会政治环境息息相关。斯坦福大学所创建的北美铁路华工项目（2014）曾提出，华工对"塑造美国西部的物质和社会景观"做出了重要贡献，因此我们需要扭转这些工人在多数西方历史中所受到的"不公正"的排斥。

尽管我们对山顶营地的内部组织已经有所了解，但他们在外界所面临的边缘化才刚刚浮出历史。国家公园管理局（2013）已经启动了一项倡议，该倡议旨在突出此机构在美国"讲故事"的功能，以此来"增加美国不同文化群体的历史文化资源，使它们被识别、记录、保留和阐释"。这是一项自我反思的努力，随着美国人口的变化，我们需要重新审视过去，反思历史人口，并有意识地努力将过去、现在以及未来联系起来。最新的历史考古学文献（Voss and Allen 2008；Dixon 2014）强调了如何将移民群体的研究与跨国的模式、地方和区域遗产继承群体以及历史学家的观点相结合。这样将有助于我们对边缘人群的研究，特别是如铁路工人那样没有自己历史记录的人群。

通过对山顶营地的重新审视，我们得以捕捉当地的景观和地域感官，并对当时在此地的中国劳工有更微妙的理解。站在山顶营地之上，虽然大多数人只能对劳动者的艰辛和毅力进行初步想象，但他们仍然可以在这片由中国劳工所创造的美国西部故事中，找到自己的归属之地。

## 致　谢

特此感谢 Carrie Smith 提供给我们在山顶营地遗址的工作机会。Brad Deveraux、Alex Armstrong 和 Maher Tleimat 承担了田野工作中的记录工作。Susan Lindstrom 和 Connie Young Yu 帮助记录了该遗址的历史。Connie 和她的丈夫 John 帮助我们了解此地的历史以及其在美国华人历史中的深刻含义。Eugene Moy 和南加州中国历史学会将藏品借给了 Scott，使研究得以完成。

## 第三节　论犹他州突顶峰上的中国劳工营

迈高·波尔克

Michael R. Polk

### 简　介

突顶峰（Promontory Summit，又可译为普罗蒙特斯里峰）位于犹他州北部，坐落在一片寒冷多风的沙漠荒地上。此地水资源匮乏，离最近的人口聚集城市前瓦沙奇（Wasatch Front）也很远。在横贯大陆铁路建成之后的一个半世纪里，此地一直人烟稀少。横贯大陆铁路是美国历史上最为盛大的工程之一，也是之前历史上未曾有过的建设伟业。它不仅仅创造了一个工程技术上的奇迹，同时也对美国和全世界的社会、政治和经济方面产生了深远的影响。这条铁路起始于内布拉斯加州的奥马哈（Omaha），向西至太平洋，终点为加利福尼亚州的奥克兰（Oakland）。它的建设开拓了西部边疆，连接起亚美利加大荒漠（Great American Desert）的荒芜之地，通过发展西部大片土地，促进各州的建立。它贯通美国东西两岸，将以往耗时六周的马车运输缩短为六日。同时，它的建设也导致美国野牛的灭绝，从而彻底改变了美国原住民的生活。由于以上种种原因，横贯大陆铁路的竣工被历史学家称为美国历史上重要而深远的事件之一。

1868—1869 年，铁路工程在"最后道钉处"（the Last Spike）紧锣密鼓地进行着。1869 年 5 月 10 日，起始于奥马哈的联合太平洋铁路

（Union Pacific Railroad，UPRR）和来自加利福尼亚州沙加缅度（Sacramento）的中央太平洋铁路（Central Pacific Railroad，CPRR）终于交会，并且举行了盛大庆典。1857年，此地被设为国家遗址，成为"金色道钉国家历史遗址"（Golden Spike National Historic Site，GSNHS），以纪念首条横贯大陆铁路的完工，以及其深远的历史影响。它于1965年8月30日被列入美国国家公园系统（National Park System），于1996年被列入国家历史名录（Hendricks 1986）。同时，基于"横贯大陆铁路连接竣工"的重要意义，1969年，它被美国土木工程协会提名为"国家土木工程地标"（National Civil Engineering Landmark）。

除了劳工营之外，遗址上还有众多历史资源，其中包括设于1868年至1869年5月的海角山（Promontory Mountains）西坡的铁路坡道和路堑（图2-11），旧海角山小镇遗址，以及与铁路建设相关的扇形车库。自2001年以来，隶属于美国国家公园系统的西部考古保护中心（Western Archaeological and Conservation Center，WACC）在金色道钉国家历史遗址开启研究工作（Polk 2013）。2002—2008年，该工作转交给Sagebrush Consultants，LLC（Sagebrush）。这些活动的开展离不开过往研究，其中包括Robert Utley（1960）关于此遗址国家历史意义的早期陈述；James Ayres（1982）在海角站（Promontory Station）小镇遗址的考古调查；Homstad等人（2000）关于文化景观报告的准备工作以及Sagebrush关于海角路线（Promontory route）的考古与历史综述（Polk 1998）。同时，近年来的田野调查工作已积累了一系列的中期报告，他们的最终结果发表在题为《从章克申到罗泽尔：横贯大陆铁路跨越犹他州突顶峰的考古历史》（From Lampo Junction to Rozel: The Archeological History of the Transcontinental Railroad across the Promontory Mountains, Utah）的报告之中（Polk and Simmons-Johnson 2012）。

虽然关于横贯大陆铁路建设的相关书籍和文章已发表众多，但是它们很少以考古学为中心，以铁路工人为主体的研究则更加稀少。因此，本节的重点是1868年晚期至1869年早期修筑横贯大陆铁路的劳工。关于这段铁路在突顶峰上建设的政治背景和历史，以往的研究已多有涉及，包括Klein（1987）、Bain（1999）、Francaviglia（2008）、Ambrose

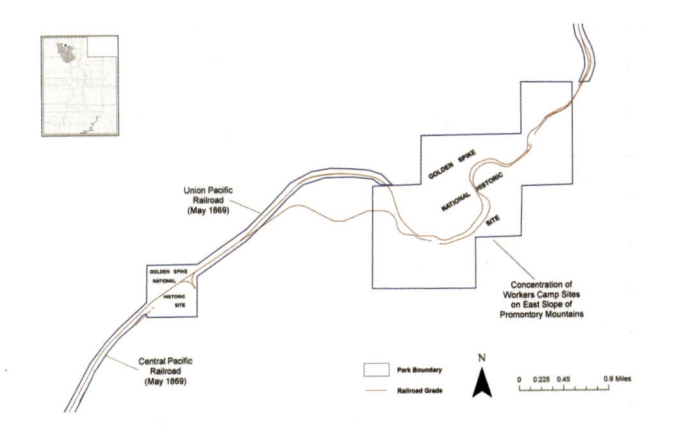

图 2-11 突顶峰金色道钉国家历史遗址的地图，即中央太平洋铁路和联合太平洋铁路在 1869 年 5 月至 10 月的交会之处［地图由 Sagebrush Consultants 的 Jamie Morrison 于 2014 年制作，资料来源于 USGS 7.5' quadrangles: Sunset Pass（1968）, Lampo Junction（1972）, Golden Spike Monument（1967）, 和 Thatcher Mountain SW, Utah（1966）］

（1990）、Galloway（1950, 1989）、Kraus（1969）和 Utley（1969）。其中，佛兰卡维利亚（Francaviglia）的著作《跨越界线——太平洋铁路突顶峰路段的历史》（*Over the Range: A History of the Promontory Summit Route of the Pacific Railroad*）对突顶峰的综述尤为重要（Francaviglia 2008）。因此，本节将不再复述那段时间的综合历史。通过简短的背景介绍，我们可对 UPRR 和 CPRR 劳工们的活动与考古发现进行更好的诠释。

## 突顶峰

金色道钉国家历史遗址坐落于突顶峰，它是 UPRR 和 CPRR 两条铁路建设沿线上最密集的劳工营遗址群。这些劳工营遗址不仅提供了关于铁路公司的相关信息，也包含劳工们的文化和种族背景。在 1868—1869 年紧锣密鼓地赶工之时，大约有 6000 名劳工驻扎在犹他州北部（Francaviglia 2008: 88—89）。根据古德温（Goodwin）（1991: 181）的记录，在 CPRR 铁路完工的最后时期，大约有 12000 名中国劳工在此效力。虽然我们不知劳工们的具体工作地点，但他们很可能集中于突顶峰地区。1869年5月，这里是铁路建设工程最密集的地方。这项工程的完工是多元文化汗水的结果，在此工作的劳工们包括爱尔兰人、康沃尔人、中国人、英国人、德国人、非裔美国人、美国土著、摩门教教徒，以及独立战争的前长官和士兵。妇女们也为铁路建设做出了贡献。由于这项工程规模宏大，意义深远，它激励了历史学家去研究其建设背后的大人物，以及他们周围的经济与政治。但是，很少对普通劳工在这项工程中所承担的角色给予关注，也很少涉及他们的历史、文献、日记以及考古材料。以往的记录大多为一些历史传说，例如联合铁路的爱尔兰铺路工人、建设工头 John Casement"将军"的帮派，以及中央铁路上的忠诚华工，从而弱化了许多其他个人和团体。虽然杨百翰的摩门教的劳工也曾效力于 UPRR 和 CPRR，但他们在犹他州北部铁路坡路建设中却常被忽视（Galloway 1950：103；Strobridge 2002：3）。同时，美国土著不仅仅参与了铁路建设，也帮助维持了横贯大陆铁路的运行工作。Davis（1894：153）曾在1869年5月10日的描述中写道："好奇的墨西哥人、土著以及混血、中国人、黑人和爱尔兰工人们，为这吉利的聚会增添一分世界主义的气息。"根据菲克（Fike）和雷蒙德（Raymond）的记录，乔治·克劳斯（George Kraus）曾记录"本地印第安人和中国人一起并肩工作"（图2-12）。

图2-12 42BO1134华工营遗址，位于突顶峰附近的中央太平洋铁路边缘。图片中显示了一处帐篷平台和岩石群。拍摄角度向西，以大盐湖（Great Salt Lake）为背景（照片由 Sagebrush Consultants 的 Heather Weymouth 于2002年拍摄）

在众多已发表轶事叙述中，均提到铁路劳工的多元文化，且指出这批劳动力中的一大部分并非是欧裔美国人。作为最大的劳工种族团体，中国人在1865—1869年对CPRR加利福尼亚州至突顶峰路段的建设做出了卓越贡献。在金色道钉国家历史遗址中所记录的19处劳工营，大多属于在UPRR铁路工作的欧裔美国劳工，但其中的4至5处营地上留有许多中国文物。这些文物十分独特，形制较小，均表明有铁路华工在1869—1869年曾在此居住。不过，UPRR则未有任何雇用中国劳工的迹象。这一现象也在Strongbridge（2002：2）的描述中得到了印证，"没有任何中国人曾在突顶峰的东面工作"。总的来说，中国人是在突顶峰劳工中被记录最多的种族群体，而他们在犹他州的出现，则要追溯至19世纪40年代在中国和加利福尼亚州发生的一连串事件。

## 突顶峰上的铁路建设

当CPRR和UPRR铁路建设还相距成百上千英里时，它们的工程相对独立。根据这项工程促使联邦政府预测，铁路建设进入犹他州之后需要依靠合作来完工。关于犹他州东部路线的策划工作早在1863年和1864年便已开始（Rigdan 1951：1480）。1867年，在初步勘察工作完成之后，UPRR的工程师便开始进行更加详尽的地表调查。1868年，调查完成于韦伯峡谷（Weber Canyon）口至内华达州的洪堡井（Humboldt Wells）。与此同时，CPRR也对该区域内的横贯大陆铁路路线进行了调查，并在1868年向美国内政部提交了初步报告（Rigdan 1951：1481）。

当UPRR的铁路铺设工作迅速前进时，为了加快工程进度，CPRR对其员工施加压力。两条铁路均雇用了摩门教教徒为合同工，负责铺设从科林（Corine）（突顶峰东部）至罗泽尔（Rozel）（突顶峰西部）的坡地铁路。直至1869年2月，UPRR才开始奥格登（Ogden）西部路段的建设（Utley 1960：46）。1869年，两条铁路的建设竞争进入白热化的阶段，UPRR的铁轨于当年到达奥格登（Salt Lake Daily Telegraph 1869）。刊登在1869年3月8日的《沙漠晚报》（*Deseret Evening News*）上的一封信提供了关于工程在科林和章克申城（Junction City，现被称为 Lampo Junction）的情况：

> 建设正在热火朝天地进行着……两条铁路的建设相隔不远，偶有交集。当铁路穿过［贝尔里佛］湖［科林附近］之时，两家公司的打桩机各自运行。从科林向西三十英里，铺设队伍如同一支军队般浩瀚壮大，在可视范围之内形成一条由帐篷、马车和劳工组成的不间断队伍。（Deseret Evening News 1869）

1969年4月30日，CPRR铁路到达突顶峰（Dodge 1910：943）。同年5月9日，UPRR的铁路也到达峰顶（Ames 1969：336）。在此之前，国会已在4月10日批准了铁路在峰顶进行衔接。1869年5月10日，两条铁路正式相接。

## 铁路劳工营

成千上万名劳工参与了这项工程建设。尽管劳工营的考古材料数量有限，但意义十分重大。从这些资料中，我们可获得营地结构、劳工种族、团队性质等方面的信息，同时也可对劳工与大型企业、工头和其他工人的关系有所了解。自1868年末至1869年初，当两条铁路的建设进入收尾阶段时，发生了一些前所未有的特殊情况，以三个方面最为突出：

1. 铁路建设面临巨大的地形挑战。海角山的西坡十分陡峭，岩石险峻，是UPRR从突顶峰至犹他州埃科（Echo）段86英里路程中隧道之外的最困难的路段（Morris 1876：6）。两条铁路在此路段都付出了巨大的资本，消耗了大量劳动力。

2. 铁路建设初期，国会并未设立铁路的具体交会点。为了争取利益，两家公司铺设的路程早已越过彼此。1869年初期，CPRR的铁路铺设已东至埃科峰（Echo Summit），到达怀俄明州边境，而联合太平洋的工程队已靠近内华达州东部洪堡井约250英里处（Utley 1960：18）。在突顶峰，每条铁路将巨大的钱财花费在铺设坡道、管路、冲洗等方面。为了获取前文所提及的利益，他们甚至将栈桥建设至相交点25英里之外。直到1869年4月10日，在国会把突顶峰设立为交会点之后，建设狂潮才得以停止，两条铁路开始朝着预定的地点前进。这段竞争的结果是，铁路建设消耗了远远大于正常工程的资源和人力。

3. 铁路建设中，各个工程队相互靠近（至少有19个劳工营坐落在相邻几英里的距离内），由于地势险峻，以及各段铁路不顾成本的资源夺取，各文化元素在此聚集。工程队伍由爱尔兰人、康沃尔人、中国人、非裔美国人、美国土著、德国人、英国人、摩门教教徒和独立战争的前长官和士兵组成，他们在这片土地上产生了不同程度的相互影响（McCague 1964：117）。

在突顶峰，铁轨的铺设终于追赶上了平地的进度。铁轨和接口的铺设只有在岩石爆破、调整间隔以及平整地面之后才得以进行。在关于这段横贯大陆铁路的建设历史中，我们通常忽略了一些重要的细节。例如，在那段缺少机械助力的年代里，大多工作需要靠人力来完成。这些工作艰苦繁重，常用工具包括手镐、手铲、撬棍、马或骡的拉引车、独轮手推车和炸药。

2002—2008年，考古学家调查并记录了金色道钉国家历史遗址的19处劳工营，更多的营地则位于遗址范围之外。各个营地相距3—5英里，在海角山的东坡相距更近。若要分清这些劳工营的隶属公司、转包商或者劳工种族，则需要更多历史学方面的调查和研究。不过，从一些基本数据中，我们可发现一些有趣的细节。有两个大型劳工营坐落在特定的公司铁路线附近，因此可断定其相关的铁路。42BO851遗址位于CPRR所建设的大填埋堆（Big Fill）附近，可能曾是中央太平洋铁路公司的营地。42BO85遗址离UPRR所建造的大栈桥（Big Trestle）（图2-13）最近，因此很可能属于联合太平洋铁路公司（图2-14）。

这些劳工营普遍发现了沟槽和岩石墙面，其中形制较大的建筑遗存上留有干砌的烟囱。所有遗址均发现帐篷平台。这里出土的遗物大多与建设年代相符合，也有一些是铁路后期维修所留下的晚期遗存。在遗址之上，有品种繁多的玻璃瓶，多为啤酒或者红酒瓶，以及大量无法鉴定的金属和木质文物。大量的方钉出现在石头建筑地基之上，但未见任何壕沟或帐篷平台。我们还发现了4枚黄铜军用纽扣，其中1枚为1861年之前的美国陆军骑兵纽扣，另外3枚为独立战争时期的美国军队通用纽扣。与中国相关的文物发现于多个遗址，其中4个遗址证据明确，可确定为中国人专属的劳工营（Polk 2013）。

图2-13 大栈桥，A. J. Russell 于1869年5月拍摄。此栈桥位于犹他州突顶峰西部，位于海角山西坡，此地的工程建设在1869年早期达到高潮。在照片的右上方的山脊处可见劳工的帐篷（照片由 Utah State Historical Society 提供）

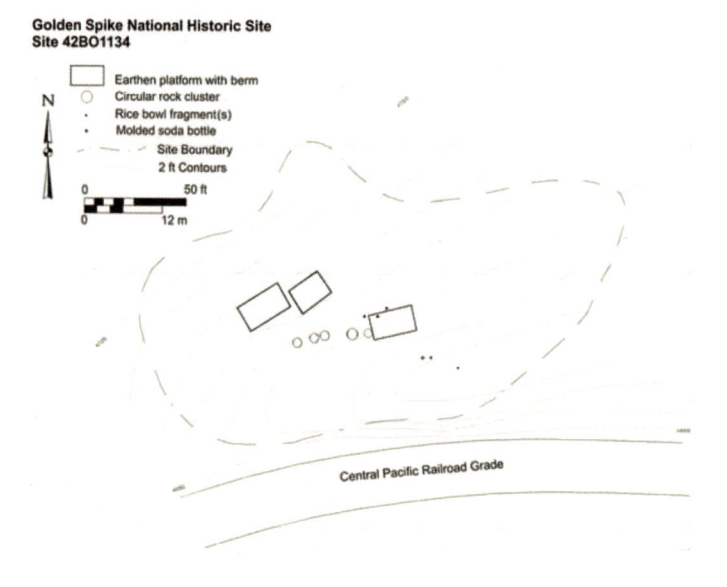

图2-14：42BO1134 遗址的草图，位于犹他州突顶峰附近的中国人劳工营（地图由 Sagebrush Consultants 的 Heather Weymouth 于2002年制作）

在2000年早期，美国国家公园系统同Sagebrush开展研究项目，其中记载了19处铁路建设遗址（Giles and Frost 2001；Weymouth and Southworth 2002；Weymouth, Pagano, and Garrison 2006；WeymouthPagano, Williamson et al. 2006）。这19处遗址中记录了219个遗迹，包括144处凹坑、26处住宅区、18处帐篷平台、12处石质房屋，以及2处铸铁平台。其他可鉴定的遗迹有炉灶、烟囱的倒塌堆积、一处土堆、沙坝以及一条分水沟。

考古发掘不在此次调查的范围之内。由于气候干燥，地表植被稀少，我们可以获取大量关于遗址性质和功能的信息。有15处遗址明显与欧裔美国人有关，在这些遗址内出土了陶罐和粗陶器残片、钉子，用于装汽水、烈酒、医药用的玻璃瓶、弹药、扣件、器皿、纽扣、火药粉、铸铁锅残片以及其他一些生产于1868—1869年的物件（图2-15）。这些营地在别的方面也有与众不同之处。它们大多包含与居住有关的遗迹，例如各种大小的房屋、大型的长方形结构、联合太平洋或中央太平洋铁路集团的营房、公共会所和其他建筑。中等大小的建筑包括供应库、机器库和商店。安迪山（Anderson）(1983:227-236)曾对突顶峰上的特殊地面结构进行这样的概述：

图2-15 中国铜钱，出土于1869年中央太平洋铁路的石质排水渠端墙内，由国家公园系统发掘（Hutchinson 1988），铜钱为修复后的样貌

1. 坑状结构，大多为圆形石堆，带有火炉；
2. 正方形或长方形的砖石地基，或以不规则岩石干砌而成的房间；
3. 壕沟，大多位于山的侧方，常有岩石强化；
4. 帐篷平台普遍出现，可达12英寸×26英寸。其中最大的可能被用作食堂、集团指挥部或者马车停放之所。

加上其他例如沙坝、功能未知的土堆和灶台，15处遗址中的共计138处遗迹。平均每个遗址有9个遗迹，而最大的遗址42BO852拥有67处遗迹。

另一重要特征是营地的面积。这些营地的大小约从0.1英亩至大于24英亩，平均面积为2.4英亩。

## 突顶峰的中国人劳工营

由于一些遗物具有种族特征，四个营地可被确定为中国人居所。虽然地表资料有限，我们无法进行全面的对比性研究，但仍可通过一定的标准来进行对比描述。和欧裔美国人劳工营相比，中国人劳工营通常面积小，可见遗迹少。虽然当地人多年以来在铁路沿线收集遗物，但由于地表风化，至今仍有很大一部分遗物留在表面。表2-1列举了各个中国人遗址的编号、遗迹和面积。

表2-1 突顶峰附近的中国人劳工营的遗址大小和遗迹。

| 遗址编号 | 遗迹 | 遗址大小 |
| --- | --- | --- |
| 42BO1060 | 2处壕沟，2处灶台残余 | 60500平方英尺（约1.4英亩） |
| 42BO1068 | 未知（受扰乱） | 54000平方英尺（约1.2英亩） |
| 42BO1070 | 1处疑似帐篷平台，2处木桩 | 1450平方英尺（约0.03英亩） |
| 42BO1134 | 3处帐篷平台，5处石灰岩堆积 | 46170平方英尺（约1.1英亩） |

我们将所有的地表遗物记录在案，并收集了部分遗物。这些遗物为我们了解劳工营的居住历史提供了更加丰富的物证。我们发现，大多欧裔美国人的物品可能直接源于其所效力的铁路公司。与铁路建设有关的器物（爆破管残片和铁钉）也有少量出现。重要的是，我们还发现了

高比例的中国器物，以及，我们对这些所收集的器物进行相关描述。

所有的中国人遗址均发现了白色的陶瓷餐具残片（图 2 – 16），可能是用于盛食米饭。大多残片上有蓝色为主体或是多色的图案，表面带透明釉。可鉴定纹饰仅见于少量残片。最常见的是竹花，其次是双喜，也有少量四季纹。碗具和餐具残片在 42BO1070 遗址发现得最多，在 42BO1068、42BO1060 和 42BO1134 大约等量。其他陶瓷残片还包括用于装米酒和酱油的粗陶瓶、姜罐残片以及橙色的鸦片烟枪残片。

图 2 – 16　在海角山西侧的中国人劳工营所发现的日常使用瓷器残片。这里是横贯大陆铁路建设工程最集中之地（照片由 Sagebrush Consultants 的 Heather Weymouth 于 2002 年拍摄）

在 42BO1060 遗址，我们发现了鸦片烟枪残片和一枚宋代（1279—1960 A. D.）至和年间（1054—1055 A. D.）的铜钱。中国铜钱在美西地区少有发现，这枚铜钱虽然年代久远，但价值不凡。

## 中国人铁路劳工营的对比研究

研究显示，和同时期在内华达州和加利福尼亚州的铁路劳工营相比，华工们在 1868—1869 年突顶峰的生活方式基本类似。我们可以将这些研究结果进行对比。

以往对中国人劳工营的相关研究包括位于加利福尼亚州的山顶营地（Summit Camp）（Baxter and Allen，第二节），1972年内华达州西部弗吉尼亚州和特拉基铁路（Virginia & Truckee）（V&TRR）的莱克维尤营地（Lakeview Camp）（Rogers 1997；Furnis and Maniery 2015），以及1875年内华达州中部尤里卡和帕里塞得（Eureka & Palisade）铁路劳工营（Zier 1985）。这些研究结果均显示，在这些不同的地区，类似的居住模式和活动在横贯大陆铁路建设时期或之后（1865—1875）的短时间内迅速形成。

和突顶峰的遗址相比，山顶营地发现了类似的家用和中国器物。不过，山顶营地建有木屋，且居住时间更长，因此不易进行跨遗址比较研究。

莱克维尤营地曾在1872年用作数周的居址。这个遗址的研究表明，它的确是一个暂时性的劳工营，在维吉尼亚和特拉基铁路建设期间被大量的中国人占领（Rogers 1997；Furnis and Maniery 2014）。遗址上未见任何长期居住结构或者与农场有关的证据。考古遗存相对稀薄（大约地表以下50厘米），遗物数量和类型有限，说明遗址使用时间短。根据莱克维尤营地的报告（Rogers 1997），这里所发现的物品大多为中国制造，同时它的功能空间有公共和私人、社交和工作之分。

尤里卡和帕里塞得（Eureka & Palisade）铁路的EU790劳工营遗址位于内华达州中部，它为突顶峰提供了很好的对比材料（Zier 1985）。1875年有人在此营地短暂居住过，现存有3个遗物堆。其中A堆长宽为90英尺×100英尺（9000平方英尺），B堆长宽60英尺×100英尺（6000平方英尺），C堆长宽75英尺×100英尺（7500平方英尺）。它们可能代表着12—20位工人在一至两晚内留下的遗存（Zier 1985：149）。遗址的遗存数量少，类型与莱克维尤营地相似。

除了山顶营地之外（拥有一处长期居所），其他的营地遗址均未发现任何用于长期居住的建筑结构。所有营地的遗物稀少，大多来自中国。文化遗迹（除了在内华达州中部的遗址）大多仅剩灶台和石头结构。特别值得注意的是，26EU790遗址上3处遗迹有测量数据。以此为基准，我们可推算出，莱克维尤营地可能曾有多个工人队伍在此停留，这个情况与突顶峰类似。如果42BO1060遗址的面积为60500平方英尺，那么可将其分割为数个12—20人一组的工作队伍（Goodwin 1991），由此可推算出当时大约有多达8组工作队在此扎营。以同样的方法，我们可估算出当时在42BO1068、42BO1070和42BO1134三个遗址分别大约有7、1和6个工作队。将这些人数加起来，有250—500位华工在突顶峰建设铁路。

## 关于劳工营的进一步思考

尽管突顶峰的地表调查和遗物搜集有限，通过更多的区域对比研究，我们得以获得更多重要的营地信息。我们的研究也需借助于人口和社会学的分析手段。比如，我们仍需了解，为何中国人劳工营与其他有所不同。除了环境和技术的原因，营地的布局可能受到了当时社会习俗的影响（Buckles 1983）。柏寇斯（Buckles）曾经提出，本地劳工无法忍受与外来劳工同处一地，因此要强制执行种族隔离。这些外来者包括中国人、意大利人、墨西哥人和非裔美国人。这条规定甚至也包括了摩门教教徒，他们在突顶峰的劳工队伍中占据了很大比例，由于拥有严格教条和宗教信仰，他们不仅属于不同的建筑公司（以及铁路），连营地都与其他种族劳工营分隔开来。柏寇斯的观点也得到古德温（Goodwin）等人的支持，在他们关于中国人劳工营的种族隔离的详细阐释中，除了提及以上的因素，也提出中国人工头和劳工自愿接受这样的生活模式（Goodwin 1991：182 - 183）。对于工头而言，种族隔离有利于工人管理，对工人自身而言，他们也可获得同乡的陪伴。

由于考古材料的缺失，我们很难获取劳工营的详细信息。通过未来对海角山区域内遗迹遗物的详尽分析，我们可以更清楚地知道当时居住在这些营地的劳工身份。这些分析可帮助我们鉴别UPRR或者CPRR的所属营地，每个营地的种族信息，以及营地上劳工们的相关信息。

## 第四节　铁路华工与美国土著在美西种族化铁路经济中的结盟策略

夏洛特·逊塞里
Charlotte K. Sunseri

## 简　介

1859年，内华达州西部康斯塔克银矿（Comstock Lode）的发现重新点燃了十年前的淘金潮（Magnaghi 1981：131）。大量人口拥入弗吉尼亚市（Virginia City）和康斯塔克其他地区，随之带来大量商业和贸易。为了将此地区更好地融入国家贸易网络，中央太平洋铁路（Central Pacific Railroad，CPRR）开始建设，这条铁路穿越内华达山脉，为众多早期矿工们的交通必经之路。由于1864年内华达州银矿和石英的狂潮带走了大量欧裔美国劳工，加之1865年爱尔兰劳工的罢工，CPRR的管理层不得不开始尝试雇用中国劳工，并在1865年招募数千人（Aa-rim-Heriot 2003：80）。1868年，当这批以中国人为主的劳工队伍穿越内华达山脉到达里诺（Reno）之时，他们已完成了最危险最费时的西段建设，铁路铺设变得平缓，建设难度下降。因此，铁路公司开始裁员。一部分工人被辞退，一部分被转移至当时CPRR位于里诺的服务性岗位，另外一些则开始在康斯塔克寻找各类工作，包括采矿、服务业或者参与弗吉尼亚市铁路公司组织的工程队。因此，劳工队伍开始由城市中心向周围转移，散布于各个远离弗吉尼亚市区的小型铁路支线以及伐木场（Chung 1998）。

1869年后，当CPRR的劳工到达康斯托克时，整个社会都笼罩在欧裔美国人的种族主义之下。历史学家通常将19世纪晚期称为"镀金时代"（Mark Twain和Charles Dudley Warner在1873的讽刺作品中提出）（图2-17）。在这段时期，社会变化加速，整个美国西部沉浸在成功的幻想之中。然而，被这一层"镀金"所掩盖的是美国政治自有的腐败，以及众多美国人寒酸的生活状况。这些人大多为矿工和铁路工人，他们的生活质量并未因为金银狂潮的到来而提升。在这层"镀金"之下，劳工群体在种族歧视中苦苦挣扎。因此，只有通过了解人们在离开 CPRR 之后的新环境生活，我们才能对横贯大陆铁路华工的世界有全面的认知。

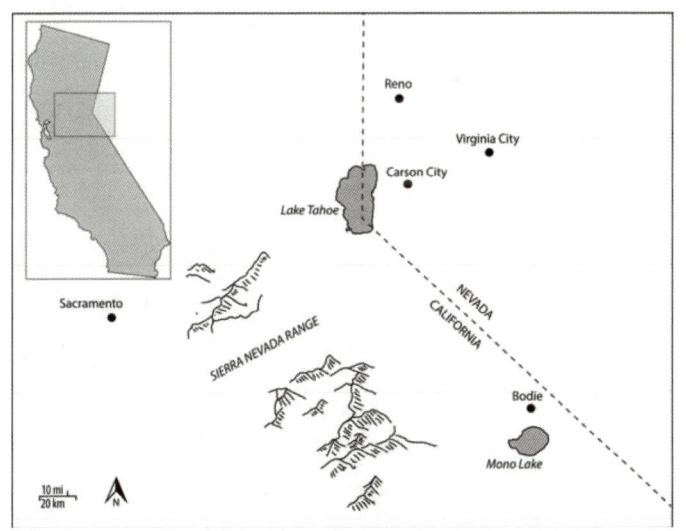

图 2-17 19 世纪晚期太浩湖（Lake Tahoe）周围的康斯塔克以及加利福尼亚州莫诺湖（Mono Lake）旁的博迪市（Bodie），地图由作者于 2014 年绘制

根据 Hsu（2000：61）的说法，当时的美西环境恶劣，工作稀缺，华人移民依赖亲属关系网得以生存，通过相互的经济支持来抵消法律的歧视，靠社会关系寻求工作机会。历史学和考古学研究都表明，这些华人生活的方方面面都被不确定性、种族政治和劳工不平等的社会环境所笼罩。在这样的状况之下，华工们在新社群中用社会经济战略创造流动性，成为西部金矿区经济网的重要组成部分。

## 劳工们的社会认同和能动性

在美国西部的镀金年代遗址之上，劳动和权利在工业空间（Shackel 2004；Casella 2005）、劳动区域（Gillespie and Farrell 2002；Hardesty

2002，Van Bueren 2002；Silliman 2006），以及家庭或室内空间（Baxter 2002；Maniery 2002；Wurst 2006）各个方面都得以物质性体现。当我们将劳动力和种族身份、人种和性别相结合（Wurst 1999；McGuire and Reckner 2002；Casella 2005；Silliman 2006），权利关系在康斯塔克的商业和矿业表现得尤为明显。社会身份这个概念包含了社会等级和种族附属，每个群体内的成员"在不平等社会的矛盾中挣扎"（Burke 1999：19），"在同类和异类充满矛盾的权利之间协商"（Voss and Allen 2008：5）。资本主义将社区隔离，将劳工种族化，导致边缘社群内部和相互之间产生重重矛盾。因此，一些社群跨越边界通过多元团结的策略，联合底层社群团结抵抗。

从关系性和结构性的角度，可将社会阶级视为个人"与生产方式以及人群之间的一种关系"（McGuire and Reckner 2002：46），在以权利组成的动态链中，资本主义投资人和雇主是生产方式，管理和行政人员为其效力，而劳工们则在物质和财富的生产中被剥削。因此，当我们思索"个人如何在特定劳动机构下协商、私占、生存或是忍耐"之时（Silliman 2001：381），可将劳工视为一种超越经济体的社会行为，同时也是社会动能和抵抗的重要媒介（Saitta 1994；Silliman 2001，2005）。

通过关注劳工群体的冲突和矛盾，我们可以了解当时个人与团体之间的社会关系。因此，我们可将阶级视作一种"由社会生产关系所组成的复杂网络的表象"（Wurst 2006：195）。这种关系性的角度着眼于社会关系的总和，其中包含了过去人群的生活体验。从物质角度来看，阶级关系是一种个人相互之间的经济和社会联系，这种联系存在于多个层面（Wurst 1999，2006）。劳工关系和社会阶层不仅作用于大规模的国家层面，也显现于地方性的企业（McGuire and Reckner 2002）。因此，这些劳工关系所产生的影响力不仅仅局限于劳动产品的销售地。例如位于美国西部边缘的采矿业对铁路华工在加利福尼亚州和内华达州的经济贡献，我们不仅可以揭示这种多层面的阶级动态，也对华工们当时的生活体验有了更丰富的了解。

## 从中央太平洋铁路到边缘地域

自 1868 年中央太平洋铁路修到里诺之后，大量华工遭到裁员，落脚于弗吉尼亚市和康斯塔克。在恶劣的条件下，华工们通过各种方式创造生存条件，显示出他们的动能和抵抗。由于工会的操纵，中国人无法在矿场找到职位，因此很多技术工人来到附近的弗吉尼亚和特拉基铁路（V&TRR）。这条铁路线起始于里诺市，终点达卡森市和弗吉尼亚市（Magnaghi 1981：137；James 2012：43）（图 2 – 18）。最初的时候，有 300 位从 CPRR 失业的华工被雇用，他们效力于铁路沿线的 15 处劳工营，这个数字在后来上升至 1000 人（Magnaghi 1981：152；Furnis and Maniery 2015）。

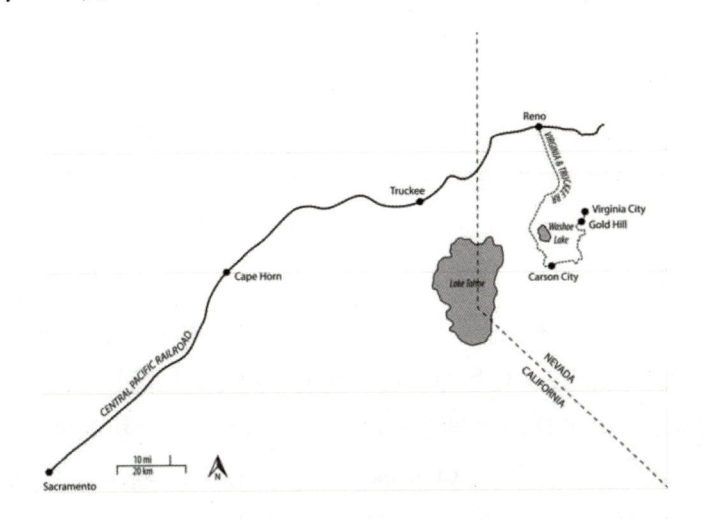

图 2 – 18　中央太平洋铁路和康斯塔克的 Virginia & Truckee 铁路
（地图由作者 2014 年绘制）

弗吉尼亚和特拉基铁路公司的主要管理者为亨利·耶灵顿（Henry M. Yerington），操控者包括威廉·洛尔斯顿、大流士·米尔斯、威廉·沙伦和汤姆斯·贝尔（William Ralston, Darius O. Mills, William Sharon, Thomas Bell），他们分别代表加利福尼亚州银行（Bank of California）以及联合作坊与矿业公司（Union Mill & Mining Company）的富矿投资商

(Beebe and Clegg 1950；Piatt 2003：134）。在西部土地上，高回报的投资依赖于基础建设与新兴城市的灵活连接。由于叶灵顿（Yerington）所管理的新路线是 CPRR 铁路的一个支线，它的建设报酬丰厚，每月高达10000 美元。投资商们在获取这些收益之后便开始了其他工程，包括附近的卡森与科罗拉多（Carson & Colorado）铁路（C&CRR）（Beebe and Clegg 1950：31）。由于矿场对中国人的种族性雇用限制，叶灵顿（Yerington）和 CPRR 的前员工们在弗吉尼亚与特拉基铁路（V&TRR）工程期间建立起了坚实的经济关系。

1877 年，在数个矿场倒闭之后，康斯塔克的工作机会变得更加有限。成百上千的矿工和其他工人成为无业游民，遍布弗吉尼亚市（Virginia City）、金山（Gold Hill）和银城（Silver City），他们大多将目光投向加州的新兴城市博迪（Bodie）(Piatt 2003：53）。经济的萧条和反华的种族暴力在 1875 年达到了顶峰——一场唐人街的大火，导致大量华人流离失所，他们不得不离开弗吉尼亚市（James 2012：44）。由于大量中国人南迁，博迪市的唐人街蓬勃壮大，其规模仅略小于加利福尼亚州首府沙加缅度市（Sacramento）(Cain 1961：157）。

追踪华工们的个人足迹是一件十分困难的事。根据博迪地区 1900 年的人口普查，该地区只有 26 位中国人在横贯大陆铁路建设结束之后移民至美国，至少 49 人在 1868 年的《布林加梅条约》和 1880 年的《修正案》之间到达（U. S. Federal Census 1900）。这段时间的人口记录存在大量出入，在 1880 年博迪所记载的中国人口中，其中 90% 不见个人姓名，仅以"中国人"（Chinamen）笼统记录。一些学者指出，博迪市的大多数中国人于 1878 年从弗吉尼亚市搬迁而来（Wedertz 1969：36）。在这些从康斯塔克大规模迁移至博迪市的人群之中，有一大部分人在南迁之前均有在 CPRR 和弗吉尼亚资本市场被雇用经历。在商业活动方面，这两地的联系更加明显，一部分在弗吉尼亚市雇用华工的业主后来到博迪以及加利福尼亚州和内华达州莫诺盆地（Mono Basin）进行商业投机。

## 华工在铁路和工厂的工作记录

木材被称为"绿色黄金"（Chung 2003），它是美国西部最被低估而又十分关键的资源。它对铁路连接和矿产运作起到支持作用，同时也可作为燃料。由于博迪周围的木材资源十分匮乏，因此不得不依靠陆地运输来供给。在1880年3月，运输价格为每捆20美元（Wedertz 1969：157）。为了满足木材需求，康斯塔克的木材大亨杜安·布利斯（Duane L. Bliss）和亨利·叶灵顿（Henry M. Yerington），联合博迪标准矿业（Standard Mine）的股东罗伯特·格蕾夫斯（Robert N. Graves），雇用中国人劳工队修建一条从博迪至南部森林和一座工业城之间的窄轨铁路（图2-19）（Piatt 2003：134）。1881年，工程开始在加利福尼亚州的莫诺米尔斯（Mono Mills）为新铁路砍伐枕木（Yerington 1883）。在此之后，大多数工人留任在铁路线上，或是在莫诺米尔斯的新社区里谋职。叶灵顿（Yerington）个人的商业文件中包括了他对中国人服务的付款单据，收款人大多为铁路华工队伍的管理人员或工头。他在1875年向内达华卡森市的阿朱（Ah Gee）支付三周服务的报酬，共计85美元；他向卡森的洗衣工森庆（Sam King）支付30美元；向他的佣人周吉姆（Jim Chou）支付59.75美元，这些单据均有个人的中文签名（Yerington 1883）。虽然我们无法得知阿朱和叶灵顿项目上的其他劳工之间的个人关系，但可以确定的是，这些单据代表了多个工人的数日工资，因为当时华工们在博迪铁路上的工酬为每日1.25美元，包括食宿（Wedertz 1969：159）。未来的研究可就从CPRR、V&TRR以及莫诺米尔斯劳工结构进行持续性详尽的分析。这些工人和横贯大陆铁路与其他路线上的华工拥有相似特征：他们乐于合作，吃苦耐劳，且坚韧不拔（McGowan 2005）；可能因为这些原因，叶灵顿倾向于雇用华人。

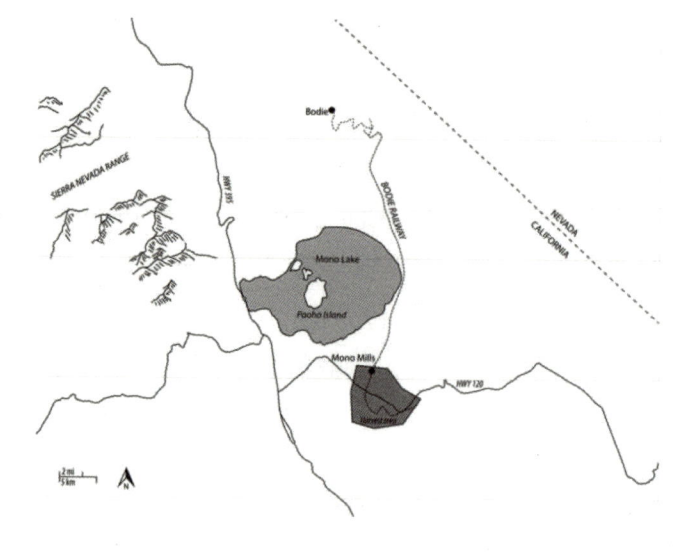

图 2-19　连接主要矿山和南部莫诺米尔斯的博迪铁路（Bodie Railroad）
（地图由作者于 2014 年绘制）

　　档案资料表明，叶灵顿在当地的所有铁路由同一群劳动力完成，他之所以雇用华工来建设博迪铁路，很大程度上是基于他们的工作经验。这些工人在从弗吉尼亚市迁至博迪市之前，大多有在 V&TRR 和 CPRR 铁路上工作的经历。在 1881 年夏天，同一批华工营建了博迪铁路公司（Bodie Railroad Company）的 C&CRR 铁路。随着中国人的涌入，博迪工会曾为了保住手中的工作而引发暴动。尽管如此，叶灵顿仍然在 1881 年 7 月从康斯塔克引进了 60 名华工，加入在莫诺米尔斯的铁路建设。相似的劳动力结构也同样体现在其他简单工作上。例如，在卡森市，有信誉的华工们曾被派去博迪市为企业建筑刷漆（Yerington 1883）。给博迪铁路公司供应劳动力的是合胜货运公司（Hop Sing Freight & Toll Co.），这家公司通过输送华工，获得了霍索恩（Hawthorne）、内华达州弗吉尼亚市和旧金山之间的货物运输业务（Yerington 1883）。对于当时的中国人群体而言，他们需要战略性地利用资本主义雇主手中的资产和商业资源，才能在愈加敌对的国家环境下得以生存。

　　最初，叶灵顿和他的合作投资者们可能计划将博迪铁路建成一条类似于 V&TRR 的功能性运输线，通过 CPRR 打开市场和商业机会，由此扩展弗吉尼亚市的生产力。根据这个计划，博迪将成为多条铁路的交会口，包括内华达州与俄勒冈州铁路、加利福尼亚州与内华达公司铁路、C&CRR（Wedertz 1969）铁路和 V&TRR 铁路（Watson and Brodie 2000）。然而，这些计划最终并未得以实施。虽然最终博迪铁路与其他铁路相距较远，它从博迪至莫诺米尔斯最后 32 英里路段的建设创造了重要的工作机会，也为博迪市的发展提供了木材和燃料（Yerington 1883）。

## 生活在城市和社会边缘的中国人

尽管中国人对康斯塔克和博迪的经济发展做出了重要贡献，也存在长期的雇佣关系，但他们仍处于社会底层。大多数中国人所遭受的歧视性待遇和当时中低产的欧裔美国人所经历的经济困难有关。由于大型矿场倒闭，以及东岸廉价商品通过横贯大陆铁路大规模涌入，美国西部经济衰退。虽然横贯大陆铁路建设的最初目的是将富裕带至加利福尼亚州和美国西部，但是随着东岸商品的到来，加利福尼亚州本地公司变得毫无竞争力。与此同时，关于中国人的指责也影响了国家歧视性的立法，这些指责提出，中国人"工作过于勤劳……积蓄过多，且消费过少"（McClain 1996：10）。

中国人逐渐成为经济衰退的替罪羊，他们遭受日益增多的暴力行为，骚扰和纵火侵袭着华人聚集区。1875 年，弗吉尼亚城的唐人街被烧毁（James 2012：44）。同样，伴随 1881—1882 年银矿和金矿的衰落。1881 年，华工在博迪市的一场暴乱中被殴打，并被驱逐到了城镇郊区。引人注目的是，叶灵顿解救了他们，并把他们转移莫诺湖保哈岛（Paiha）上的安全之所，直至紧张局势消退（Wedertz 1969：158；Wey 1988：141）。除此之外，叶灵顿还对华工进行了其他方式的保护。1881 年 6 月，铁路公司支付 69.50 美元以保释被捕的中国人（Yerington 1883）。在保哈岛上救援之后，许多博迪的中国人搬迁至位于莫诺米尔斯铁路线的另一端的唐人街，这样的搬迁也显示了叶灵顿和铁路华工之间的信任，尽管当时大多雇用中国人的资本家都支持 1882 年的《排华法案》。

1881年，当中国人被剥夺国家公民身份和投票权之时，莫诺盆地的中国人经历了从博迪搬至莫诺米尔斯以来最严重的地方排斥和种族主义。为了限制他们在当地赚钱的机会，莫诺县的大陪审团于1885年下令依法关闭鸦片窝点（Watson and Brodie 2000：169）。为了进一步边缘化莫诺盆地的中国人，整个19世纪80和90年代的报纸媒体都将他们描述为社会的不利因素。这些故事在各种报刊广泛报道，故事中的中国人形象非常负面，为危险人群。例如，其中一个则故事描述了谭普克（Poker Tom）在中国商人阿泰（Ah Tia）处赌博之后，便神秘地死亡了。（Denver Rocky Mountain News 1891；San Diego Union 1891）。

在加利福尼亚州和国家歧视性法案的背景之下，美国战前的反黑人言论再次涌现，种族性的劳动力等级制度不仅没有被打乱，反而因为中国人的雇用而进一步强化。这些劳工承担了其他人不愿意做的工作，为白人工作者提供了监督职位（Aarim-Heriot 2003：10，80）。在铁路的开发和维护方面，莫诺米尔斯地区的各个部分都发挥着特殊的作用。派尤特人利用他们对莫诺盆地景观的了解，为铁路位置进行勘察、规划和维护。中国人则为铁路、工厂和服务业输送了许多训练有素的劳动者。同时，中国人在新聚居区结交了莫诺湖派尤特人（Billeb 1968），在这些新合作伙伴的帮助之下，他们得以获取当地资源和新鲜食材（Sunseri 2012），提升他们的烹饪声誉。欧裔美国人利用他们的社会政治力量，将种族化渗入西部经济，并强化"美国式"社会结构的思维。

当个人获取工作机会的因素不仅取决于他的技能也受约于种族背景时，所有人都可以通过建立战略联盟来跨越种族隔阂。这种跨文化交流通常以劳工为主体，他们的关系通常以技能、阶级和职业为组织（Voss 2005）。联盟战略的建立可能加剧了劳工与雇主之间的紧张关系——这些劳工虽然技能高超，却受种族歧视——例如叶灵顿一类的富裕资本家们在从廉价劳动力中获利的同时却支持立法，削弱中国人的社会和政治权利。在这样的历史背景之下，叶灵顿等铁路投资者与V&TRR或C&CRR的劳工在博迪铁路之前所建立了的尊重和信任可能受到影响。

## 日常生活与联盟的物质性体现

尽管档案记录提供了叶灵顿对于其手下华工的相关评价，我们可以通过考古学的研究来揭示更多信息，以了解中国人在这种劳工环境下的生活状况。1988年，美国国家森林系统成立"时代项目"（Time Project），之后圣荷西州立大学（San Jose State University）在2012年开展调查和考古田野学校。通过这一系列活动，莫诺米尔斯考古收藏得以建立。考古田野学校确认并发掘了至少三处房屋以及相关的垃圾遗迹（图2-20），所出土的文物表明，中国人与美国土著在莫诺米尔斯通过经济互助建立联盟关系，他们的交换物品包括食物、陶器以及由黑曜石和玻璃瓶制成的工具。

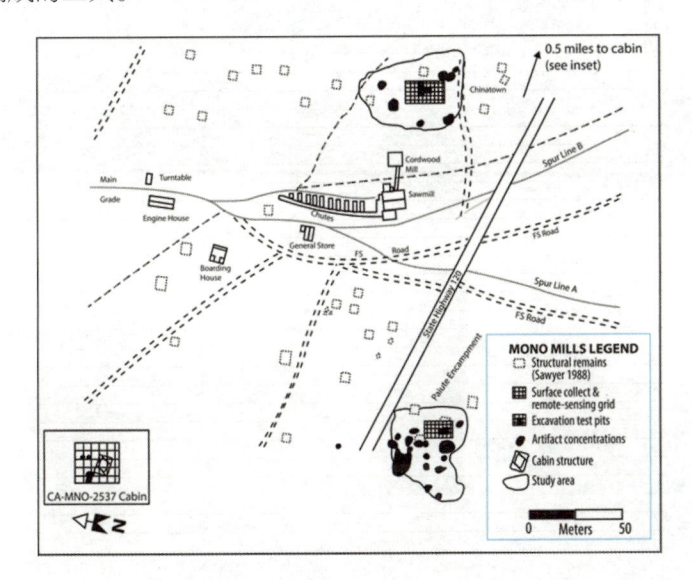

图2-20 2012年田野工作所得出的遗址地图，在Sawyer（1988）的基础上改编（地图由作者于2014年绘制）

在唐人街附近，考古学校的成员发掘了一处独立居所（图2-21），这是一个由毕晓普凝灰岩（当地的建筑材料，用于建造房基、壁炉或其他砖石结构）、窗户玻璃、木屑和家用垃圾所组成的坟墩。为了获取与日常生活和空间使用的相关信息，考古学家和学生们将研究重点转移至此，并在这个结构旁边发掘了一个深坑，可能为一处厕所或垃圾堆的。坑内出土了木炭、动物遗骸、罐头、瓶子、洗脸盆和一个木桶。同时，这个唐人街居所内还发现了一堆松子（图 2 - 22），在 19 世纪，它们大量被派尤特人采集并销售。其他出土的食物遗存还包括墨鱼，工业制牛肉、猪肉、鸡肉以及一些本土的野生禽类和鱼类。与食品加工相关的出土遗物包括由多为无色玻璃瓶和黑曜石所制成的刀片、带有四季和竹花纹饰的中国青花瓷、青瓷碗、杯子和英制的硬质器皿。同时还发现了大量褐釉粗陶器残片。赫尔曼（Hellman）和杨（Yang）(2013) 将这些类器物鉴定为 nga hu（嘴壶）和 tsao tsun（酒瓶），它们通常用于运输和储存酱油、料酒和其他调味品。

图 2 - 21　在莫诺米尔斯唐人街一处居所的发掘（照片由作者于 2012 年拍摄）

图 2-22　从莫诺米尔斯唐人街一处居所遗址所发现的松子堆
（照片由作者于 2014 年拍摄）

考古学校的成员在唐人街东端发现一处木屋，并发掘了几处与之相关的遗迹（编号 CA-MNO-2537）（图 2-23）。这个居所的内外特征明显，小屋的周围未发现任何垃圾坑一类的遗迹，而是散落着各种日常遗物，可能与文物盗掘有关。出土的遗物包括发酵用的器皿（fut how nga peng）（敞口瓶），通常用于盛装豆腐、甜豆沙、豆子、腌制蔬菜、虾酱、糖和调味品（Hellmann and Yang 2013）。除此之外，还发现了中国制的陶瓷和碎玻璃瓶制成的刀片。

图 2-23　位于莫诺米尔斯唐人街东端的木屋遗迹
（CA-MNO-2537）（照片由作者于 2012 年拍摄）

考古学校所发掘的最后一处居址位于莫诺米尔斯的派尤特人居住群附近，在空间上与唐人街相隔。研究显示，和唐人街的居所相比，派尤特人在居家活动和垃圾处理方面有明显差异。考古调查在此处发现了和篮子制作相关的场所，以及可能与地板残留有关的大量木屑堆积。这里的垃圾和遗物数量很少，未见日常家用相关的垃圾堆积。所发现的遗物仅包括一些用于篮筐的珠子，一个带有四季纹的中国制瓷勺，硬瓷器的碎片，完整的罐子和瓶子，以及几件由玻璃瓶制成的工具。

根据文献记载，派尤特人与华工之间物质交换频繁，中国厨师曾将上好的牛肉作为礼物送给他们的派尤特朋友（Billeb 1968）。考古调查显示，这类交换还包括本土产的松子、中国进口的瓷器、黑曜石和其他玻璃制品。这种日常食物和物品的交换表明这两个文化人群相互熟悉，因此得以分享物质文化。在种族歧视的环境之下，中国人与派尤特人可能通过物质互换而结成联盟，共同与莫诺米尔斯的劳工政体抗衡（Silliman 2001，2005）。这些互动体现了中国人如何在这一艰难条件下建立社群能动性，并对劳工结构进行物质性抵抗。从初步的研究来看，唐人街和派尤特居所中的物质文化具有相似性，可视为种族之间联盟的体现。

## 社会和经济的能动性抵抗

华工和叶灵顿一类资本家所建立的纵向关系对他们在美国西部的雇用极为关键，同时也在一定程度上影响了他们在西部各地的分布。通过与其他劳工建立联盟，居住在博迪和莫诺米尔斯的华工得以在不断多元化的社会中保持他们的地位。在欧裔美国人为主导的世界中，因为类似的社会地位、劳工职位和相互共存的基础，中国人得以与美国土著和非裔美国人等边缘群体建立关系。Jin Mun 在所写的轶事中提到，也许是他们都有蓄长辫传统的原因，一些铁路华工在受到袭击的时候曾经受到当地部落的保护（Chinn 1989：72）。而其他一些叙述则认为，中国人与美国原住民之间的联盟很大程度上是源于相互脆弱性，而非面貌上的相像——根据克拉马斯河（Klamath River）的卡鲁克（Karuk）的叙述，他们曾保护隐蔽中国人，以免受白人的压迫（Pfealzer 2008：20）。

华人在康斯托克和博迪之间就业之后，接触了许多派尤特社群，他们来自弗吉尼亚市［包括来自沃克湖（Walker Lake），温纳姆卡和金字塔湖（Winnemucca and Pyramid lakes）、卡森沙漠（Carson Desert），以及梅森和史密斯山谷（Mason and Smith valleys）的部落］、博迪或莫诺米尔斯［包括布里奇波特（Bridgeport）和莫诺湖（Mono Lake）部落］。在内华达州，中国男性与派尤特女性的通婚并不罕见（Chung 1998：223，2011b：140），例如，Sam Leon 和内华达州舒尔茨（Schurz）市的 Daisy Benton 就结为夫妻。这对夫妇居住在博迪，而 Sam 后来在里诺去世，他们的婚姻关系代表了当地的社会关系状况（Chung 2011a）。

对加利福尼亚州华人来说，他们生活经历中的重要一部分是如何利用社会能动性来抵制欧裔美国人所预设的角色和生活。在当时，国家的排他性法律限制中国妇女移民，且 1880 年后加利福尼亚州的反血统法禁止华人与白人通婚。不过，自 1870 年以来，内华达州就存在华人—派尤特的婚姻模式（Chung 2011b：140）。在 1870 年，弗吉尼亚市已居住了很多中国妇女和儿童（James 2012：44），说明当时在康斯塔克已有中国人组成家庭。这些中国人已不仅仅是旅居者，而是努力在当地建立移民社区（Chung 1998）。

根据 1880 年博迪的人口普查，一半的中国女性已婚，但却不见儿童的登记（Wey 1988：140）。至少两对夫妻 1880 年居住在博迪市的唐人街内，而 1900 年的人口普查则显示 7% 的华人已婚，且他们的平均婚期都达到了 25 周年。这些数据虽然说明了这个社区中国人男性的婚姻状况，但未明确指出其家人是否居住在此（U. S. Federal Census 1880，1900）。一些学者认为，许多中国人男性可能将他们的妻子和家庭留在如沙加缅度或圣荷西这类大城市的唐人街，因为那里比康斯塔克或博迪无法无天的采矿城镇要安全得多（Chung 1998：204）。

虽然人口普查的资料暂时欠缺，但在莫诺米尔斯的唐人街的考古工作表明，家庭和儿童有可能曾在此居住。从唐人街的一户住宅中出土了一套玩具茶具，它可能是当时的儿童玩物，同时表明游戏是当时的工人阶级生活的组成部分（Yamin 2002）。通过进一步的研究，我们可以论证是否应将博迪和莫诺米尔斯的中国人社区称为一个移民社区，并非一个男性旅居群体。由此可见，这些劳工们通过行动来抵制美国邻居强加给他们的社会角色。

## 矿业城镇在大范围经济内的角色

在 19 世纪后期，铁路劳工、康斯塔克居民和博迪的居民的经济生活密切相连。华工、欧裔美国人、美洲原住民和雇用他们的强大资本家形成了一个相互关系网，通过这个关系网，我们可以更好地理解劳工和阶级结构。

康斯塔克的区域经济网络包含了商品和劳工的流动。根据叶灵顿的货运单据，区域内铁路和合胜货运之间存在长期的商业伙伴关系（Yerington 1883）。尽管我们不清楚合胜货运具体向莫诺米尔斯销售了什么商品，但我们知道他是一个弗吉尼亚市唐人街的商人，向白人顾客销售猪肉和中国美食（Magnaghi 1981：138）。同时，根据博迪铁路工人管理者的信件，合胜货运公司也可能提供了短期华工，以帮助铁路建设（Yerington 1883）。通过向这家供应商获取商品和华工劳动力，叶灵顿的资本与康斯塔克的中国人公司联系在了一起。这类公司不仅运营商店，控制劳动力，还促进了弗吉尼亚市唐人街富人的债务支付（Magnaghi 1981：148）。康斯塔克的华工供应揭示了西部城镇在大范围政治经济结构中的角色。

资本家们（包括 Yerington，Bliss，Graves 和 Ralston）在 V&TRR，C&CRR 以及 Bodie & Benton Railway & Lumber 公司的反复投资进一步表明莫诺米尔斯在整个美国西部经济体中的位置（Wedertz 1969：159；Piatt 2003：134）。这些投资者的项目涉及整个西部，他们与铁路劳工建立的配对关系，使得中国劳动力和区域内的规模经济挂钩。从更广泛的层面来说，这些铁路项目的投资将边缘采矿区的劳工们和位于旧金山与纽约的强大投资者和银行联系在一起。在华工的居所和工作地进行考古学研究，国家经济和移民政策对社会的影响深远，远远大于劳工或区域性消费者的自身经历。

## 总　结

中国移民为西方的发展注入巨大活力，对其发展和规模的形成贡献非凡。因此，将19世纪的所有中国移民描述为"无定形的苦力群众"（an amorphous coolie mass）的成员是不恰当的比喻（McGowan 2005：136）。在美国西部各地，不同群体有不同的经历。在艰难的条件下，他们个人所创造的机会也遭到了各种阻力和困难。通过对康斯塔克和博迪的华工个案研究，我们可以大致了解中央太平洋铁路工人是如何在西部为自己和家人创造新生活的。

若没有华工的汗水和技术，弗吉尼亚市的博迪铁路和伐木产业则无法蓬勃发展。不幸的是，在他们对美国经济做出重要贡献的同时，也是种族暴力和不公最严重最泛滥的年代（Hsu 2000）。当 V&TRR 管理者叶灵顿将一些他值得信赖的员工转移至博迪铁路之时，这些华工得以在博迪和莫诺米尔斯创建自己的社区。这种现象表明，华工所经历的劳工关系和阶级结构不仅仅运行于大的国家层面，也渗透于本土公司，同时也超出了劳工产品的接收区域。

通过研究相关文献和考古学材料，我们更充分地了解了华工在博迪和莫诺米尔斯的复杂经历。强大资本家雇主对华工们进行保护，使他们免受种族暴力。考古调查材料表明，虽然种族与阶级限制了华工的工作机会，但是通过与其他边缘群体结盟，他们创造了多样化的经济机会。通过商品互换，中国人可能与派尤特人结为联盟，他们的交换品不仅包括松子、鱼、禽类和大型兽类，也有中国进口的陶瓷以及黑曜石和玻璃工具。

通过食物和日常用品的跨文化交换，不同的种族群体建立起了联系。从广义上来说，中国人与派尤特部落在康斯塔克的历史对他们在这片新环境的生存影响深远。通过互动，他们改变了在欧美社会中原有的经济地位。面对无法克服的法律限制和镀金时代的种族化暴力，中国人的能动性为那个时代的中国人的经历提供了重要的视角。

## 致　谢

本节的考古材料来源于 2012 年 SJSU 田野项目。项目的合作方为 Mono Lake Kutzadika's Paiute Indian Community。动物骨骼分析由 Alexandra Levin 完成。

## 第五节　北美铁路华工的动物考古学和本土化

莱恩·肯尼迪

J. Ryan Kennedy

## 简　介

19 世纪后半叶，将近 38 万中国人抵达美国（Takaki 1998：32）。他们中许多人聚集在被称为唐人街的中国人社区，其他人在农村地区从事矿产和农业。本节的关注点是铁路劳工。与世界各地的中国移民一样，来美的中国移民也从他们的家乡带来了独特的饮食传统和烹饪方式。这些移民主要来自中国南部的广东省，其传统饮食样式繁多，但主要可分为"饭"和"菜"两大类。"饭"即淀粉类食物，如米饭和面条；"菜"指蔬菜或肉类菜肴（Chang 1977：6-7，10；Simoons 1991）。中国食品制作方式的特点是具有灵活性和适应性，各式蔬菜通常与猪肉、鸡肉、鸭肉和鱼类在内的常见肉类一同食用（Chang 1977：8）。牛肉在 19 世纪的中国还较少食用。同时，华人还有丰富且功能繁多的药膳历史，这种以食入药的传统在美国得以延续，其他文章已对此进行了探讨（Simoons 1991；Heffner 2013；Heffner 2015）。

研究中国菜肴的学者们曾指出，中国传统食物的发展与传播通常包括几个步骤。起初是亚洲农作物的种植，然后是建立和维护传统烹饪和药膳供应链，最终是开设迎合当地中国移民的餐馆（Pilcher 2006）。从表面上看，这番大规模的传统美食的重现过程在移民群体中时常发生，且无须融合传统与创新（Tan 2011）。但是，此模式难以概括移民们在一个国家或地区的多种经历。相反地，Tan（2011）提出了"本土化"的模式，即移民群体在面对新食材和烹饪方法知识时，如何灵活地根据当地的经济条件和可用食材而调整烹饪方式，此模式则更加适合描述中国人和其他移民。虽然 Tan 所提出的概念是针对广义国家层面上中国移民的饮食习惯，但它也可有效地用于理解一个国家内的多元差异。

通过了解移民群体的食物制作和本土化过程，我们可获得的信息不仅限于特定遗址的经济状况。由于食物在日常生活、社会关系和界限以及身份标记中均起着重要作用，我们可以通过研究食物的制作方式来有效地探索个体在不同社会环境中的日常生活（Hastorf and Weismantel 2007；Twiss 2007）。当移民面对新的人群、地点和食物之时，他们既获得了机遇也面临挑战。他们能创造性地在群体内部之间进行重新定位，但通常将食物选择限定在传统之内，这可能导致菜肴停滞在失传和维护的中间地带，造成食品的"凝固化"（Janowski 2012）。虽然传统美食的其他方面通常变化剧烈，但这些凝固化的食物被称为"灵魂食物"（soul food），它们对怀旧、记忆或群体凝聚力仍然具有重要的文化意义。因此，食物考古并不仅仅是研究传统食品的传承与流失，也可以用于探索新移民在当地条件中所遇到的选择、机遇和约束。

## 中国铁路劳工遗址的动物考古学

本节运用动物考古学来探索铁路华工在美国的食物制作方式。动物考古学研究考古环境中所发现的动物骨骼，并运用各种标准化的实验方法来进行解释分析（图 2-24）。这些方法包括鉴定个体类别和骨骼元素，通过标本量（Number of Identified Specimens，NISP）和每种动物的最小个体量（Minimum Number of Individuals，MNI）来重建食谱，还有以动物骨骼来计算理论肉类产量或动物数量（Reitz and Wing 2008）。通过将这些数据与埋藏学和屠宰数据相结合，动物考古学可阐释多个研究问题，例如过去人们对不同动物的利用和宰割手段、畜牧业方式、食谱重建和动物的象征与意义等。不幸的是，由于鉴定标准和量化方法上的差异，以及定性而非定量的研究本质（如本研究），我们很难进行跨遗址比较分析。不过，我们仍通过此方法来探讨铁路华工在受到本土限制之时，对食物方面所做出的积极选择。

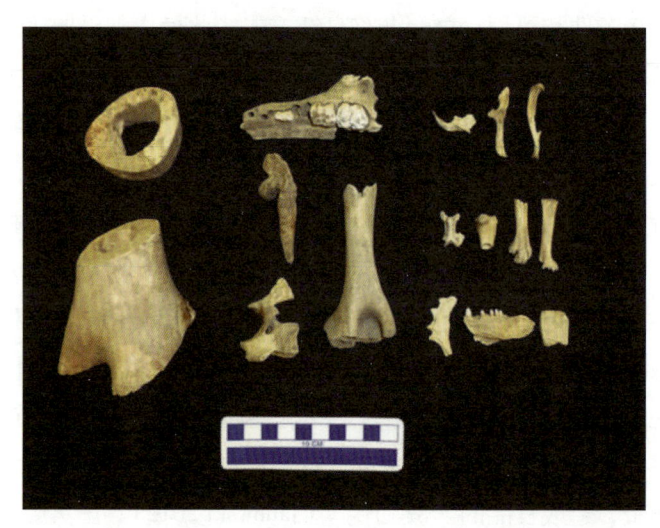

图 2-24 加利福尼亚州圣荷西市场大街——唐人街的代表性动物遗骸
左：带锯痕的牛长骨；中：猪上颌骨，有切痕的猪颈静脉突，枕骨髁部，切成两半的猪颈椎、猪肱骨；右上：鼠骨；中右：鸟骨，包括（最右）用剁刀剪下的两只鸡跗跖骨；右下：鱼骨和龟类甲壳（图片由作者提供，2014 年）

铁路华工在食物方面有明显的灵活性，主要体现在以下几个方面。首先，由于铁路建设需要不断地沿着铁路线路移动，华工们在途中遇到一系列不断变化的物质和社会环境以及食物资源。由于野生动物获取有限，国内肉类价格随时浮动，华工的饮食需要灵活应变。其次，许多铁路劳工很可能在远离铁路环境的唐人街居住过相当长的时间，他们大多倾向于在大型的唐人街建立家庭，仅在假期或工作期间返回居住（Voss and Allen 2008；Voss 2013；Praetzellis and Praetzellis 2015）。最后，铁路华工在美国期间的工作种类不仅限于铁路（Sunseri, Chapter 2.4）。在 19 世纪，美国华人可根据工作情况、当地政治和经济条件以及个人选择转换不同的劳动角色。这种流动性也是我们在讨论中国铁路劳工的食物方式时需要考虑的因素。

考虑到上述原因，本节对铁路劳工相关遗址的研究既包括铁路沿线和伐木厂的营地、也涵盖了位于城市和乡村的唐人街。通过这些不同遗址，我们可以探索相同个体在不同的生活阶段和不同环境中的食物选择和本土化过程。在下一节，我将概述铁路华工有关的遗址以及其中具有代表性的动物考古学数据。通过这些材料，我们可以探索铁路华工在其一生中遇到的本土化、凝固化以及不同的食物体验。最后，我将为未来的相关动物考古研究提供一些建议和方向，使之不仅能够解决遗址数据的短暂性的问题，也能让我们对铁路华工的饮食习惯有更加全面的了解。

## 铁路华工遗址的动物考古数据

本节将介绍与铁路华工有关的代表性动物数据，它们来自几个相关的遗址：铁路线路营地，伐木营地以及农村和城市唐人街（表2-2）。虽然遗址类型并不全面，但是这个回顾可以让我们了解铁路华工的食品制作方式和不同类型遗址的本土化过程。为了进一步加强我们对中国移民和美国劳工食物选择的了解，未来的工作需要把农业、采矿等其他遗址类型纳入研究。

表2-2 本节涉及的动物考古数据

| 遗址名称 | 类型 | 数据收集方式 | 样本大小 | 量化 |
| --- | --- | --- | --- | --- |
| V&TRR | 铁路线路营地 | 调查 | 小/未知 | NISP |
| V&TRR | 铁路线路营地 | 调查/发掘 | 76 | NISP |
| 莫诺米尔斯（Mono Mills） | 大型木材营地 | 发掘 | 368 | NISP |
| 斯普纳山巅（Spooner Summit） | 小型木材营地 | 发掘 | 36 | NISP |
| 伍德兰、加州（Woodland, CA） | 乡镇唐人街 | 发掘 | 717 | NISP, MNIb, meat weight |
| 桑德波因特、爱达荷州（Sandpoint, ID） | 乡镇唐人街 | 发掘 | 12785 | NISP, MNI, biomass① |
| 河滨、加州（Riverside, CA） | 城市唐人街 | 发掘 | 40000+ | NISP, meat weight |
| 萨克拉门托、加州（Sacramento, CA） | 城市唐人街 | 发掘 | 6467 | NISP, MNIb, meat weight |

① 缩写：MNI=最小个体数量；NISP=可鉴定种类数量；bMNI=未考虑大型哺乳动物。

## 铁路沿线和伐木营地

在分析铁路相关的数据之前，我们需要先对铁路营地的食物供应系统进行介绍。作为劳务协商的一部分，中央太平洋铁路公司通常通过由负责雇用华工的承包商将商品销售给中国劳工（Spier 1958；Krause 1969）。小型线路可能也有类似的情况。劳工团队通常不超过 30 人，他们一起生活，同筹资源来雇用厨师和采购食材（Rogers 1997）。考虑到中国铁路劳工的烹饪需求，食品从靠近铁轨末端的铁路车厢内的移动商店出售。根据诺德霍夫（Nordhoff）（Nordhoff 1873：190）对默塞德铁路公司（Merced Railroad）的描述，这些商店里摆满了各种各样的食材：

> 干牡蛎，干墨鱼，干鱼，甜米饼，干笋，盐渍白菜，中国蔗糖（我认为味道很像高粱糖），四种干果，五种脱水蔬菜，粉丝，海带，熏肉，干鲍鱼，豌豆坚果油，干蘑菇，茶和大米。他们还购买屠宰的猪肉，在假期的时候食用家禽。

随着铁路建设的向前推进，华工通过移动的铁路商店可获取来自更大以及更远的唐人街提供的进口食品（Gardner 2004）。

尽管中央太平洋铁路工地和其他地区的华工人数众多，但是这些遗址的动物考古数据却很稀少。部分原因是铁路营地的占用率较低，中国劳工更加依赖于帐篷而非永久性的建筑（Furnis and Maniery 2015）。同时，如梅里特（Merritt）等人所提出的（2012：676），对铁路沿线营地及其遗物的正式考古调查和分析还很欠缺。即便是在已调查的遗址，动物骨骼分析也未完成。虽然如此，我们仍可通过一些主要铁路遗址的少量的动物考古数据来了解劳工的饮食方式。

关于铁路华工的动物考古数据的少数案例之一来自弗吉尼亚和特拉基铁路（Virginia & Truckee 铁路，V&TRR）的线路营地，建于 1870 年左右（Wrobleski 1996；Rogers 1997）。Wrobleski（1996）对弗吉尼亚市和内华达州孟德豪斯（Mound House）之间的 V&TRR 线进行调查，并确认了两处华人劳工营地，获取了有限而重要的动物数据。尽管弗罗布莱斯基（Wrobleski）只记录了少量标本，但他在工作营的动物骨骼中发现了猪和牛的骨骼。由于遗物标本数量有限，很难对鉴定的骨骼进行定量分析。不过猪和牛的发现表明铁路华工既消费传统的猪肉也食用相对新颖的牛肉。

此外，罗杰斯（Rogers）（1997）的研究提供了建于 1872 年的一处铁路营地的相关数据，此营地位于内华达州里诺（Reno）和卡森城（Carson city）之间的 V&TRR 铁路沿线。虽然在地表调查期间未发现动物遗骸，但在一处与食物准备相关的遗迹中发掘出了 94 例动物标本（Rogers 1997：31）。其中 76 个标本为无法识别的哺乳动物遗骸，其余的 18 个标本为鲑鱼或其大小尺寸的鱼椎骨。这些鱼骨的发现表明铁路华工常在当地溪流、河流或湖泊中捕鱼。正如梅里特（Merritt et al.）（2012）指出，中国劳工在蒙大拿州境内诺克森（Noxon）线路营地（Spokene Falls Chronicle 1882）工作之时，曾在克拉克福特河（Clark Ford River）捕捉亚口鱼、鲑鱼和鳟鱼。华工还曾利用加利福尼亚州普莱瑟县（Placer county）山顶营地附近的一条湖泊来储存鲶鱼（Baxter and Allen，第二节）。这些例子说明，华工依靠捕获野味以补充铁路商店所销售的食物。新鲜鱼类对于他们来说十分重要，使其乐于投入足够的时间。此外，罗杰斯（Rogers）的数据还表明，考古调查和发掘所揭示的动物材料数量存在差异。

除中国人铁路营地之外，与铁路和采矿业直接相关的伐木业也提供了与铁路劳工有关的动物考古资料。在某些情况下，木材公司直接隶属于铁路公司，经常雇用失业的铁路华工伐木，为矿山、建筑工程，以及火车栈桥、桥梁、铁路车辆和铁路枕木提供木材（Chung 2003：3；Sunseri，第四节）。与铁路劳工一样，伐木营地的华工从贸易网和附近的中国人社区采购传统食品，食品供应水平和商品的多样性会根据人口规模等因素有所不同。

目前，考古调查正在莫诺米尔斯（Mono Mills）进行，初步结果表明，这里在 1880 年至 1915 年为加利福尼亚州附近的博迪（Bodie）提供木材。小镇居民种族多样，为我们了解铁路木业背景下的饮食习惯提供了一个研究案例。由于与铁路投资者之间存在劳务关系，莫诺米尔斯的华工被雇用负责附近的博迪（Bodie）至莫诺米尔斯铁路建设、维护以及相关木材工作（Sunseri，第四节）。目前，对莫诺米尔斯一个中国家庭的 368 个动物遗骸样本的分析正在进行，初步分析鉴定出了各种动物骨骸，其中猪（n = 48）和牛（n = 49）的可鉴定种类数量大致相等（Charlotte K. Sunseri 2014，个人通信）。尽管样本规模较小，这种现象表明莫诺米尔斯的中国居民可能对牛肉的依赖程度有所提高。该遗址的居民还食用包括墨鱼、鸡肉以及本土的野生动物、家禽和鱼。有趣的是，根据家养哺乳动物的屠宰锯齿痕迹来看，肉的主要供应源为国家性的铁路的物资供应网，可是该遗址的文字记录显示，莫诺米尔斯的肉类来源于当地的牧场和屠宰场。总的来说，莫诺米尔斯的动物数据的初步分析表明，中国人不仅参与了大规模的贸易网络，还采购本土哺乳动物以及诸如墨鱼一类的进口中国原料，同时也食用一系列野生动物作为补充。

第二组有限的动物考古学数据来自苏拉里（Solury，2004）的研究，她对 18 世纪 70 年代至 80 年代末内华达州东部山脉太浩湖盆地（Tahoe Basin）的斯普纳山顶（Spooner Summit）的伐木营进行了分析。在斯普纳山顶伐木营，中国居民受雇于卡尔森 & 太浩湖木材 & 运输公司（Carson & Tahoe Lumber & Fluming），他们为当地采矿产业和铁路提供木材，同时通过劳工承包商和附近的中国人社区获取中国食材（Solury 2004：22）。在此处发现了 36 件极度破碎的动物骨骸，尽管数量较小，但是它们为斯普纳山顶的食物加工方式提供了一些线索。苏拉里在一些骨骸上发现了锯痕，它们来自一例大型哺乳动物的股骨、一块猪颌骨和少量未鉴定的哺乳动物骨骸。根据这些锯痕的特征，这些肉类并非来自本土。不过，至少有两例小型的股骨上留有用切肉刀剁开的痕迹。同时，苏拉里还发现了一例野生哺乳动物的肋骨，可能被食用。由于动物遗骸破碎严重，苏拉里（Solury 2004：56）认为这些肉类可能被用于熬汤或者炖煮。由于该遗址所发现的动物遗骸普遍稀少，中国居民也有可能在附近更大型的营地食用传统食物。如果这个情况成立，斯普纳山顶案例表明，动物遗存在本土独特的、小规模背景下存在差异。若仅靠动物数据，我们无法全面了解中国人在这些遗址的饮食方式，但通过结合植物、陶瓷和金属工具等其他遗物类型，我们发现当地中国人融合了中国和美国两种传统，他们的饮食方式很好地适应了当地的条件。

尽管主要铁路遗址的遗存数量有限，但是动物考古提供了一条了解铁路劳工的饮食方式的有效渠道。来自 V&TRR 铁路营地的数据表明，华工的饮食中不仅包括传统的猪肉，也有在 19 世纪中国南方菜肴中不常见的牛肉。罗杰斯（Rogers 1997）的研究还发现了鲑鱼和鲢鱼大小的鱼类骨骼，这与文献上关于铁路华工食用新鲜鱼类的记载相符。尽管莫诺米尔斯的数据分析比较初步，但它提供了关于华工饮食情况的丰富资料。在这里，华工食用当地和进口的家养哺乳动物、来自亚洲的墨鱼干、各种本地家禽、野生动物和鱼类。虽然斯普纳山顶的动物数据较少，但我们仍可发现，劳工在伐木营和附近的大型营地的饮食可能有所不同。由此可见，华工的饮食方式在距离很近的遗址之间也有可能大相径庭。总体而言，这 4 个案例阐释了铁路华工如何通过食用家养猪肉和牛肉、本土新鲜鱼类和进口食物来适应当地饮食传统。从遗物的多样性来看，这些遗址目前的信息丰富度还远不及一手资料中的描述［例如 Nordhoff（1873）］。通过补充其他遗址资料以及遗物类型，我们可对这些偏远乡镇地区的饮食方式有更全面的了解。

## 乡镇和城市唐人街遗址

除了主要的铁路相关的遗址之外，来自农村和城市唐人街遗址的动物考古数据也为铁路华工的饮食方式提供了证据。随着铁路的兴建，一些华工在当地和铁路沿线的农村建立了小型唐人街。这些小型中国人社区不仅为部分现有和先前的铁路劳工提供住所，同时为邻近铁路和采矿营地工作的华工提供了重要的食物来源（Gardner 2004）。位于城市的大型唐人街则成了主要的食品分配中心，同时也是在各种行业工作的华工们的家庭基地（Voss and Allen 2008）。华人移民与贸易网络连接起来，使铁路沿线营地等社区得以在当地延续中国人的饮食传统。在节假日和其他场合，劳工们经常返回农村和城市的唐人街，这样他们就有机会与其广大的社群同胞相连，并可以采购那些偏远地区所没有的传统物品。以下，我将结合伍德兰（Woodland）、桑德波因特（Sandpoint）、河滨（Riverside）和沙加缅度（Sacramento）等唐人街的数据进行讨论分析。

伍德兰唐人街在1866年成立于加利福尼亚州约洛县（Yolo County），于1869年与横贯大陆铁路相连，1880年居住人口增至将近100人（Gust 1993：178）。在此处，717件可鉴定的动物遗骸出土于中国洗衣店或住宅相关的污水池或地窖发掘。虽然猪骨（n=301）在数量上明显超过牛骨（n=45），但肉重计算显示猪肉占肉总重量的40%，而牛肉为58%（Gust 1993）。有趣的是，牛骨上仅有锯痕，而猪骨上不仅有数量大致相同的锯痕，也有切肉刀的痕迹，表明该遗址的中国居民至少从白人屠户那里购买部分猪肉。除了牛和猪外，还发现了少量的松鼠（n=3）、猫（n=3）和池龟（n=14），这三种动物骨骼标本都有屠宰痕迹。在221具可鉴定的禽类骨骼中，鸡的比例最高，达到80%，其余是鸭子（n=36）、鹅、乌鸦、鹌鹑和鸽子。此外，该遗址还发现了119具骨骼，来自当地十几种鱼类，包括石斑鱼（n=8）、沙加缅度鲈鱼（n=18）、沙加缅度亚口鱼（n=10）、大白鱼（n=12），以及米诺鱼和亚口鱼科（n=48）。总体而言，伍德兰唐人街出土的遗物显示，居民虽然消费了一定数量的猪肉，但他们的饮食更依赖非传统的牛肉。他们以龟类、鸡肉、猫、鱼和松鼠一类的野生动物作为补充食材，这一点则更加符合中国南方的饮食传统。

另一个动物骨骼案例研究来自爱达荷州桑德波因特一个更小规模的农村中国人社区（Warner et al. 2014）。在1881年，约有1500名铁路华工在此地建设北太平洋铁路，但在1900年只有9人留在被当地人称为"唐人街"的地方。尽管人口稀少，但在此地唐人街的洗衣店的发掘中，共出土了12785件动物遗骸。猪骨（n=625）虽然在数量上多于牛骨（n=372），但其他数据却显示了一个不同的情况。根据样本生物数量，即一种根据骨头重量计算的理论肉重（Reitz and Wing 2008），牛肉可能占桑德波因特中国居民消费总肉量的近2/3，而猪肉只有1/5。饮食结构中小部分来自山羊（n=242）、驼鹿（n=1）、龟类（n=27）和鱼（n=24）、鸡（n=52）、鸭（n=18）、较少数量的鹅（n=1）、火鸡（n=7）和潜鸟（n=1）。在所发现屠宰的痕迹中，仅发现122处全切痕，而锯痕有2335处（这种方式通常不是中国人的屠宰模式），这个现象说明中国居民参与了西方肉类分配市场。不过，少数禽类骨骼显示出典型的中国屠宰特征，即将肉切割成"一口大小"块状。特别值得注意的是，桑德波因特的大多数中国居民都在当地餐馆工作，因此他们可充分利用资源，从工作场所采购肉类（Warner 2012；Warner et al. 2008：64）。如果事实如此，桑德波因特是一个有趣的案例，这里的中国人不仅充分利用当地的食物条件，食用大量的牛肉，同时也延续传统，消费大量的鸡、鸭、乌龟和鱼。

加利福尼亚州河滨市的唐人街形成于1885年，此地一直是动物考古研究的焦点（Collins 1987；Goodman 1987；Langenwalter 1987）。遗址出土了40000多个脊椎动物标本，它们来自包括灰坑和房屋地下室的14个遗迹单位。猪骨（n=3，616）的数量远远超过牛肉（n=365），猪肉占肉类总重量的60%—80%，而牛肉在大多数遗迹中仅占20%—30%。虽然大部分猪骨屠宰都采用中国砍骨刀，但牛骨往往显示出西式锯痕，这表明中国人从唐人街之外的地方购买牛肉。其他鉴定出的各类动物骨骼包括绵羊（n=43）、兔（n=35）、鹿（n=2）、池龟（n=294）、沙漠龟（n=8）以及被屠宰的猫（n=11）和老鼠（n=7），它们均有被刀刃工具（例如砍刀）切割成小块的痕迹。虽然鉴定工作尚未完成，但已知大约95%的禽类骨骼标本来自鸡。同时，还鉴定出了壁虎（n=63）和软壳龟（n=8），两者都具有中药用途。该遗址出土的鱼类来自加利福尼亚本地，如羊鲷（n=15）、梭鱼（n=59）、大比目鱼（n=20）、金枪鱼（n=18）、几种石首鱼（n=17）以及少数非本地鱼类，包括黄花鱼（n=8）和河豚（n=32），均为中国进口。总的来说，河滨市的动物类型比小遗址出土的动物更加多样，与传统的中国南方食物（Simoons 1991）以及民族志中所记载的在美华人饮食（Nordhoff 1873；Spier 1958）更加吻合。

另外一个案例来自18世纪50年代沙加缅度唐人街的动物考古分析（Praetzellis and Praetzellis 1997）。在城内H156街区的发掘中，共鉴定出了5562件与华人公寓居民、长期工作人员和商人相关的动物遗存。令人惊讶的是，牛类骨骼（n=1537）数量远远超过猪类骨骼（n=512），牛肉重量占总肉重的80%—90%（Gust 1997）。虽然猪肉占剩余的大部分，少量的麋鹿（n=17）、鹿（n=29）和兔子（n=4）也有发现。在动物骨骼中可鉴定的禽类包括鸡（n=103）、火鸡（n=29）、鹅（n=31）、鸭（n=54）和野鸡（n=1）。虽然这些动物的屠宰模式大多为西式，但是较小的动物，如兔子和家禽，似乎已被切割成碎块。从这些遗迹中还发现了2077件鱼类骨骼，其中重要的种类包括沙加缅度鲈鱼（n=1298）、米诺鱼或亚口鱼科（n=692）、沙加缅度亚口鱼（n=35）、鲑鱼（n=25）、大西洋鲭鱼（n=22）和几种中国鱼类，如白鲱鱼（n=3）、金线鱼（n=15）、鲷鱼（n=13）和海鲷（n=31）（Schulz 1997）。在附近IJ56单位中商业点出土的905件动物遗骸的分析结果有所不同（Praetzellis和Praetzellis 1997：292-293）。在这里，猪骨（n=622）数量上远远超过牛骨（n=21），且猪肉占肉类总重量的将近95%。可供鉴定的鸟骨数量有限（n=11），而鱼类的种类与居址中所发现的相似，唯一例外的是发现了大量黄花鱼的骨骸（n=163），它被视为一种价值极高的中国食材。总体而言，沙加缅度的数据显示，尽管商人和居民均食用包括多种鱼类和鸟类的各种动物类食材，但他们之间仍存差异。公寓居民食用大量的牛肉，而商人则以猪肉为主。这样看来，公寓居民可能是接受了价格相对较高的本地猪肉（Gust 1997），或是通过公寓工作人员所获取牛肉（Praetzellis and Praetzellis 1997：286）。无论何种方式，这与IJ56单位商人的大量猪肉消耗形成反差对比。这种现象表明，商人和公寓居民通过不同的方式来调整饮食习惯，以适应沙加缅度的生活条件。

　　总体而言，唐人街遗址的动物考古学分析补充了铁路和伐木营的数据。由于居住的时间较长，唐人街社区的动物种类通常更多——更接近于文献记录中观察到的物种——并且比主要铁路遗址拥有更多稀有标本。不过，与劳工营地类似，唐人街遗址中的动物遗骸根据当地条件有所差异。河滨市唐人街的动物遗存接近传统的中国南方饮食，而如桑德波因特的其他遗址则显示出意想不到的特点。这些遗址中发现了相对较多的牛肉，这可能与居民在餐馆工作有关。同样，来自沙加缅度的动物数据显示了中国居民的饮食在很大程度上取决于他们的购买力。

## 本土化和动物考古学数据

以上所讨论的动物考古学数据代表了铁路华工在 19 世纪美国生活所遇到的各种情景。虽然小型劳工营和大型唐人街在规模上差异很大，但有多个共同特征。值得注意的是，没有一个遗址显示出铁路华工对中国南方饮食传统完全放弃或保留。相反他，居民们在保持部分中国人饮食传统的同时通过策略性地选择食材，以解决经济、社会和环境方面对食物的限制，这个过程有时会导致必要的妥协。根据铁路营地的动物数据和文献记载，华人的食材选择丰富，其中大多带有中国传统的元素，也跟当地情况有所不同。

通过研究本土化的过程，我们发现了几个规律。虽然主要铁路遗址所出土的动物骨骼稀少，但它们为我们了解华人如何参与铁路和伐木营的食物供应网络提供了信息。莫诺米尔斯的案例研究明确显示，华工从全国和本地采购肉类，他们的遗物组合表明猪肉和牛肉的普遍食用。从 V&TRR 一处铁路营地（Rogers 1997）上所发现的鱼骨和从莫诺米尔斯发现的野生动物、家禽和鱼类骨骼表明，中国人乐于以现成的野生动物代替猪肉和牛肉，相关文献资料中也对这种中国人在铁路营地上捕鱼和水产养殖的做法有所记载。根据民族志中的记载，铁路劳工的饮食有规律地利用中国传统原料，他们的食物供应品种多样，远超考古发现。总体而言，铁路和伐木营地的数据表明，华工尽可能地保持他们的饮食传统，但同时也有灵活性；他们将牛肉纳入其饮食结构，食用当地动物。虽然这些决定可能受经济限制和原材料来源的影响，但他们对于获取野生鱼类和动物的偏好可能源于原有的饮食习惯（例如喜好新鲜食材）。

虽然中国人的铁路和伐木营均可提供传统食品，但是较大的唐人街拥有比农村地区更加丰富多样的食材。在这些唐人街内，居民居住时间较长，人口众多，足以支撑本地的市场。河滨市唐人街遗址发现了种类繁多的食物，同时，在沙加缅度、伍德兰德和桑德波特遗址中也发现了大量的海龟、鱼类、禽类和其他动物。尽管动物类型存在共性，但是动物考古学数据显示，不同地方的中国居民采用不同的方法来应对当地条件。在河滨，居民食用大量猪肉，并捕获如壁虎一类的不常见的、具有药用价值的动物。然而，在沙加缅度，居民以他们的购买力来决定猪肉和牛肉数量，同时食用各种鱼类和其他动物。饮食方式在更偏远的农村社区也有各地差异。伍德兰德唐人街的居民消耗的牛肉略多于猪肉，而传统饮食中重要的鸡肉、鱼和龟则食用较少，桑德波特的居民可能利用在当地餐馆工作的机会来采购牛肉，使之与各种原料相结合，制作传统中国食物。总而言之，这4个唐人街遗址阐释了从大型城市遗址到小型农村社区各种遗址的本土化策略。

虽然上述讨论试图描述铁路华工如何根据当地情况调整他们的饮食习惯，但值得强调的是，这些劳工的个人生活经历了本节讨论的所有情景。当中国移民抵达美国之初，他们首先接触的是大都市的唐人街，然后进入铁路和其他行业工作。之后，他们到达铁路沿线的中国人社区，在假期和工作间隙返回大型唐人街。当他们从一个环境迁移到另一个环境之时，他们能够以不同的方式保持饮食习惯，在大型唐人街享用多样食材，同时也能在偏远的环境中创造性维持部分华人饮食传统。通过将19世纪美国华工的流动性和本土化这一概念相结合，我们可更好地理解他们的食物习惯和选择。考古学家必须意识到的是，遗址之间明显的差异可能是个体在不同环境中不同策略的结果，而非身份认同和食物传统的改变。

## 结　论

本节概括了在美国的铁路华工遗址中的动物考古学数据，并提出了"本土化"这一概念，为铁路华工过去的生活方式提供了一个框架。除了考虑到任何遗址所特有的条件影响，本土化还强调了铁路华工生活的流动性，这些人从都市的唐人街搬迁至偏远乡村，反之亦然。

本节所提及的铁路劳工遗址的饮食差异可能主要源于当地的限制因素，包括经济、环境和社会的限制，而不是个体饮食传统改变的结果。

不过，这种模式并不意味着饮食的变化总是由外部因素引起的；相反，动物考古学数据中反映的短期差异可能代表了高度流动的人群如何将他们的饮食习惯适应于不同情况。

本研究表明，本土化是一个有效的研究框架，而这个概念可通过更多补充数据得以显著提升。更多的考古调查和发掘尤为重要，一次可解决铁路劳工相关遗址上动物数据短缺的问题。我们十分有必要运用更加细致的采集方法来获取鱼类和其他小动物的遗骸，这些动物在文献中均有记载，但却往往不见于考古调查和发掘。在中国农村遗址中所发现的动物遗骸数量相对较少的情况下，考古学家还应考虑采纳其他数据，例如植物遗存和与食物有关的物质文化，来更全面地了解铁路华工饮食。通过添加农业和采矿营地等其他遗址类型的资料，可以扩展对中国人饮食本土化的理解。最终，通过获取更有力的数据和案例研究，考古学家将以更系统和令人满意的方式讲述铁路华工的日常生活和食物选择，从而更好地了解美国中国移民整体的饮食习惯。

## 致　谢

我要感谢对本研究和其他相关项目贡献数据和信息的所有人员，他们包括 Charlotte Sunseri，Mark Warner，Rebecca Allen 和 Mary Maniery。

### 参考文献

44th Congress, First Session

1876 Letter from the Secretary of the Interior, Condition of the Union Pacific Railroad, Report Prepared by Isaac N. Morris, Executive Document 180. U. S. Government Printing Office, Washington, DC.

44th Congress, Second Session

1877 Senate Report No. 689: Report of the Joint Special Committee to Investigate Chinese Immigration. 27 February 1887. U. S. Government Printing Office, Washington, DC.

Aarim-Heriot, Najia

2003 *Chinese Immigrants, African Americans, and Racial Anxiety in the United States, 1848 – 1882*. University of Illinois Press, Urbana, IL.

Allen, Rebecca, and R. Scott Baxter

2006 Historical Archaeological Damage Assessment, Evaluation Proposal, and Research Design for FS Site 05-17-57-633. Report to Tahoe National Forest, Truckee, from Past Forward, Inc., Garden Valley, CA.

Ambrose, Stephen E.

2000. *Nothing Like It in the World: The Men Who Built the Transcontinental Railroad 1863–1869* Simon & Schuster, New York, NY.

Ames, Charles U.

1969 *Pioneering the Union Pacific: A Reappraisal of the Builders of the Railroad.* Appleton-Century-Crofts, New York, NY.

Anderson, Adrienne B.

1983 Ancillary Construction on Promontory Summit Utah: Those Domestic Structures Built by Railroad Workers. *Forgotten Places and Things: Archaeological Perspectives on American History*, edited by A. E. Ward, pp. 225–238. Center for Anthropological Studies, Albuquerque, NM.

Arrigoni, Aimee, Paul Farnsworth, and Nahiz Fino

2013 Final Cultural Resources Assessment Report for the Three Historic Sites near Line Section 12, Nevada County, California. Report to Tahoe National Forest, Truckee, from William Self Associates, Inc., Orinda, CA.

Ayers, James E.

1982 *Archaeological Survey of Golden Spike National Historic Site and Record Search for Promontory, Utah.* Arizona State Museum, Tucson, AZ.

Bain, David H.

1999 *Empire Express: Building the First Transcontinental Railroad.* Penguin Books, New York, NY.

Baxter, R. Scott

2002 Industrial and Domestic Landscapes of a California Oil Field. *Historical Archaeology* 36 (4): 18–27.

Baxter, R. Scott, and Rebecca Allen

2008 National Register of Historic Places Evaluation and Damage Assessment for CA-PLA-2002/H (Summit Camp). Report to Tahoe National Forest, Truckee, from Past Forward, Inc., Plymouth, CA.

Barth, Gunther

1964 *Bitter Strength: A History of the Chinese in the United States, 1850–1870.* Harvard University Press, Cambridge, MA.

Beebe, Lucius, and Charles Clegg

1950 *Legends of the Comstock Lode*. Stanford University Press, Stanford, CA.

Billeb, Emil W.

1968 *Mining Camp Days*. Howell-North Books, Berkeley, CA.

Briggs, Alton K.

1974 *The Archaeology of* 1882 *Labor Camps on the Southern Pacific Railroad, Val Verde, Texas*. University of Texas at Austin, Austin, TX.

Buckles, William G.

1983 Models for Railroad Construction-related Sites in the West. *Forgotten Places and Things: Archaeological Perspectives on American History*, edited by A. E. Ward, pp. 213 – 223. Center for Anthropological Studies, Albuquerque, NM.

Burke, Heather

1999 *Meaning and Ideology in Historical Archaeology: Style, Social Identity and Capitalism in an Australian Town*. Kulwer Academic/Plenum Publishers, New York, NY.

Cain, Ella M.

1961 *The Story of Early Mono County*. Fearon Publishers, San Francisco, CA.

California Department of Transportation (Caltrans)

2013 *Work Camps: Historic Context and Archaeological Research Design*. Prepared by HARD Work Camps Team and Caltrans Staff for California Department of Transportation, Sacramento, CA.

Casella, Eleanor Conlin

2005 "Social Workers": New Directions in Industrial Archaeology. *Industrial Archaeology: Future Directions*, Eleanor Conlin Casella and James Symonds, editors, pp. 3 – 31. Springer, New York, NY.

Cassel, Susie Lan

2002 To Inscribe the Self Daily: The Discovery of the Ah Quin Diary. In *The Chinese in America: A History from Gold Mountain to the New Millennium*, edited by S. L. Cassel, pp. 54 – 74. AltaMira Press, Walnut Creek, CA.

Chace, Paul G.

1976 Overseas Chinese Ceramics. In *The Changing Faces of Main Street: San Buenaventura Mission Plaza Project Archaeological Report, 1975*, edited by R. S. Greenwood, pp. 510 – 530. City of San Buenaventura Redevelopment Agency, Ventura, CA.

Chace, Paul G., and William S. Evans, Jr.

1969 Celestial Sojourners in the High Sierras: The Ethno-Archaeology of Chinese Railroad Workers (1865 – 1868). Paper presented at the Annual Meeting of the Society for

Historical Archaeology, Tucson, AZ.

Chan, Sucheng

1991 *Asian Americans: An Interpretive History.* Twayne Publishers, New York, NY.

Chang, Gordon H.

2001 *Asian Americans and Politics: An Exploration.* Stanford University Press, Stanford, CA.

2008 *Asian American Art: A History, 1850－1970.* Stanford University Press, Stanford CA.

Chang, Iris

2003 *The Chinese in America: A Narrative History.* Penguin Books, New York, NY.

Chang, K. C.

1977 Introduction. *Food in Chinese Culture: Anthropological and Historical Perspectives*, K. C. Chang, editor, pp. 2－12. Yale University Press, New Haven, CT.

Chew, William F.

2004 *Nameless Builders of the Transcontinental.* Trafford Publishing, Victoria, British Columbia, Canada.

Chinese Railroad Workers in North America Project

2012 About Our Project. Chinese Railroad Workers in North America Project, Stanford University, CA. http://web.stanford.edu/group/chineserailroad/cgi-bin/wordpress/about-our-project/. Accessed 10 October 2013.

Chinn, Thomas W.

1989 *Bridging the Pacific: San Francisco Chinatown and Its People.* Chinese Historical Society of America, San Francisco, CA.

Chinn, Thomas W., Him Mark Lai, and Philip P. Choy, Editors

1969 *A History of the Chinese in California: A Syllabus.* Chinese Historical Society of America, San Francisco, CA.

Chiu, Ping

1967 *Chinese Labor in California, 1850－1880.* State Historical Society of Wisconsin/Department of History, University of Wisconsin, Madison, WI.

Chung, Sue Fawn

1998 Their Changing World: Chinese Women on the Comstock, 1860－1910. *Comstock Women: The Making of a Mining Community*, Ronald M. James and C. Elizabeth Raymond, editors, pp. 203－228. University of Nevada Press, Reno, NV.

2003 The Chinese and Green Gold: Lumbering in the Sierras. Report to Humboldt-Toiyabe National Forest, Carson Ranger District, Passport in Time. University of Nevada, Las Vegas, NV.

2011a *The Chinese in Nevada*. Images of America, Arcadia Publishing, Charleston, SC.

2011b *In Pursuit of Gold: Chinese American Miners and Merchants in the American West*. University of Illinois Press, Urbana, IL.

Clark, George T.

1931 *Leland Stanford: War Governor of California, Railroad Builder and Founder of Stanford University*. Stanford University Press, Stanford, CA.

Collins, Donna

1987 Tradition and Network: Interpreting the Fish Remains from Riverside's Chinatown. *Wong Ho Leun: An American Chinatown*, Vol. 2, pp. 121 – 132. Great Basin Foundation, San Diego, CA.

Conner, Carl E., and Nicole Darnell

2012 Archaeological Investigation of Site 5ME7351.1, Excelsior Train Station, Mesa County, Colorado. Prepared by Dominquez Archaeological Research Group for the Colorado Historical Society State Historical Fund and the Bureau of Land Management. On file at Colorado Historical Society, Office of Archaeology and Historic Preservation, Denver, CO.

*Daily Alta California*

1867 State Items – The Summit Tunnel. *Daily Alta California* May 10, 19 (6265): 1. San Francisco, CA.

Daniels, Roger

1988 *Asian America: Chinese and Japanese in the United States since 1850*. University of Washington Press, Seattle, WA.

Davis, John P.

1894 *The Union Pacific Railway; A Study in Railway Politics, History, and Economics*. S. C. Griggs, Chicago, IL.

*Denver Rocky Mountain News*

1891 No More Poker Tom. 11 June. (http://www.genealogybank.com/gbnk/newspapers/doc/v2: 12C601A5C4.html). Accessed 14 August 2012.

Dehua, Zheng

1999 Taishan. *The Encyclopedia of the Chinese Overseas*, edited by L. Pan, pp. 36 – 37. Harvard University Press, Cambridge, MA.

*Deseret Evening News*

1869 (Article describing the progress of the Union Pacific through the Utah Territory.) 30 March 30. Salt Lake City, UT.

Deverell, William

1994 *Railroad Crossing: Californians and the Railroad, 1850 – 1910*. University of California Press, Berkeley, CA.

Dixon, Kelly J.

2014 Historical Archaeologies of the American West. *Journal of Archaeological Research* 22 (3): 177 – 228.

Dodge, Grenville M.

1910 *How We Built the Union Pacific Railway: And Other Railway Papers and Addresses*. U. S. Government Printing Office, Washington, DC.

Etter, PatriciaA.

1980 The West Coast Chinese and Opium Smoking. In *Archaeological Perspectives on Ethnicity in America: Afro-American and Asian American Culture History*, edited by R. L. Schuyler, pp. 97 – 101. Baywood, Farmingdale, NY.

Evans, William S.

1980 Food and Fantasy: Material Culture of the Chinese in California and the West, circa 1850 – 1900. In *Archaeological Perspectives on Ethnicity in America: Afro-American and Asian American Culture History*, edited by R. L. Schuyler, pp. 89 – 96. Baywood, Farmingdale, NY.

Fedick, Scott L. , and Lyle M. Stone

1988 Working on the Railroad: Social and Organizational Aspects of an Historic Work Camp of the Southern Pacific Railroad near Maricopa, Arizona. Paper presented at the Annual Meeting of the Society for Historical Archaeology, Reno, Nevada.

Felton, David L. , Frank Lortie, and Peter D. Schulz

1984 The Chinese Laundry on Second Street: Archaeological Investigations at the Woodland Opera House Site. California Archaeological Reports No. 24. Cultural Resource Management Unit, Resource Protection Division, State of California Department of Parks and Recreation, Sacramento, CA.

Fike, Richard E. , and Anan S. Raymond

1981 *Rails East to Promontory: The Utah Stations*. Cultural Resource Series No. 8. Bureau of Land Management, Salt Lake City, UT.

Fishkin, Shelley Fisher

2005 Crossroads of Cultures: The Transnational Turn in American Studies. *American Quarterly* 57 (1): 17 – 57.

Francaviglia, Richard V.

2008 *Over the Range: A History of the Promontory Summit Route of the Pacific Railroad*. Utah State University Press, Logan, UT.

Galloway, John Debo

1950 *The First Transcontinental Railroad: Central Pacific and Union Pacific, 1863 – 1869*. Simmons-Boardman, New York, NY.

1989 *The First Transcontinental Railroad*. Dorset Press, New York, NY.

Gardner, A. Dudley

2004 The Chinese in Wyoming: Life in the Core and Peripheral Communities. In *Ethnic Oasis: The Chinese in the Black Hills: South Dakota History*, edited by L. Zhu and R. Estep, pp. 86–96. South Dakota Historical Society Press, Pierre, SD.

2005 Cores and Peripheries: Chinese Communities in Southwestern Wyoming, 1869–1922. *Wyoming Archaeologist* 49 (1): 19–39.

Gardner, A. Dudley, Barbara Clarke, and Lynn Harrell

2002 Final Report for the Aspen Section Camp 48UT660 and the Associated Union Pacific Railroad Grade 48UT668. Western Wyoming Community College. Submitted to Wyoming Bureau of Land Management.

Giles, Ralph B., and Dawn A. Frost

2001 *Golden Spike National Historic Site: Systemwide Archeological Inventory Program Fiscal Year 2000 Interim Report*. National Park Service, Western Archeological and Conservation Center, Tucson, AZ.

Gillespie, William B., and Mary M. Farrell

2002 Work Camp Settlement Patterns: Landscape-Scale Comparisons of Two Mining Camps in Southeastern Arizona. *Historical Archaeology* 36 (3): 59–68.

Gillis, John R.

1870 Tunnels of the Pacific Railroad. *American Society of Civil Engineers Transactions* 1 (13): 153–169.

Goodman, John D.

1987 Dragon Bones: Faunal Analysis and Its Relation to Medical Practice at Riverside's Chinatown. In *Wong Ho Leun: An American Chinatown*, Vol. 2, pp. 107–120. Great Basin Foundation, San Diego, CA.

Goodwin, Victor

1991 Transportation. *Nevada's Northeast Frontier*. Victor Goodwin, Edna B. Patterson, and Louise A Ulph, editors, pp. 133–206. University of Nevada Press, Reno, NV.

Greenwood, Roberta S.

1993 Old Approaches and New Directions: Implications for Future Research. In *Hidden Heritage: Historical Archaeology of the Overseas Chinese*, edited by P. Wegars, pp. 375–403. Baywood, Amityville, NY.

Griswold, Wesley S.

1962 *A Work of Giants: Building the First Transcontinental Railroad*. McGraw-Hill, New York, NY.

Gust, Sherri M.

1993 Animal Bones from Historic Urban Chinese Sites: A Comparison of Sacramento, Woodland, Tucson, Ventura, and Lovelock. *Hidden Heritage: Historical Archaeology of the Overseas Chinese*, edited by P. Wegars, pp. 177 – 212. Baywood, Amityville, NY.

1997 Analysis of Animal Bones. Historical Archaeology of an Overseas Chinese Community in Sacramento, California. Mary Praetzellis and Adrian Praetzellis, editors, pp. 222 – 257. Report to U. S. General Services Administration, San Francisco, CA, from Anthropological Studies Center, Sonoma State University, Rohnert Park, CA.

Hallaran, Kevin B. , Karen K. Swope, and Philip J. Wilke

1989 Historical and Archaeological Documentation of a Construction Camp ( "China Camp") on the San Diego & Arizona Railway, Anza-Borrego Desert State Park, San Diego County, California. Report to California Department of Parks and Recreation, Sacramento, from Archaeological Research Unit, University of California, Riverside.

Hardesty, Donald

2002 Commentary: Interpreting Variability and Change in Western Work Camps. *Historical Archaeology* 36 (3): 94 – 98.

Hastorf, ChristineA. , and Mary Weismantel

2007 Food: Where Opposites Meet. *The Archaeology of Food and Identity*, Katheryn C. Twiss, editor, pp. 308 – 331. Occasional Paper No. 34. Center for Archaeological Investigations, Southern Illinois University, Carbondale, IL.

Heath, Earle

1927 From Trail to Rail: The Story of the Beginning of the Southern Pacific. *Southern Pacific Bulletin* 15 (May 1927): 9 – 12.

Heffner, Sarah C.

2013 Exploring Healthcare Practices of the Lovelock Chinese: An Analysis and Interpretation of Medicinal Artifacts in the Lovelock Chinatown Collection. *Nevada Archaeologist* 26: 25 – 36.

Hellmann, Ray S. , and Jeannie K. Yang

2013 What's in the Pot? Chinese Brown-Glazed Stoneware Identification. *Ceramic Identification in Historical Archaeology: The View from California, 1822 – 1940*, R. Allen, J. E. Huddleson, K. J. Wooten, and G. J. Farris, editors, pp. 227 – 230. The Society for Historical Archaeology, Germantown, MD.

Hendricks, Ricky

1986 National Register of Historic Places Registration Form, Golden Spike National Historic Site, UT. Form on file at the Utah State Historic Preservation Office, Salt Lake City.

Hoffmann, Hemmann

1879 *Californien, Nevada und Mexico: Wanderungen eines Polytechnikers.* (California, Nevada, and Mexico: A Polytechnic's Wanderings.) Hugo Richter, Basel, Germany.

Homstad, Carla, Janene Caywood, and Peggy Nelson

2000 Cultural Landscape Report Golden Spike National Historic Site Box Elder County, Utah. National Park Service, Cultural Resources Selections, Intermountain Region, No. 16, Denver, CO.

Howard, Robert W.

1962 *The Great Iron Trail: The Story of the First Trans-Continental Railroad.* Bonanza Books, New York, NY.

Hsu, Madeline Y.

2000 *Dreaming of Home, Dreaming of Gold.* Stanford University Press, Stanford, CA.

Huang, Annian

2006 *The Silent Spikes: Chinese Laborers and the Construction of North American Railroads.* China Intercontinental Press.

Hutchinson, Sayre

1988 [Stone Box Culvert, Structure C 769.47, Golden Spike National Historic Site, Box Elder County, Utah]. National Park Service, Intermountain Region, List of Classified Structures No. 22183. http://hscl.cr.nps.gov/insidenps/report.asp? STATE = &PARK = &STRUCTURE = &SORT = 4&RECORDNO = 22183 Accessed 9 August 2014.

James, Ronald M.

2012 *Virginia City: Secrets of a Western Past.* University of Nebraska Press, Lincoln, NE.

Janowski, Monica

2012 Introduction: Consuming Memories of Home in Constructing the Present and Imagining the Future. *Food and Foodways* 20 (3 –4): 175 – 186.

Jolly, Elyse

2012 Chinese Gaming in the Nineteenth-Century American West: An Ethnic and Cultural Reassessment. Master's thesis, Department of Anthropology, University of Nevada, Reno, NV.

Kibbey, Mead B.

1996 *The Railroad Photographs of Alfred A. Hart, Artist.* California State Library Foundation, Sacramento, CA.

Klein, Maury

1987 *Union Pacific: Birth of a Railroad, 1862 – 1893.* Doubleday, Garden City, NY.

Kraus, George

1969a Chinese Laborers and the Construction of the Central Pacific. *Utah Historical Quarterly* 37（1）：41 – 57.

1969b *High Road to Promontory: Building the Central Pacific（now the Southern Pacific）across the High Sierra.* American West, Palo Alto, CA.

Landreth, Keith, Keo Boreson, and MaryCondon（editors）

1985 Archaeological Investigations at the Cabinet Landing Site（10BR413）. Report Number 100 – 145. Eastern Washington University Reports in Archaeology and History, Cheney, WA.

Langenwalter, Paul E.

1987 Mammals and Reptiles as Food and Medicine in Riverside's Chinatown. In *Wong Ho Leun: An American Chinatown*, Vol. 2, pp. 53 – 106. Great Basin Foundation, San Diego, CA.

Lee, Jane M.

2008 "Fidelity and Industry": The Archaeology of a Late-Nineteenth Century Chinese Woodcutter Camp in Dog Valley, California. Master's thesis, Department of Anthropology, University of Nevada, Reno, NV.

Lee, Nancy S.

2002 Telling Their Own Stories: Chinese Canadian Biography as a Historical Genre. *The Chinese in America: A History from Gold Mountain to the New Millennium*, edited by S. L. Cassel, pp. 106 – 121. AltaMira Press, Walnut Creek, CA.

Lindström, Susan

2005 Letter Report to Greg Taylor and Levine Fircke. Re: Kinder Morgan Donner Summit Incident Release Site: Restoration Phase Preliminary Archaeological Metal Detection Survey. September 1. Consulting Archaeologist, Truckee, CA.

Lindström, Susan, John Betts, Leon Schegg, and Don Wiggins

1999 Santa Fe Pacific Pipeline Partners, L. P. , Donner Pass Incident, Heritage Resources Inventory, Vol. 1: Report, Tahoe National Forest, Truckee Ranger District（Report 05-17-1223）, Nevada and Placer Counties, California. Draft report. Report to Santa Fe Pacific Pipeline Partners, L. P. , Orange, from Lindström, Consulting Archaeologist, Truckee, Betts, Consulting Archaeologist, Schegg, President, Sierra-Nevada Chapter, Lincoln Highway Association, and Wiggins, Regional Coordinator, Oregon California Trails Association.

MacNaughton, James W.

2012 A Historical Investigation of Changing Ethnicity and Consumption Patterns at the Union Pacific Railroad Section Camp of Peru（48SW3795）: How Changing Ethnicity Can

Be Interpreted in a Nineteenth Century Railroad Landscape. Master's thesis, Department of Anthropology and Sociology. Illinois State University, Normal, IL.

Magnaghi, Russel M.

1981 Virginia City's Chinese Community, 1860 – 1880. *Nevada Historical Society Quarterly* 24 (1981): 130 – 157.

Maniery, Mary L.

2002 Health, Sanitation, and Diet in Twentieth-Century Dam Construction Camp: A View from Butt Valley, California. *Historical Archaeology* 36 (3): 69 – 84.

2004 The Archaeology of Asian Immigrants: Thirty-Five Years in the Making. *SAA Archaeological Record* 4 (5): 10 – 13.

Mayer, Lynn R., and KennethVose

1975 *Makin' Tracks: The Story of the Transcontinental Railroad in the Pictures and Words of the Men Who Were There.* Praeger Publishers, New York, NY.

McCague, James

1964 *Moguls and Iron Men: The Story of the First Transcontinental Railroad.* Harper & Row, New York, NY.

McClain, Charles J.

1996 *In Search of Equality.* University of California Press, Berkeley, CA.

McClain, Jim

1995 Drilling through Granite: Construction of the Summit Tunnel. *Sierra Heritage* (November/December).

McGowan, Barry

2005 The Economics and Organisation of Chinese Mining in Colonial Australia. *Australian Economic History Review* 45 (2): 119 – 138.

McGuire, Randall H., and Paul Reckner

2002 The Unromantic West: Labor, Capital, and Struggle. *Historical Archaeology* 36 (3): 44 – 58.

Medin, Anmarie

2002 "Chapter 7, Cooking Features" in Excavation of the Woolen Mills Chinatown CA-SCL-807H, San Jose, Vol. 1, by Rebecca Allen, R. Scott Baxter, Anmarie Medin, Julia Costello, and Connie Young Yu. Report to California Department of Transportation, District 4, from Past Forward, Inc., Richmond, California Department of Transportation, Sacramento, Foothill Resources, Ltd., Mokelumne Hill, and EDAW, Inc., San Diego, CA.

Merritt, ChristopherW.

2010 "The Coming Man from Canton": Chinese Experience in Montana (1862 –

1943). Doctoral dissertation, Department of Anthropology, University of Montana, Missoula, MT.

2013 The Continental Backwaters of Chinese Railroad Worker History and Archaeology: Perspectives from Montana and Utah. Paper presented at the Archaeology Network Workshop of the Chinese Railroad Workers in North America Project, Stanford University, Stanford, CA.

Merritt, Christopher W., Gary Weisz, and Kelly J. Dixon

2012 "Verily the Road was Built with Chinaman's Bones": An Archaeology of Chinese Line Camps in Montana. *International Journal of Historical Archaeology* 16: 666–695.

Molenda, John

2013 Aesthetically-Oriented Archaeology. Paper presented at the Archaeology Network Workshop of the Chinese Railroad Workers in North America Project, Stanford University, Stanford, CA.

Myrick, David F.

1962 *Railroads of Nevada and Eastern California, Vol. 1: The Northern Roads.* University of Nevada Press, Reno.

National Park Service

2013 Cultural Resources Diversity Program, Program Description. U.S. Department of the Interior website, (http://www.cr.nps.gov/crdi/description/prgm.htm). Accessed 4 January 2014.

Nordhoff, Charles

1873 *California for Travellers and Settlers.* Ten Speed Press, Berkeley, CA.

1874 *California: For Health, Pleasure, and Residence: A Book for Travellers and Settlers.* Harper & Brothers, New York, NY.

Pfealzer, Jean

2008 *Driven Out: The Forgotten War against Chinese Americans.* Random House, New York, NY.

Piatt, Michael H.

2003 *Bodie: "The Mines Are Looking Well."* North Bay Books, El Sobrante, CA.

Polk, Michael R.

1998 Cultural Resources Overview and Preservation Recommendations, Promontory Route Corinne to Promontory, Utah. Sagebrush Consultants Report No. 1134, Ogden, UT.

2013 The History and Influence of Chinese Railroad Workers on the Transcontinental Railroad: A View from the End of the Line at Promontory Summit. Paper presented at the Archaeology Network of the Chinese Railroad Workers in North America Workshop, Stanford University, Stanford, CA.

Polk, Mike R., and Wendy Simmons Johnson, Editors

2012 From Lampo Junction to Rozel: The Archaeological History of the Transcontinental Railroad across the Promontory Mountains, Utah. GOSP Synthesis Report: Golden Spike National Historic Site, National Park Service and Central Pacific Railroad Grade, Area of Critical Environmental Concern, Utah Bureau of Land Management.

Praetzellis, Mary, and Adrian Praetzellis

1997 Historical Archaeology of an Overseas Chinese Community in Sacramento, California. Report to U.S. General Services Administration, from Anthropological Studies Center, Sonoma State University, Rohnert Park, CA.

Puseman, Kathryn, and Linda Scott Cummings

2008 Macrofloral and Organic Residue (FTIR) Analysis of Sediment from Summit Camp (FS Site 05-17-57-633), California. Report to Past Forward, Inc., Garden Valley, CA, from Paleo Research Institute, Golden, CO.

Raymond, Anan S., and Richard E. Fike

1981 Rails East to Promontory: The Utah Stations. Utah State Office Bureau of Land Management (reprinted by Pioneer Enterprises, Livingston TX), Salt Lake City, UT.

Reitz, Elizabeth J., and Elizabeth S. Wing

2008 *Zooarchaeology*, 2nd edition. Cambridge University Press, Cambridge, UK.

Riegel, Robert E.

1926 *The Story of the Western Railroads from 1852 through the Reign of the Giants*. University of Nebraska Press, Lincoln.

Rigdan, Paul

1951 Historical Catalogue: Union Pacific Historical Museum. Manuscript, Western Heritage Museum, Omaha, NE.

Ritchie, Neville R.

2003 Taking Stock: 20 Years of Australasian "Overseas Chinese Archaeology". *Australian Archaeology* 21: 4-10.

Rogers, C. Lynn

1997 Making Camp Chinese Style: The Archaeology of a V&T Railroad Graders' Camp, Carson City, Nevada. ARS Project No. 865. Prepared by Archaeological Research Services, Virginia City, NV, for Silver Oak Development Company, Carson City, NV.

Ross, Douglas E.

2013 Overseas Chinese Archaeology. In *Encyclopedia of Global Archaeology*, edited by C. Smith, pp. 5675-5686. Springer, New York, NY.

Saitta, Dean J.

1994 Agency, Class, and Archaeological Interpretation. *Journal of Anthropological Ar-*

chaeology 13: 201 –227.

*San Diego Union*

1891 A Mono County Sensation. 18 June. ( http://www.genealogybank.com/gbnk/newspapers/doc/v2: 136E6CD2B). Accessed 14 August 2012.

Sando, Ruth Ann, and David L. Felton

1993 Inventory Records of Ceramics and Opium from a Nineteenth Century Chinese Store in California. In *Hidden Heritage: Historical Archaeology of the Overseas Chinese*, edited by P. Wegars, pp. 151 –176. Baywood, Amityville, NY.

*Salt Lake Daily Telegraph*

1869 (The Union Pacific Tracks Reach Bonneville.) Salt Lake City, UT.

Sawyer, William A.

1988 A History and Evaluation of the Mono Mills Railroad Logging District, Inyo National Forest, California. Prepared for the United States Department of Agriculture. Archaeological Advisory Group, Newport Beach, CA. Report No. MN –01008. On file at the Eastern Information Center, Department of Anthropology, University of California, Riverside, Riverside, CA.

Saxton, Alexander

1971 *Indispensable Enemy: Labor and the Anti-Chinese Movement*. University of California Press, Berkeley, CA.

Schulz, Peter

1997 Mid-19th-century Fish Remains. Historical Archaeology of an Overseas Chinese Community in Sacramento, California, Mary Praetzellis and Adrian Praetzellis, editors, pp. 258 –268. Report to U.S. General Services Administration, San Francisco, CA, from Anthropological Studies Center, Sonoma State University, Rohnert Park, CA.

Schuyler, Robert L., Editor

1980 *Archaeological Perspectives on Ethnicity in America: Afro-American and Asian American Culture History*. Baywood, Farmingdale, NY.

Scott, Elizabeth M., Editor

1994 *Those of Little Note: Gender, Race, and Class in Historical Archaeology*. University of Arizona Press, Tucson, Arizona.

Shackel, Paul A.

2004 Labor's Heritage: Remembering the American Industrial Landscape. *Historical Archaeology* 38 (4): 44 –58.

Signor, John R.

1985 *Donner Pass: Southern Pacific's Sierra Crossing*. Golden West Books, San Marino, CA.

Silliman, Stephen W.

2001 Theoretical Perspectives on Labor and Colonialism: Reconsidering the California Missions. *Journal of Anthropological Anthropology* 20: 379 – 407.

2005 Culture Contact or Colonialism? Challenges in the Archaeology of Native North America. *American Antiquity* 70 (1): 55 – 74.

2006 Struggling with Labor, Working with Identities. In *Historical Archaeology*, M. Hall and S. Silliman, editors, pp. 147 – 166. Malden, MA: Blackwell Publishing.

Simoons, Frederick J.

1991 *Food in China: A Cultural and Historical Inquiry*. CRC Press, Boca Raton, FL.

Smith, Carrie E., and Kelly J. Dixon

2005 Determination of Eligibility for Inclusion in the National Register of Historic Places of 19 Historic Sites within the Heavenly Ski Resort, Douglas County, Nevada. Report No. R2004 – 0519 – 00048. Prepared for U. S. Forest Service, Lake Tahoe Basin Management Unit, South Lake Tahoe and Heavenly Ski Resort, South Lake Tahoe, CA.

Solury, Theresa E.

2004 "Everlasting Remembrance": The Archaeology of 19th-Century Chinese Labor in the Western Lumber Industry. Master's thesis, Department of Anthropology, University of Nevada, Reno, NV.

Southern Pacific Company Bureau of News

1917 Japanese and Chinese Section Hands Aid in Liberty Loan. *Bulletin* 5 (21): 2.

Spier, Robert F. G.

1958 Food Habits of Nineteenth-Century California Chinese (Concluded). *California Historical Society Quarterly* 37 (2): 129 – 136.

*Spokane Falls Chronicle*

1882 Life at Cabinet Landing. 25 July: 2.

Sprague, Marguerite

2003 *Bodie's Gold*. University of Nevada Press, Reno, NV.

Stanford, Leland

1862 Inaugural Address, Delivered January 10, 1862. Reprinted in The Governors' Gallery, California State Library (http://governors.library.ca.gov/addresses/08 – Stanford.html). Accessed 5 July 2014.

Staski, Edward

1993 The Overseas Chinese in El Paso: Changing Goals, Changing Realities. *Hidden Heritage: Historical Archaeology of the Overseas Chinese*, edited by P. Wegars, pp. 125 – 149. Baywood, Amityville, NY.

2009 Asian American Studies in Historical Archaeology. *International Handbook of Historical Archaeology*, edited by T. Majewski and D. Gaimster, pp. 347 – 359. Springer, New York, NY.

Steinheimer, Richard, and Dick Dorn

1989 *Diesels over Donner*. Interurban Press, Glendale, CA.

Stokeld, Rachel, and Mary Petrich-Guy

2014 Documenting Chinese Railroad Laborer Camps in Northern Idaho: A Professional/Amateur Collaboration. Paper presented at the 67th Annual Northwest Anthropological Conference, Bellingham, WA.

Stone, Lyle M., and Scott L. Fedick

1990 The Archaeology of Two Historic Homestead and Railroad-related Sites on the Southern Pacific Main Line near Mobile, Maricopa County, AZ. Report prepared for Dibble and Associates, Phoenix, AZ, by Archaeological Resources Services, Inc., Tempe, AZ.

Strobridge, Edwin

2002 Fiction or Fact? Did the Chinese and Irish RR Workers Really Try to Blow Each Other Up? Central Pacific Railroad Photographic History Museum (http://cprr.org/Game/Interactive_Railroad_Project/Fiction_or_Fact.html). Accessed 10 September 2002.

Sunseri, Charlotte K.

2012 Rising Above Anti-Chinese Sentiment on the California Mining Frontier. Symposium: Immigration Past and Present: Archaeology in Action, American Anthropological Association, Annual Meeting, San Francisco, CA.

Takaki, Ronald

1998 *Strangers from a Different Shore: A History of Asian Americans*, updated and revised edition. Little, Brown, New York, NY.

Tan Chee-Beng

2011 Introduction. *Chinese Food and Foodways in Southeast Asia and Beyond*, Tan Chee-Beng, editor, pp. 1 – 22. Nus Press, Singapore.

Tsai, Shih-shan Henry

1986 *The Chinese Experience in America*. Indiana University Press, Bloomington, IN.

Turner, ArnieL.

1982 The History and Archaeology of Fenelon, a Historic Railroad Camp. Archaeological Studies in the Cortez Mining District, Technical Report No. 8. Bureau of Land Management, Reno, NV.

Twiss, Katheryn C.

2007 We Are What We Eat. In *The Archaeology of Food and Identity*, Katheryn C. Twiss, editor, pp. 1 – 15. Occasional Paper No. 34. Center for Archaeological Investigations, Southern Illinois University, Carbondale, IL.

U. S. Federal Census

1880 Mono County. Microfilm publication T623 roll 69. National Archives, San Bruno, CA.

1900 Mono County. Microfilm publication T623 roll 94. National Archives, San Bruno, CA.

United States Pacific Railway Commission

1887 Testimony Taken by the United States Pacific Railway Commission, Appointed under the Act of Congress Approved March 3, 1887, Entitled, "An Act Authorizing an Investigation of the Books, Accounts, and Methods of Railroads which have received Aid from the United States, and for Other Purposes." 9 volumes. U. S. Government Printing Office.

Utley, Robert M.

1960 The National Survey of Historic Sites and Buildings, Special Report on Promontory Summit, Utah (Golden Spike National Historic Site). United States Department of the Interior, National Park Service Region 3, Santa Fe, NM.

1969 Golden Spike National Historic Site, Utah. National Park Service, Historical Handbook Series No. 40, Washington, D. C.

Van Bueren, Thad M.

2002 The Changing Face of Work in the West: Some Introductory Comments. *Historical Archaeology* 36 (3): 1 – 7.

Voss, Barbara L.

2005 The Archaeology of Overseas Chinese Communities. *World Archaeology* 37 (3): 424 – 439.

Voss, Barbara L., and Rebecca Allen

2008 Overseas Chinese Archaeology: Historical Foundations, Current Reflections, and New Directions. *Historical Archaeology* 42 (3): 5 – 28.

2013 Before and after the Transcontinental: Archaeological Reflections from San Jose's Chinatowns. Paper presented at the Archaeology Network Workshop of the Chinese Railroad Workers in North America Project, Stanford University, Palo Alto, CA.

Warner, Mark

2012 A Voice in the Wilderness: Isolation and Compromise among Overseas Chinese in Sandpoint, Idaho. Paper presented at the 111th American Anthropological Association Annual Meeting, San Francisco, CA.

Warner, Mark, Breanne Kisling, and Molly Swords

2014 A "Community" on the Margins: Chinese Life in Turn of the Century Sandpoint. In The Other Side of Sandpoint: Early History and Archaeology beside the Tracks, the Sandpoint Archaeology Project 2006 – 2013, Vol. 1: Sandpoint Stories, Robert M. Weaver, editor, pp. 55 – 72. Report to Idaho Transportation Department, District 1, from SWCA Environmental Consultants, Portland, OR.

Watson, James, and Doug Brodie

2000 *Big Bad Bodie: High Sierra Ghost Town.* Robert Reed Publishers, Bandon, OR.

Wedertz, Frank S.

1969 *Bodie.* Sierra Media, Bishop, CA.

Wegars, Priscilla (editor)

1993 *Hidden Heritage: Historical Archaeology of the Overseas Chinese.* Baywood, Amityville, NY.

Weisz, Gary

2003 Stepping Light: Revisiting the Construction Camps on the Lake Pend d'Oreille and Clark Fork Division of the Northern Pacific Railroad, 1879 – 1883. 3 volumes. Unpublished manuscript, on file at Idaho State Preservation Office, Boise.

Wey, Nancy

1988 A History of Chinese Americans in California. In *Five Views: Ethnic Historic Site Survey of California*, Office of Historic Preservation, pp. 104 – 158. California Department of Parks and Recreation, Sacramento, CA.

Weymouth, Heather M., Sandy Chynoweth Pagano, and Angela L. Garrison

2006 Archaeological Inventory of Golden Spike National Historic Site and Adjacent Bureau of Land Management Railroad Rights-of-Way Fiscal Year 2002 Interim Report. Sagebrush Consultants Report No. 1279. RMC Consultants, Inc. and the U. S. National Park Service, Ogden, UT.

Weymouth, Heather M., Sandy Chynoweth Pagano, Andrew Williamson, and Angela L. Garrison

2006 Golden Spike National Historic Site Systemwide Archaeological Inventory Program Fiscal Year 2003 Interim Report. Sagebrush Consultants Report No. 1303. RMC Consultants, Inc. and the U. S. National Park Service, Ogden, UT.

Weymouth, Heather M., and Don Southworth

2002 Golden Spike National Historic Site Systemwide Archaeological Inventory Program Fiscal Year 2001 Interim Report. Sagebrush Consultants Report No. 1225. RMC Consultants, Inc. and the U. S. National Park Service, Ogden, UT.

White, Richard

2011 *Railroaded: The Transcontinentals and the Making of Modern America.* W. W. Norton, New York, NY.

Williams, John Hoyt

1988 *A Great and Shining Road: The Epic Story of the Transcontinental Railroad*. University of Nebraska Press, Lincoln, NE.

Wrobleski, David E.

1996 The Archaeology of Chinese Work Camps on the Virginia and Truckee Railroad. Master's thesis, Department of Anthropology, University of Nevada, Reno, NV.

Wurst, Louann

1999 Internalizing Class in Historical Archaeology. *Historical Archaeology* 33 (1): 7 – 21.

2006 A Class All Its Own: Explorations of Class Formation and Conflict. *Historical Archaeology*, M. Hall and S. Silliman, editors, pp. 190 – 208. Blackwell Publishing, Malden, MA.

Wylie, Jerry, and Richard E. Fike

1993 Chinese Opium Smoking Techniques and Paraphernalia. *Hidden Heritage: Historical Archaeology of the Overseas Chinese*, edited by P. Wegars, pp. 255 – 303. Baywood, Amityville, NY.

Yasmin, Rebecca

2002 Children's Strikes, Parents' Rights: Paterson and Five Points. *International Journal of Historical Archaeology* 6 (2): 113 – 126.

Yen, Tzu Kuei

1976 Chinese Workers and the First Transcontinental Railroad of the United States of America. Doctoral dissertation, Department of Asian Studies, St. John's University, New York, NY.

Yerington, Henry M.

1883. Henry M. Yerington papers, BANC MSS P-G 230, The Bancroft Library, University of California, Berkeley.

Zier, Charles D.

1985 Archaeological Data Recovery Associated with the Mt. Hope Project, Eureka County, Nevada. Bureau of Land Management, Cultural Resource Series, No. 8.

# 第三章　铁路劳工家乡开平市的研究

## 第一节　开平市仓东村调查简介

如果没有对铁路华工家乡（侨乡）的调查，我们便无法深刻理解这些华工在北美的状况。本书的第三部分将介绍运用社会人类学常见的田野调查方法并借鉴北美考古学田野调查方法对侨乡进行跨学科研究的结果。由于仓东村是侨乡文化的典型代表，并且拥有潜在的地层堆积，因此我们将其设为研究对象。同时，这里也是五邑大学谭金花（Selia Tan）博士和其同事进行建筑学和民俗文化研究的重点区域（Tan 2013a；Tan 2013b；Tan 2013c）。

仓东村（图3-1）位于中国广东省开平市潭边院。我们在此地的研究主要分为两个阶段。第一阶段是地表调查和评估潜在地层堆积。地表调查于2016年12月20日至27日进行，与此同时，工作站开始整理分析调查所采集的遗物，工作持续至2017年1月3日。2017年1月4日，所有地表调查采集的遗物、田野记录和采集样品资料转移并保存于五邑大学的广东侨乡文化研究中心。

第二阶段为补充性的地表调查和社会人类学深度田野调查，其目的是评估地下堆积存在与否及其保存状况。补充性地表调查在2017年12月11日至23日进行。与此同时，工作站开始整理并分析调查所采集的遗物，工作持续至2017年12月28日。2017年12月29日，所有地表调查采集的遗物、田野记录和采集样品资料转移并保存于五邑大学的广东侨乡文化研究中心。

图 3-1　仓东村

## 研究项目的授权

仓东村研究项目于 2016 年 11 月 24 日正式成立，通过签署《广东省文物考古研究所、广东省五邑大学广东侨乡文化研究中心、美国斯坦福大学考古中心合作意向书》，三所研究机构确立了"共同推广、交流和协作对美国铁路华工、侨乡文化以及海外华人文化的研究，并共享关于这些共同兴趣领域的信息和档案"。所有调查均在五邑大学广东侨乡文化研究中心主任张国雄博士的指导之下进行。地表调查于 2016 年 12 月 19 日得到广东省文物考古研究所的邓宏文博士的支持和指导。仓东村村长谢雪暖同意进行调查工作，并获取了研究许可。斯坦福大学的 Barbara L. Voss 博士和五邑大学的谭金花博士担任地表调查的领队（图 3-2）。

在 2017 年 8 月 1 日至 2 日，地表调查结果在"北美华工五邑侨乡考古研究国际研讨会"上首次发布。该会议由五邑大学仓东遗产教育基地主办，得到广东省文物考古研究所、五邑大学广东侨乡文化研究中心、斯坦福大学考古中心和开平市文物局的资助（图 3-3）。在会议的最后，会议主办方和资助方代表共同策划了仓东村下一步的社会人类学深度调查工作计划。

图 3-2　2016 年 12 月对仓东村进行地表调查
调查队员在夫人庙前方的 A 区的网格单位内采集和分析遗物

图 3-3　2017 年 8 月，"北美华工五邑侨乡考古研究国际研讨会"的参会人员

社会人类学深度田野调查工作于 2017 年 12 月 11 日开始，广东省文物考古研究所的邓宏文博士、五邑大学广东侨乡文化研究中心的张国雄博士等参加启动工作，并给予了指导。仓东村村长谢雪暖也同意进行调查工作，并获取了土地研究许可。斯坦福大学的 Barbara L. Voss 博士和五邑大学的谭金花博士为深度田野调查的领队，新奥尔良大学的 J. Ryan Kennedy 博士担任联合领队（图 3-4），调查人员利用社会人类学田野调查方法并借鉴北美考古学对仓东村选定的地点进行深度研究。

图 3-4　2017 年 12 月仓东村的试掘
研究队员正准备对夫人庙前方 A 区的高密度堆积区进行试掘

## 研究目标

仓东村项目的主要目标包括：
1. 确认仓东村潜在地下堆积的位置。
2. 通过社会人类学的深度田野调查评估预测的堆积存在与否，以及其潜在研究价值。
3. 分析地表调查和深度调查所得的遗物。
a. 调查广东省清代晚期（1875—1912）至民国（1912—1949）时

期侨乡的日常生活和乡村文化；

b. 对侨乡和北美地区铁路华工所居住和工作过的遗址进行跨国对比研究。

## 研究方法和发现总结

为了进行地表调查，仓东村内以及附近未开发地区被分为8个区域（A—H区），共计2757平方米。该阶段的调查工作包括地表调查和地表遗物采集。调查人员在2016年12月和2017年12月地表调查中共采集了1080件标本，总重为47.4千克。从这些遗物的分布来看，7个地点存在地下遗存的可能性较高。这些地点包括A区的3个地点（位于重建的夫人庙附近、水井旁和A区南端），D区的2个地点（D区的东南角和北部），G区的1个地点（位于G区的西南角的凹岸面），以及H区的1个地点（位于调查区域的中心）。调查方法和结果将在第三节中详细介绍。

通过与广东文物考古研究所的邓博士和仓东村的谢村长协商，Voss博士和谭博士决定在A区和H区开展地下探测。这个决定基于三点因素：第一，通过评估地表遗物的数量和密度，我们确定了可能与研究时段［晚清（1875—1912）和民国（1912—1949）］相关的地下堆积地点；第二，我们研究了谭博士和谢村长所提供的关于土地利用历史的详细信息；第三，谢村长向研究队伍指明了可供调查的区域，以免打扰当地村民的日常生活。

深度调查中共发掘了四个1米×2米的探方，其中三个位于A区（探方A1、A2和A3），一个位于H区（探方H1）。发掘共收集13864件、重86.1千克的标本。试掘的方法和结果会在第四节详细讨论。

在A区，地下堆积中发现了大型房屋建设的证据，其年代为19世纪晚期和20世纪早期。与建设相关的灰坑和地层中出土了一些遗物，它们可鉴定为晚清（1875—1912）和民国（1912—1949），反映了侨乡的日常生活是如何受到移民以及返乡移民文化因素的影响。我们将在第五至第八节具体介绍分析结果。

在H区，试掘表明该地区受到20世纪中晚期建筑活动的扰乱。尽管发现了一些历史时期的遗物，但它们均位于被扰乱的地层中。在第五至第七节中，我们将介绍这些文物以及土样标本的植物遗存分析结果。

总体而言，地表调查和深度调查的结果显示，晚清（1875—1912）和民国（1912—1949）时期侨乡的日常生活在各种复杂的驱动力下得到了重塑（第四章）。使用在海外生活和工作的中国人的汇款，仓东村居民建造了新的大型房屋、祠堂等社区建筑，他们的物质条件因此得到了改善。与此同时，仓东村居民开始使用各种欧美生产的陶瓷、药品、服饰、美容产品等小型物品。这些居民虽然是全球化市场中的积极参与者，但他们十分依赖当地的产品，使用的陶器大多产自当地陶窑。

在本书第四章，我们将讨论侨乡居民与北美铁路华工在日常物质实践中最大的不同之处，即侨乡居民对于珠江三角洲区域本地产品的强烈依赖性。将这个发现与2016年和2017年的调查结果相结合，我们可以用一个新视角来探索侨乡居民和北美铁路华工的相互关系，以及这种关系给他们日常生活所带来的改变。

## 第二节 仓东村的历史背景和文化环境

本节将介绍仓东村地表调查和试掘的历史背景和整体状况。19世纪中后期，珠江三角洲人口移居海外，使得类似仓东村这样的村落逐渐演变成为富有"侨乡"特色的村落——即铁路华工和其他移民的家乡。侨乡不仅仅是离别的地点，它们更是大型跨国网络的支柱，促进了人口、货物和思想的全球性传播。仓东村具有侨乡的重要特征：由于宗族和亲属关系的国际扩展，当地的人口、居住环境和经济均发生了转变。从广义的比较视角来看，仓东村为关于跨国移民的民族志和考古学研究提供了一个重要案例。

### 珠江三角洲的移民与侨乡的形成

在19世纪，超过250万中国移民移居世界各地（Pan 1999），其中，迁移到美国的移民大多来自位于广东省的珠江三角洲地区（Hsu 2000；Takaki 1998）。根据 Chinn 等人（1969：20）的中国移民来源调查显示，截至 1876 年，82%（约 124000 人）的加利福尼亚州的中国移民来自四邑（四县）地区，包括台山、开平、新会和恩平；7.9%（约 12000 人）来自附近的中山县；7.3%（约 11210 人）来自三邑（三县）区，包括南海、番禺和顺德。剩余的 2.8%（约 4300 人）为客家人，可能来自鹤山。通过这些数据，我们可得知 19 世纪在美中国移民来源地的大致分布，他们其中即包括了铁路华工。

珠江三角洲地区居民的全球化迁移的部分原因来自宗教、经济以及欧洲军事帝国主义。英国发动的两次鸦片战争（1839—1842 和 1856—1860）导致中国人流离失所，靠近海岸的居民被迫迁至内地。与此同时，土客战争（1855—1867）的爆发使地区的稳定状况恶化。经济危机、洪水和粮食减产加剧了这一地区的贫困。在这种状况之下，更好的海外工作薪酬和商业机会吸引了这些在温饱线上挣扎的人们。通过香港、澳门和广州，这一地区得以连接海外市场，促使大规模人群移民海外（Chang 2003：1 – 19, 30 – 33；Hsu 2000：17 – 18；Kuhn 2008；Liu 2004；Pan 1999；Takaki 1998：31 – 42）。

珠江三角洲地区居民之所以能够移民海外，得益于此地区具有宗族制扩张的悠久历史。通过宗族制扩张，汉族人在公元 500—1300 年定居于珠江三角洲地区，他们以宗族为单位建立新的农业村落。以父系社会制度为主导，儿子通常继承房屋和土地权，女儿嫁入其他宗族的村落。通过这种方式，家族得以与本村落祖先和其他宗族村落保持世代联系。这些村落不仅仅是居民生活之所，也是祭祖之地。常用成语"落叶归根"表达的含义便是，无论宗族成员居住得多么遥远，他们仍与祖先村落息息相连（Faure 1986, 2007；Faure and Siu 1995；Watson and Ebrey 1991；Wolf 1980）。

在 19 世纪的政治和经济压力之下，珠江三角洲的国际移民可被视为一种确保宗族传承的手段。这些移民使用以往宗族领土扩张时的策略，将其宗族的社会和经济势力在海外扩张。各个宗族建立新的互助协会，称为"公所"或宗亲会；会馆，又称为地区或者"同乡会"；以及更小的称为"房"的族内组织，它们支持海外移民，帮助他们与家乡保持联系。在海外地区，这些会所欢迎新的移民，为他们提供短期住宿与伙食，协助他们与雇主取得联系，也为社交和祭祖提供场所。会馆是无亲缘关系的中国移民的互助性协会，类似形式的组织还包括"堂"或商会、兄弟会、工会、丧葬协会和例如中华会所一类的政治宣传组织（Liu 1998；Mei and Guan 2010；Pan 1990，1999；Wang 2011）。

除此之外，进出口公司被称作金山庄（Gold Mountain firms），负责在侨乡和海外移民之间输送人口、货物和金钱。以香港为据点，这些公司在全球城市港口设立分公司，支持大量以土地为基础的商业网络，这些网络遍布珠江三角洲以及任何拥有大量中国移民居住的内陆地区。除了中国和海外地区之间的商品输送，金山庄也是移民代理和劳工雇主；他们还负责运送邮件、报纸和杂志；为侨乡和海外移民办理金融业务，特别是给移民借贷路费和向家乡汇款。同时，堂所、会馆也依靠金山庄来维持侨乡和海外宗族居民之间的联络。金山庄及其所属的供应商和商人在权力和慈善之间运作（Sinn 2003）。在获取利益的同时，他们维持着全球华人移民的生活（Chan 2005；Hsu 2000：34-40，2005；Pan 1999；Sinn 2001，2003）。

这些因素导致了许多珠江三角洲地区的村落转变为侨乡。尽管侨乡通常被理解为"移民的家乡"，它应更准确地被理解为"因移民而重构的村落生活"。侨乡的三个常见特征包括：

（1）因为大量男性移民海外造成的亲属结构变化；

（2）在经济方面依靠海外汇款；

（3）居住环境在汇款、新的审美因素和空间利用条件下而引起的转变。

在中国移民之中，海外男性和侨乡女性的婚姻因为分居两地，成为跨国的"分居家庭"。居住在海外的丈夫将家用寄回家，以供养妻子、儿女、父母和兄弟姐妹以及家族其他成员。如果丈夫无法回家生育子女，他的妻子可以通过领养孩子来延续男子家族血统。这些男性后代在成人之后，通常会赴海外投靠父亲，从而产生世代分居家庭（Hsu 2000；Peffer 1999；Yung 1995）。

海外移民的汇款不仅支持了男子所属的家庭，还能资助村落和宗族的基础建设，包括宅邸、祠堂、碉楼（瞭望塔）、学校、医院、道路、铁路以及灌溉和电力设施。在技术和审美的创新之下，侨乡居住环境发生转变，它们通常结合了中国传统和国际元素（Tan 2013a，2013b）。在仓东村所在地开平市，海外华侨所建设的"开平碉楼与村落"被联合国教科文组织于2007年纳入世界文化遗产名录。

总而言之，侨乡是海外移民的据点。正如海外移民通过互助协会和金山庄与家乡保持联系，侨乡居民也融入这个以家族或者宗族为基础、遍及世界各地的长距离网络。这一地区的高移民率使得跨国关系成为日常生活的一部分。这些关系促成了一个独特的省份群体，他们根植于珠江三角洲和海外地区。

## 仓东村的历史和保护

仓东村是中国广东省开平市潭边院的一个自然村。该村的中心位置为南纬22°21.342′，东经112°33.822′，相邻数个其他村落。村落建筑间隔紧密，周围遍布农业用地、稻田以及丛林密集的山地（图3-5）。

图3-5　仓东村以及周围地理景观的卫星图

仓东村是谢氏宗族所在地，起源于河南省的陈郡（位于今河南省周口市附近）。大约740年前，谢荣山在仓前村开基。三代之后，仓前村被分为两个相连的区域。东区是谢侯成的后代居住，称作仓东村；西区由谢侯坚的后代居住，称作仓西村。如今，仓东村和仓西村依然位于仓前村所在的地理位置，且相互连接。仓前村被认为是潭边院地区其他50个谢氏家族的发祥地。谢雪暖是仓东村如今的村长，他是谢荣山的第三十代后人。

1901年编纂的谢氏族谱提供了两张有关仓东村的历史地图。一张地图记录了仓前村被分为仓东和仓西两村落之前的村落格局（图3-6），另一张描绘了潭边院所有谢氏村落的位置（图3-7）。这两张图记录了仓东村的悠久历史以及它与其他村落的关系。仓前村地图上记录了一些重要的村落元素，如水塘、村口、庙宇以及小山。这些元素在如今的仓东村仍然保留，这说明村落的整体规划并无大变。

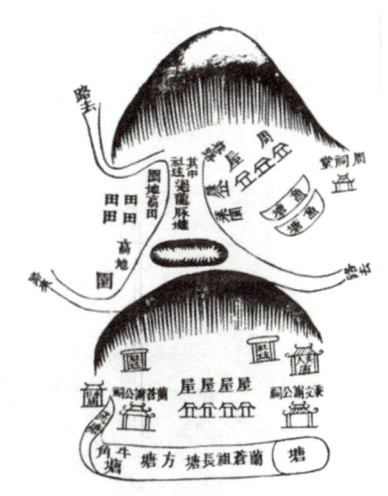

图3-6 仓前村与后山图

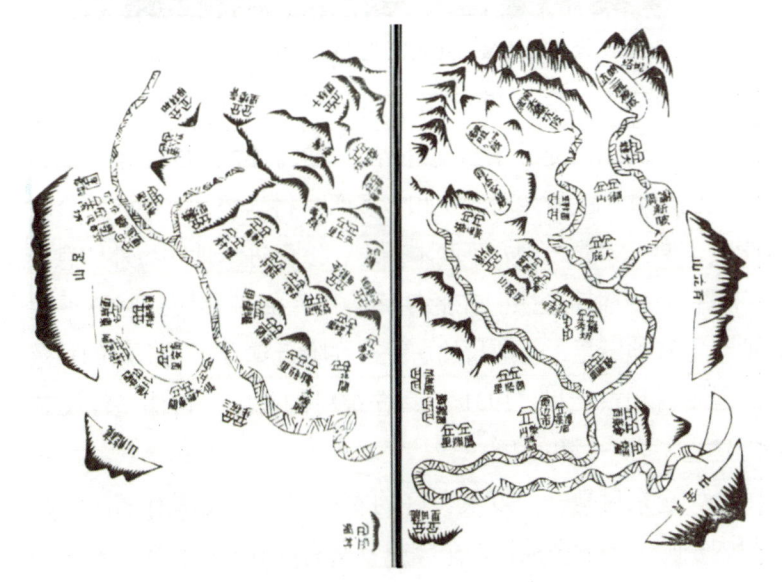

图3-7 潭边院谢氏村落分布图

截至19世纪早期，仓东村共有400户居民。在清末民初，大量仓东村村民移居美国、加拿大、东南亚各国和香港地区。20世纪80年代改革开放以来，大量村民移民海外，至直今日，仓东村固定村民的人数已减少到五六十人。纵观历史，仓东村作为一个侨村，是海外移民邮寄家用或者返乡探亲的一个重要中心。移民的汇款资助了新祠堂、村落基础设施以及更大的家用住宅的建设。其中一些建筑造型华丽，中西结合，如安业庐和厚庐（图3-8）。

图3-8 仓东村的最高建筑安业庐（拍摄方向：自东向西）

民国时期（1912—1949），谢氏家族在仓东村附近成立了潭溪市场，贩卖本地商品，促进了当地经济的发展。截至1935年，潭边院的谢氏家族已建立了三所注册学校和十多所乡村学校，其中包括仓东村的侯成学校。谢氏家族还创办了两本杂志，以促进本地和海外信息的互通及开启民智、传播新理念。在此期间，一些海外移民返回开平建房养老，迫于宅基地不足，仓前村的居民又在附近建立了三个新的村落，东安村、西安村和东明村。1931年，仓东村的美国华侨谢圣泮及其兄弟在附近建立了赓华村和立园。

如今，仓东村是一个发展良好的农业村落，周围有稻田和蔬菜园地。村内空旷土地大多被用作菜园或者家禽饲养。该村落仍然是谢氏家族移民和他们后代返乡省亲和祭拜祖先的中心场所（Tan 2013a，2013c）。同时，谭金花博士在仓东村建立了仓东遗产教育基地（又称"仓东计划"），对村落开展侨乡历史文化研究及遗产保护与文化传播

(Tan 2013c)。通过运营"仓东遗产教育基地",谭博士和其团队对学生和公众开展文化遗产保育工作,并且筹资修复和重建了大量的村落建筑。

由谭博士以及"仓东遗产教育基地"其他成员对仓东村进行了档案资料、建筑和口述史的研究,这些工作为阐述仓东村的发现提供了主要的历史框架。在开展调查之前,研究队员还开展了口述调查,以更好地了解该村落的土地利用历史。村长谢雪暖在确认村落布局改变、房屋建筑与拆除历史以及历史废弃物堆积位置和活动区域方面提供了极大的帮助。在第三节中,我们将对这些信息进行深入讨论。

## 以比较性的视角观察仓东村

民族志和考古文献为仓东村调查提供了重要的比较视角。在过去的半个世纪,民族学家和社会学家针对中国南方开展了亲属、性别和土地占有制研究项目(Faure 1986,1989,2007;Faure and Siu 1995;Watson 1991;Watson and Ebrey 1991;Wolf 1980)。但是,这些学者大多未提及外迁移民对这些村落的影响。

与之相反的是,近期中国的历史学家、建筑历史学家以及民俗研究者将研究重点直接放在了外迁移民对故土影响的课题上。在仓东村以社会人类学方法进行的深度调查研究项目创建之时,项目的考古学家向五邑大学广东省侨乡文化研究中心、江门五邑华侨华人博物馆和中山大学《广东华侨史》编委会的学者们进行了咨询。过去的研究记录了侨乡与众不同的经济网络关系(Liu and Li 2011a,2011b;Sinn 2003)、建筑风格(Chiang 2014;Tan 2013a,2013b)、民俗生活(Hayes 2001)和文化景观(Li 2013)。同时,研究者还对"移民社会基础设施"的发展状况进行编年(Pan 1999:46),这些设施包括村落社会和地区协会,它们是年轻移民与留乡老人联系的重要渠道(Lai 1986;Liao 2013;Mei and Guan 2010;Pan 1990,1999;Sinn 2013;Sui 2010;Wang 2011)。

尽管考古学家研究海外华人移民聚落已经有五十余年(Ross 2013b;Staski 2009;Voss 2015;Voss and Allen 2008),但时至今日,人们仍然缺乏对侨乡的比较研究。由于在这一研究方面存在空白，大部分关于海外华人移民社区的考古研究用文化适应、传统、保持民族界限、类并、融合、身份认同等概念来阐释遗物。这些阐释通常依赖于含糊的，甚至古板的"中国化"概念，而非采用珠江三角洲地区侨乡生活的独特视角。

跨国研究的方法为研究历史上的改变和延续提供了一种新的视角（如 Byrne 2016；Chung and Wegars 2005；Fong 2013；González-Tennant 2011；Heffner 2015；Kennedy 2015；Kraus-Friedberg 2008；Lydon 1999；Molenda 2015a，2015b；Ross 2011，2013a；Voss 2016），但是，这个研究领域的发展受限于侨乡考古的比较性数据的缺失。中国海外华人移民遗址的阐释既需要获取来自侨乡的比较性数据，也需要了解中国产品在海外社群的输送与分配。

## 结 论

北美的考古学家已对包括铁路华工营地在内的华人移民社群做了大量工作（例如本书的第二章）。然而，由于缺乏侨乡的比较研究，这个跨国研究项目具有一定的局限性。仓东村为侨乡的多学科研究提供了极佳材料，且具备侨乡的重要特征：由于宗族和亲属关系的国际扩展，当地人口、居住环境和经济都发生了变化。除此之外，"仓东遗产教育基地"的大量历史和建筑研究为阐述研究发现提供了丰富的本地背景知识。从广义的比较视角来看，仓东村为关于跨国移民的民族志和考古学的研究提供了一个重要案例。

## 第三节　仓东村地表调查方法和结果

2013 年，建筑历史学者谭金花（Selia Tan）博士首次发现仓东村具有开展多学科物质文化研究的潜力。在仓东村北部重建夫人庙（图 3-9）时，谭博士发现，在庙周围的堆积中存有历史时期的瓷器与其他遗物，她采集并保存了这些材料，以用于未来的研究和教学陈列。

图 3-9　重建的夫人庙（拍摄方向：自东南向西北）

2014 年 10 月，谭博士将这些遗物展示给参与北美铁路华工项目的考古学家芭芭拉·沃斯博士（Dr. Barbara L. Voss）和莱恩·肯尼迪博士（Dr. J. Ryan Kennedy）。芭芭拉·沃斯博士和莱恩·肯尼迪博士在参加由中山大学历史系和五邑大学广东侨乡文化研究中心主办的"北美华工与广东侨乡社会国际学术研讨会"之时参观了仓东村。谭博士、沃斯博士和肯尼迪博士讨论了在夫人庙发现的遗物，并且同意在仓东村联合开展研究项目，研究侨乡的日常生活。

经过初步勘察和规划之后，研究团队在仓东村开展了地表调查，其目标是采集地表遗物，并确认可能存在地下堆积的地点。地表调查开展于 2016 年 12 月 20 日至 27 日以及 2017 年 12 月 11 日，调查共发现了 1080 件、重达 47.4 千克的遗物，并且确认了 7 个极有可能存在地下堆积的地点。调查结果已经发表于《广东省开平市仓东村社会人类学深度调查报告》（Voss and Kennedy 2017）中。本章对调查方法和结果进行总结，重点描述确定试掘地点提供重要线索的遗物。

## 调查方法

由于仓东村遍布人工建筑，我们无法开展全面调查。村内的大部分土地已被住宅和其他建筑所占据，而另一些开阔土地则用于种植或存储。经过和村长谢雪暖协商，我们明确了8处调查区域（图3-10），覆盖了村内所有可供调查的空旷土地（A—H区）。8个区域共计2757平方米，其中A区838平方米，B区167平方米，C区50平方米，D区241平方米，E区40平方米，F区69平方米，G区1272平方米，H区80平方米。

调查采取2米间隔的样带法，调查人员将所有发现的遗物用插旗标出，然后在直径2米的范围内仔细查看，寻找是否有其他可见遗物。每件遗物或者遗物堆积都有对应的标本号，采集之后送往田野实验室进行分析，并用手机的GPS系统记录其具体位置。

当地表遗物分布密度超过5个/平方米的时候，则采用2米×2米大小的网格来系统采集地表遗物。网格内的所有遗物归入同一单位，并用网格单位号记录其位置（如A1、A2等）。采集网格方向与每个调查区内的建筑（例如：墙体）方向一致。

由于仓东村的地表遗物同时包括历史时期和现代的遗物，我们建立了一个最大化采集历史时期（即1949年之前）遗物的方案。所收集的遗物标本包括：（1）所有家用瓷器和餐具；（2）储藏瓷器的口沿、底部和器身部分的大块残片（＞5厘米直径）；（3）玻璃瓶螺口、底部、模缝处以及存在标志的部分；（4）疑似历史时期的贝壳和动物骨骼；（5）其他可鉴定的历史时期的遗物，包括金属器残片、玻璃器和石制遗物（如石板）。根据谭博士的要求，我们也从每个采集区域收集了一些历史时期的建筑材料。遗物收集不包括小块的（＜5厘米直径）器身瓷片、窗户玻璃、平玻璃板、无法鉴定的玻璃瓶残片、其他无法鉴定的玻璃器物以及1949年之后的物件。

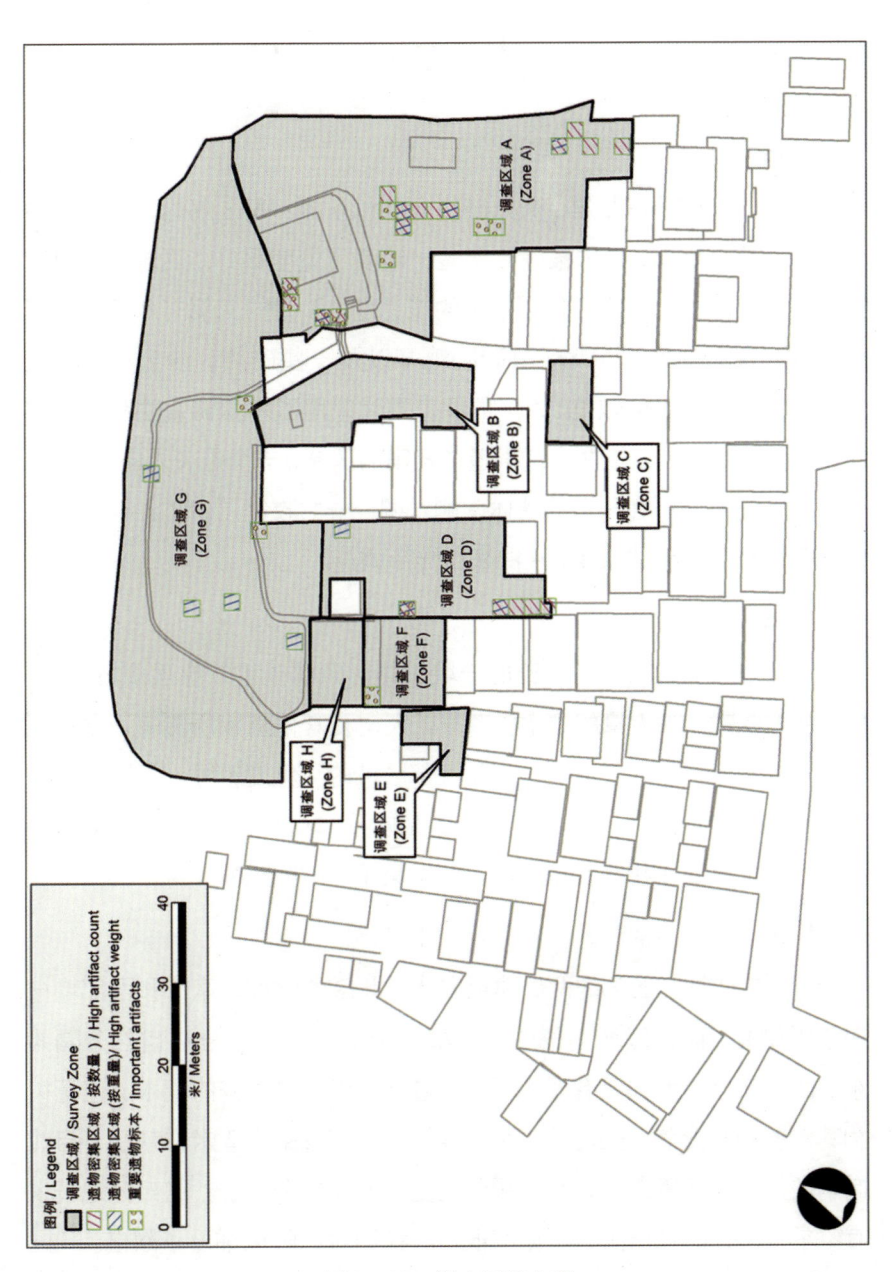

图 3–10　调查区域全图

# 调查结果

## A 区

A 区位于村子东北角、夫人庙的南侧和东侧。A 区内的大部分土地被修整成菜地堆土，尚未被植被覆盖，地表可见度很好。菜地堆土附近区域有零星植被，同样提供了很好的能见度。A 区的南部有木瓜树和其他植物，东部有竹林，北区有砖制鸡笼以及一些砖块、沙土和木材废料。这些区域能见度较差。A 区的调查同时采用了样带调查法和网格收集法。调查网格铺设在两个地表遗物密集的区域，一个是夫人庙的西部，另一个是夫人庙所在平台的墙体南侧。调查一共收集了 587 件标本，其中 583 件来自网格法收集，4 件来自样带调查。

## B 区

B 区是位于仓东村东北处的一块三角形条状土地，靠近山坡底部。B 区植被茂盛，被大量的灌木、杂草、大树和其他植物所覆盖。调查区域北部的地表可见度十分低，但是南部区域的可见度较好。该区有两个地点未列入调查范围，一是南边带围墙的花坛处，二是北边花坛墙体的倒塌堆积。该区采用样带调查法，共采集了 12 件遗物。

## C 区

C 区包括祠堂西部的两处建筑废墟。此区的北部、南部和西部均被房子所包围，调查区域内部的房子根据历史时期的划分被自然分隔为东、西两部分。西部没有现代活动的迹象，地表被茂密的灌木、芭蕉树和其他植物所覆盖，因此地表可见度较差。调查采用 2 米样带法，自北向南进行。在调查期间，东部用于堆肥，形成数个土堆。这部分地表仅有零星杂草，植被很少，可见度很好。我们对此区域铺设了网格。C 区一共采集了 8 件遗物，其中 6 件来自网格收集，2 件来自样带调查。

## D 区

D 区是一块面积为 30 米 × 14 米，位于两条村路之间的土地。该区整体位于一块稍高于两侧道路的台地之上。此处原本有建筑，但后来被村民移除以做其他用途。调查区域的北区已被改建成菜园和石板路。D区的中心地带种有数棵多年生树木和灌木，北部种有葛根、大蒜、青菜、番薯等一年生植物。D区的西北角有一个废弃猪圈，出于安全考虑，未被列入调查范围。D区整体的可见度存在差异，西南部可见度最好。总之，遗物分布密度很高。除了该区南部的混凝土板，D区全部采用了网格法，共采集了253件遗物标本。

### E区

E区是一块4米×6米的区域，其北部和南部为两座房屋，东部为一条巷路和一些建筑，西部为一个鸡棚。其东侧为一水泥砖墙结构建筑和一个被覆盖的水井。在鸡棚附近的墙体区域发现了一片密集的褐釉瓷器残片堆积。由于这些褐釉瓷器分布密集，研究人员对调查方法进行了调整，只采集器物口沿、底部和带有纹饰的腹部残片。一共采集了74件遗物标本。

### F区

F区包括一处位于仓东村北部倒塌的房屋，以及与房屋北墙平行的一块长条形土地。这处房屋原本由村长谢雪暖和他的父亲谢振权居住。根据谢村长的描述，此房屋大约在两三百年之前由其祖先建造，一直居住至2009年其父去世之时。房屋于2011年倒塌。此房屋采用仓东村居民普遍使用的三间两廊式建筑结构。房屋部分区域的原有地砖仍被保留。至少两处室内墙体由夯土所造。南部的三间房仍可被辨别，包括西南角的厨房、东南角的另一厨房以及连接两厨房的半开放式天井。F区的调查采用了网格收集法，网格的布置和倒塌房屋内墙体的走向相一致。因此，一些网格的面积小于2米×2米。共采集了42件遗物标本。

### G区

G区位于村落后山的南坡。此区域的北侧有一条步行道路，东侧是夫人庙以及一条与周氏村落相邻的道路，西侧为竹林和鸡圈，南侧为F区的倒塌房屋。G区各处地表可见度有所差异，夫人庙北侧以及西侧竹林区域的地表被浓密的植被所覆盖，可见度基本为零，因此无法在这些区域采用徒步样带法进行调查。我仅对这片区域进行了观察，寻找是否存在历史时期的遗迹。研究人员对 G 区所有剩余的区域进行了调查，大部分区域采用了 2 米间隔的徒步样带调查法。在一处具有大量遗物的区域采用了网格调查法。根据村长谢雪暖的描述，这个具有大量遗物的地点原为仓东村居民使用多年的垃圾区，其附近的山地断面原来被住宅所占，这说明村子原来的范围延伸至此。在 G 区一共发现了 95 件遗物，其中 51 件来自网格调查，44 件来自徒步调查。

### H 区

H 区是一处 8 米 × 10 米的开阔区域，位于 F 区和 G 区的中间。2016 年 12 月，由于被占用，H 区未被调查。2017 年 12 月，谢雪暖村长告知调查队员该区域可以被调查，由于该区曾是一处向内坍塌的历史房屋建筑，因此这里可能存有房屋地面和其他堆积，具有调查潜力。2017 年 12 月 11 日，研究人员对 H 区进行了调查。地表可见度具有差异，一些区域植被稀疏，可见度高，另一些区域则有散落的建筑碎片，可见度较低。调查方法采用网格采集法，网格的布置与环绕 H 区的花园低矮墙体走向一致，调查共采集了 95 件遗物。

## 地表遗物的空间分布

在 2016 年和 2017 年仓东村地表调查中，研究队员共采集了 1080 件、重 47.4 千克的标本（表 3 - 1、3 - 2、3 - 3 和 3 - 4）。其中超过 90% 的标本（数量：976 件；重量：45.4 千克）是瓷器碎片，大部分是餐具和储藏器，这是典型的地表堆积。由于有机材料在空气暴露下迅速分解，而玻璃和金属物品通常会被重复利用而非直接废弃，因此，调查所得的大部分遗物是与食物采集、储存和食用相关的器物。除此之外，尽管历史时期的玻璃制品数量很少，但是它们体现了与药品和装饰相关的日常活动。大量地表采集的遗物可以追溯到 19 世纪晚期和 20 世纪早期，这也是海外移民最为蓬勃发展的时期。

通过分析调查区域地表遗物的空间分布和密度，我们可获取地下堆积地点的相关线索。地表遗存的密度可采用数量和重量两种标准来计算。同时，档案记录、口述历史以及现代土地改造的相关记录也可作为评估地下遗存状况的资料。

表3-1 调查区内采集遗物的数量　　　（单位：件,%)

| 材料类型 | A区 | B区 | C区 | D区 | E区 | F区 | G区 | H区 | 总计 |
| --- | --- | --- | --- | --- | --- | --- | --- | --- | --- |
| 动物骨骼 | 2 | 1 | 0 | 3 | 5 | 0 | 0 | 0 | 11 |
| 胶木 | 1 | 0 | 0 | 0 | 0 | 0 | 0 | 0 | 1 |
| 陶瓷 | 538 | 10 | 6 | 236 | 67 | 32 | 78 | 9 | 976 |
| 玻璃 | 34 | 1 | 2 | 10 | 2 | 3 | 4 | 0 | 56 |
| 未鉴定 | 2 | 0 | 0 | 0 | 0 | 0 | 0 | 0 | 2 |
| 石器 | 1 | 0 | 0 | 0 | 0 | 0 | 0 | 0 | 1 |
| 金属 | 1 | 0 | 0 | 2 | 0 | 0 | 0 | 0 | 3 |
| 矿石 | 0 | 0 | 0 | 1 | 0 | 0 | 0 | 0 | 1 |
| 贝壳 | 8 | 0 | 0 | 1 | 0 | 7 | 13 | 0 | 29 |
| 总计 | 587 | 12 | 8 | 253 | 74 | 42 | 95 | 9 | 1080 |
| 百分比 | 54 | 1 | 1 | 23 | 7 | 4 | 9 | 1 | 100 |

表3-2 调查区内采集遗物的重量　　　（单位：克,%)

| 材料类型 | A区 | B区 | C区 | D区 | E区 | F区 | G区 | H区 | 总计 |
| --- | --- | --- | --- | --- | --- | --- | --- | --- | --- |
| 动物骨骼 | 8 | 7 | 0 | 12 | 6 | 0 | 0 | 0 | 33 |
| 胶木 | 1 | 0 | 0 | 0 | 0 | 0 | 0 | 0 | 1 |
| 陶瓷 | 7067 | 340 | 102 | 8548 | 16144 | 639 | 12224 | 320 | 45384 |
| 玻璃 | 824 | 9 | 149 | 190 | 71 | 248 | 140 | 0 | 1630 |
| 未鉴定 | 7 | 0 | 0 | 0 | 0 | 0 | 0 | 0 | 7 |
| 石器 | 8 | 0 | 0 | 0 | 0 | 0 | 0 | 0 | 8 |
| 金属 | 123 | 0 | 0 | 27 | 0 | 0 | 0 | 0 | 150 |
| 矿石 | 0 | 0 | 0 | 5 | 0 | 0 | 0 | 0 | 5 |
| 贝壳 | 46 | 0 | 0 | 6 | 0 | 33 | 128 | 0 | 213 |
| 总计 | 8084 | 356 | 251 | 8788 | 16221 | 920 | 12492 | 320 | 47431 |
| 百分比 | 17 | 1 | 1 | 19 | 34 | 2 | 26 | 1 | 100 |

表3-3 调查区内采集遗物的密度的数量

(单位：平方米/件)

| | | A区 | B区 | C区 | D区 | E区 | F区 | G区 | H区 | 总计 |
|---|---|---|---|---|---|---|---|---|---|---|
| 调查区总面积（平方米） | | 838 | 167 | 50 | 241 | 40 | 69 | 1272 | 80 | 2757 |
| 材料类型 | 动物骨骼 | 0.00 | 0.01 | 0.00 | 0.01 | 0.13 | 0.00 | 0.00 | 0.00 | |
| | 胶木 | 0.00 | 0.00 | 0.00 | 0.00 | 0.00 | 0.00 | 0.00 | 0.00 | |
| | 陶瓷 | 0.64 | 0.06 | 0.12 | 0.98 | 1.68 | 0.46 | 0.06 | 0.11 | |
| | 玻璃 | 0.04 | 0.01 | 0.04 | 0.04 | 0.05 | 0.04 | 0.00 | 0.00 | |
| | 未鉴定 | 0.00 | 0.00 | 0.00 | 0.00 | 0.00 | 0.00 | 0.00 | 0.00 | |
| | 石器 | 0.00 | 0.00 | 0.00 | 0.00 | 0.00 | 0.00 | 0.00 | 0.00 | |
| | 金属 | 0.00 | 0.00 | 0.00 | 0.00 | 0.01 | 0.00 | 0.00 | 0.00 | |
| | 矿石 | 0.00 | 0.00 | 0.00 | 0.00 | 0.00 | 0.00 | 0.00 | 0.00 | |
| | 贝壳 | 0.01 | 0.00 | 0.00 | 0.00 | 0.00 | 0.10 | 0.01 | 0.00 | |
| | 总计 | 0.69 | 0.08 | 0.16 | 1.04 | 1.56 | 0.60 | 0.07 | 0.11 | |
| 陶瓷餐具密度（年代早于1949年） | | | | | | | | | | |
| | 餐具 | 0.37 | 0.04 | 0.08 | 0.48 | 0.03 | 0.13 | 0.03 | 0.06 | 0.18 |

表3-4 采集遗物的密度，以标本重量为标准

(单位：平方米/件)

| | | A区 | B区 | C区 | D区 | E区 | F区 | G区 | H区 | 总计 |
|---|---|---|---|---|---|---|---|---|---|---|
| 调查区总面积（平方米） | | 838 | 167 | 50 | 241 | 40 | 69 | 1272 | 80 | 2757 |
| 材料类型 | 动物骨骼 | 0.01 | 0.04 | 0.00 | 0.05 | 0.15 | 0.00 | 0.00 | 0.00 | |
| | 胶木 | 0.00 | 0.00 | 0.00 | 0.00 | 0.00 | 0.00 | 0.00 | 0.00 | |
| | 陶瓷 | 8.43 | 2.04 | 2.04 | 35.47 | 403.60 | 9.27 | 9.61 | 4.00 | |
| | 玻璃 | 0.98 | 0.05 | 2.98 | 0.79 | 1.78 | 3.60 | 0.11 | 0.00 | |
| | 未鉴定 | 0.01 | 0.00 | 0.00 | 0.00 | 0.00 | 0.00 | 0.00 | 0.00 | |
| | 石器 | 0.01 | 0.00 | 0.00 | 0.00 | 0.00 | 0.00 | 0.00 | 0.00 | |
| | 金属 | 0.15 | 0.00 | 0.00 | 0.11 | 0.00 | 0.00 | 0.00 | 0.00 | |
| | 矿石 | 0.00 | 0.00 | 0.00 | 0.00 | 0.02 | 0.00 | 0.00 | 0.00 | |
| | 贝壳 | 0.05 | 0.00 | 0.00 | 0.02 | 0.00 | 0.48 | 0.10 | 0.00 | |
| | 总计 | 9.64 | 2.13 | 5.02 | 36.46 | 405.53 | 13.35 | 9.82 | 4.00 | |
| 陶瓷餐具密度（年代早于1949年） | | | | | | | | | | |
| | 餐具 | 3.05 | 1.02 | 1.76 | 4.5 | 0.03 | 0.55 | 0.93 | 3.21 | 2.03 |

采集遗物的平均密度是每平方米0.39件，或是每平方米17.2克。

以标本数量为标准，A区、D区、E区和F区的遗物分布密度超过平均值。以重量为标准，D区和E区的遗物分布密度超过平均值。同时以标本数量和重量为标准，A区和D区的历史时期陶瓷餐具（产于1949年之前）密度高于平均值。

利用网格采集的历史时期餐具陶瓷的数量和重量常被用于指示可能存在地下遗存堆积的标志。在257个采集网格中，我们一共收集到了487件陶瓷餐具标本，每个网格所采集的标本数量从1—25件不等，平均值为3.1件标本/网格，标准差为3.7。按重量统计，标本总重为5117克，平均重为33.04克/网格，标准差为88.08。

当一个网格中的遗物密度（数量或者重量）高于平均密度一个标准差以上，我们将其定义为"高密度"网格。以标本数量为标准，一共有19个高密度网格；以标本重量为标准，一共有12个高密度网格。从数量上来看，所有的高密度网格分布在A区和D区。从重量上来看，高密度网格位于A区、D区和G区。其中有7个网格按两种方法计算都显示为高密度网格，它们分布于A区（A7、A36、A37和A99）以及D区（D10、D37）。

无论是重量还是数量，A区的遗物分布密度是所有调查区域中最高的。高密度的网格集中于三个地点：（1）夫人庙的西侧；（2）农田中的水井西侧；（3）调查区域的南侧，即鸡窝的东侧。

B区和C区的遗物分布按数量和重量计算低于平均值，因此我们不计划在这两处区域开展更深入的研究。

在D区，高密度采集网格主要位于调查区域的西南角。此处是该区域的最低点，因此在这一地点的地表遗物可能是由高地向低处自然滑落聚集所致。

E区整体地表遗物密度较高（每平方米1.05件标本，每平方米405.53克）。但是，此区域内发现的大部分储藏器残片属于现代，而非历史时期。

F区的遗物分布密度从数量上统计要略高于平均值，从重量上统计稍低于平均值。

G区是面积最大的调查区域，位于村落房屋背面的山坡之上。根据居民提供的信息，G 区的部分区域在历史上是生活垃圾和建筑垃圾堆积区。因此，高密度的网格铺设于 G 区整个西南部，分布于凹岸边。若要对 G 区研究潜力进行准确评估，我们需要对此区进行地表植被清理。

在 H 区，以数量为标准，遗物密度低于平均值；以重量为标准，略高于平均值。H 区是倒塌居民建筑的所在地点，由于地表最近被清理，因此我们无法用地表堆积密度来评估该区的研究潜力。根据口述历史所提供的信息，此地可能存在完整的居所地面，因此我们认为 H 区存在地下堆积的潜力很大。

总体而言，2016 年仓东村调查显示有 7 个具有历史时期地下堆积的地点，其中三个位于 A 区，两个位于 D 区，一个位于 G 区，一个位于 H 区。在 2017 年 12 月开展试掘项目之时，研究人员对所有 7 个地点将要进行的进一步调查工作做了仔细考量。通过和谢雪暖村长协商，我们决定放弃 D 区的调查工作，因为此区对居民土地的正常使用影响较大。同时，由于 G 区的植被较厚，无法在短时间内通过清理来提高地表可见度，我们也不在此地开展进一步调查。因此，我们的试掘工作主要集中于 A 区和 H 区（第四节）。

## 地表采集遗物分析

详细的地表采集遗物分析记录于《广东省开平市仓东村社会人类学深度调查报告》（Voss and Kennedy 2017）。以下，我们将简短介绍遗物分析结果，为 2017 年 12 月开展的试掘工作提供背景信息。

### 餐具瓷器

餐具瓷器包括饮食中使用的各类器型，包括盛具、食具和炊具。可以被鉴定的陶瓷标本包括碗、杯、茶壶、有柄大杯、盘子、佐料碟、食碟、汤碟和勺子。最常见的器物类型（573 件中的 165 件）是中型碗

（也常被称作"饭碗"）。

标本中大多为中国瓷器（数量：564件，98%），更准确的定义应为"瓷质炻器"，是一种半玻璃状态、高温烧制、带有透明釉质白地器物。这类器物由民窑生产，与制作更加精良、供给贵族使用的瓷器有所区别（Choy 2014）。大部分民窑瓷器通体较厚、轮制且有粗糙的玻璃或者玻璃质的掺和物。大多为手工上釉的蓝灰白瓷。较少量的标本可能是机器制作，它们的釉衣较薄，釉色均匀，胎体较平直且无明显夹砂，色泽白亮。这类器物可能是20世纪中晚期机械化生产的产物。

餐具瓷器中的9件标本（2%）是英制精陶器，其中8件为食碟，一件为汤碟残片。这些工业化生产的器物来自英国的斯塔福德郡（Staffordshire）。英制精陶器的特点是胎体接近白色、外施一层无彩或者带有色彩的透明釉质，制造工艺包括模制和合铸，其中较为精致的部分采用轮制。胎体硬度和釉色可作为判断年代和制造商的标准（Majewski and O'Brien 1987）。在仓东村调查发现的9件标本均为"改良白瓷"，这些瓷器胎体的摩尔硬度超过5.5。这些改良白瓷大约集中生产于19世纪90年代，首次出现于19世纪40年代左右。其中4件标本（25克）为素面，3件（12克）有手绘装饰，2件有花卉图案，1件在口沿处有条带纹饰，1件（33克）有贴花纹饰以及以手绘为主的花卉纹饰，1件瓷片是带有花卉图案的转印褐色瓷（图3-11）。这些装饰技术与19世纪50年代至90年代的英国瓷器一致（Majewski and O'Brien 1987）。这些英国瓷器在仓东村出现，表明欧洲制造的物质文化已在19世纪初期进入当地居民的日常生活。所有的英国瓷器发现于A区和D区。10件中有7件发现于高密度网格（A2、A3、A7、A52和D37）。这说明英制瓷器与历史时期的中国瓷器

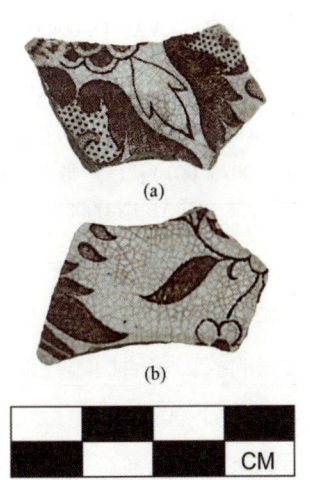

图3-11 英制精陶器，表面有采用转印装饰法绘制的褐色镂空花卉（CVAP IN-00149.001）。
（a）内部；（b）外部

的聚集区域重合，也进一步说明了这些地点的研究潜力。

在采集的共573件中国瓷器残片中，38件为素面，并非模制或者存在上色装饰。另外的59件残片可能来自素面瓷器或者是上色器物的非装饰部分。剩余的467件残片表面有纹饰，多以彩绘的形式。其中大部分（419件残片）为青花瓷，多为手绘上色，少量采用印花或印戳压印纹。最常见的青花图案为双喜（84件）(图3-12)。其他包括竹花、兰石、团菊、梵文、鸬鹚、浔中镇类型、冠状纹和漳州瓷类型。

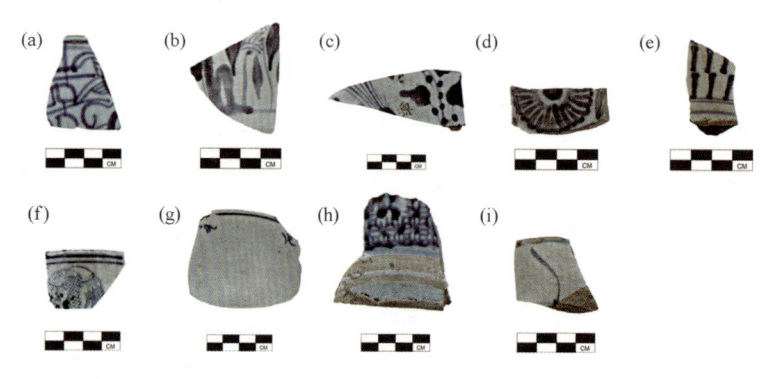

图3-12 中国青花瓷器装饰类型：（a）双喜中型碗（CVAP IN-00062.001）；（b）竹饰中型碗残片（CVAP IN-00125.001）；（c）兰石中型盘（CVAP IN-00435.001）；（d）团菊中型碗残片（CVAP IN-00022.001）；（e）梵文中型碗残片（CVAP IN-00097.004）；（f）带有鸬鹚纹饰的瓷碗残片（CVAP IN-00314.002）；（g）BW1：T类型中型碗残片（CVAP IN-00194.002）；（h）冠状纹饰的大盘残片（CVAP IN-00073.001）；（i）带有无釉圈的瓷片标本，表面有手绘线状和旋涡状纹饰（CVAP IN-00080.0011）

剩余的48片瓷器残片为釉下青瓷、釉下蓝绿彩瓷、釉上红彩瓷、多彩瓷和色釉瓷（图3-13）。尽管没有可鉴定出的纹饰，但是青瓷和蓝绿彩瓷的纹饰包括用印花或印戳法而成的花卉、植物、新古典以及几何图案。多彩瓷的装饰包括紫金釉、鸟语花香以及花卉、几何状、戴普纹和其他象征性图案。

图 3-13 中国釉下青瓷、釉下蓝绿彩、釉上红彩和多彩瓷装饰 (a) 蓝绿彩瓷瓷片，内部表面有新古典纹饰（CVAP IN-00268.002）；(b) 手绘绿彩戴普纹饰瓷片，菱形图案内装饰有釉上红点（CVAP IN-0003.006）；(c) 紫金釉瓷片（CVAP IN-00194.004）；(d) 鸟语花香纹饰瓷片（CVAP IN-00073.002）；(e) 手绘彩色花纹瓷片，口沿处有釉下蓝色带纹（CVAP IN-00342.001）；(f) 冬青釉瓷碗残片（CVAP IN-00334.001）

12件中国瓷器残片带有铭款，其中只有一件标本的生产日期早于1949年，上面铭款部分残缺（图3-14）。只留有一"顺"字。其中一种可能是指广东省的顺德，另一种可能为顺治，即清朝第二任皇帝（1664—1662）。如果铭款所指后者，那么这可能是仓东村年代最古老的瓷器标本。

图 3-14 素瓷碗上的压印记号（CVAP IN-00093.004）

总体而言，餐具瓷器在形制和功能上表现出明显的持续性，数量上以中型碗和凹形餐具居多。这说明和饮食有关的物质文化在这段历史时期中并没有大的改变。然而，大部分中国瓷器碎片有明显的装饰。仓东村的居民参与这个复杂的本土和区域性手工生产中心和市场网络中。这些餐具瓷器为我们了解当时的交换和贸易提供了新的研究资料。梵文、新古典主义以及紫金釉均为"中国外销瓷"的代表性装饰，这些外销瓷广销至欧洲以及英法荷遍布于全球的殖民地。仓东村的瓷器标本有力地说明，中国的"外销瓷"也有本国的市场需求。

19世纪英制精陶器在仓东村的出现表明，当时的村民在使用本土瓷器的同时也接受了欧洲生产的陶瓷制品。至于这些器物是直接购买于国内，还是由回乡侨民带回，是需要进一步研究的课题。

在仓东村所收集的餐具瓷器标本上的图案包括竹花、双喜、兰石、冬青、冠状纹等，这些瓷器在海外华人移民社群中广泛使用。但是，值得特别注意的是，我们在2016年的调查中并没有发现四季花纹饰的标本，这种纹饰采用彩色的珐琅釉绘制而成。四季花纹饰是19世纪中国铁路劳工家乡（参见第二章第一节、第三节和第四节）和海外华人移民社群中所用瓷器上最常见的图案，但是未出现在仓东村。

## 储藏瓷器

在所有陶瓷器功能类型中，储藏器的总重量第一（34329克，15.52%），数量第二（329件，34.02%）。储藏器在所有调查区域均有出现，且都是红色或灰色的炻器，施以褐釉，釉色有深有浅。

这类器物在北美的中国移民社群普遍出现，被称为中国褐釉炻器（Brott 1987；Yang and Hellmann 1998，2013）。在仓东村采集的器型包括酒瓶（4件，21克），桶形器（131件，23115克）；桶形器盖（5件，119克）；碗形罐（1件，19克）；鼓腹器（5件，751克）；凸肩器（2件，1647克）；凹口器（7件，218克）；盘形器盖（3件，108克）；带鋬壶（1件，12克）和大口罐（1件，17克）。

褐釉炻器在中国南方的制作历史悠长，延续至今。由于目前没有类型学方法可以将历史时期（即1949年之前）的标本和现代标本区分开来，因此褐釉炻器的出现并不能指示考古地下遗存的存在。

在仓东村发现的储藏器比在北美地区铁路华工遗址发现的器物形式和大小更加多样化。在仓东村的褐釉炻器具有精美的装饰，包括回形纹、压印花卉或几何图形和戳印纹（图3-15）。这类带有纹饰的褐釉炻器从未出现在铁路华工营遗址中。

图 3-15 带有精美装饰图案的中国褐釉炻器：(a) 中国制褐釉炻器，储存器颈部，口沿处有回纹装饰（CVAP IN - 00386.001）、(b) 中国制褐釉炻器，筒型器的底部和部分器壁，有圆轮（或菊花）装饰（CVAP IN - 00421.001）、(c) 中国制褐釉炻器，腹鼓器的器壁，有"锉刀状"纹饰（CVAP IN - 00127.001）

## 建筑陶瓷

调查区域地表遗物还包括一些历史时期和现代的建筑用陶瓷（砖块、瓦片、绝缘器）(表3-5)。在谭博士的要求之下，我们选择性地采集了其中45件（共3220克）具有代表性的标本，作为未来研究建筑史的参考性材料。这部分材料未做进一步分析。

表 3-5 陶瓷遗物的功能分类

| 功能 | 数量（件） | 按数量统计百分比（%） | 重量（克） | 按重量统计百分比（%） |
| --- | --- | --- | --- | --- |
| 餐具 | 564 | 58.32 | 6993 | 15.52 |
| 储藏器 | 329 | 34.02 | 34329 | 76.18 |
| 建筑材料 | 45 | 4.65 | 3220 | 7.15 |
| 无法鉴定 | 9 | 0.93 | 58 | 0.13 |
| 烹饪器 | 8 | 0.83 | 176 | 0.39 |
| 油灯 | 6 | 0.62 | 23 | 0.05 |
| 植物盆栽 | 4 | 0.41 | 253 | 0.56 |
| 博具 | 1 | 0.10 | 8 | 0.02 |
| 鸦片枪头 | 1 | 0.10 | 3 | 0.01 |
| 总计 | 967 | 100.00 | 45063 | 100.00 |

## 其他陶瓷

除了9件（58克）无法判断其功能的标本，剩余的陶瓷器物均为日常用品，例如烹饪器皿（炻器锉刀和带柄炊器）(4件，84克)、油灯座和油灯盘（6件，23克）、长方形盆栽器皿（4件，253克）、疑似博具的残片（1件，8克）和鸦片枪头（1件，3克)(图3-16)。

图3-16 日常使用的瓷器
（a）未上釉的锉刀纹饰炻器碗残片（CVAP IN-00152.001）；（b）油灯灯盘残片（CVAP IN-00032.001）；（c）疑似炻器博具（CVAP IN-00267.001）；（d）鸦片枪头（CVAP IN-00005.001）

## 玻璃器分析

调查共收集了56件玻璃遗物，总重1630克。研究人员所收集的玻璃器残片包括底部、封口、玻璃瓶标志部分以及其他一些可鉴定的玻璃器标本。我们所采集的标本不包括窗户玻璃、平玻璃板或是其他无法鉴定的玻璃瓶残片。

通过观察，这些玻璃器大多为现代（即1949之后）物品。7件玻璃容器是1860年至1930年制造的（表3-6，图3-17）。其中三件玻璃器来自A区夫人庙和水井附近，两件来自G区西南角，均为遗物分布的高密度地点。其余两件分别发现于C区和F区。大部分玻璃容器均曾用于储存药物或者护理相关的液体，例如发油和鞋油。其中部分为美国生产，表明仓东村居民在历史时期参与了国际市场交换。

表 3-6 历史时期玻璃器皿统计

| 编号 | 容器形状和功能 | 颜色 | 生产技术 | 容器生产商 | 产品生产商（标签） | 大致生产年代 |
|---|---|---|---|---|---|---|
| IN—0041.001 | 板形—药品 | 浅绿色 | 吹模—瓶身两部分，瓶底分别吹模 | 未知 | 未知 | 1860—1895 |
| IN—00341.001 | 长方形—化妆品 | 无色 | 吹模—瓶身两部分，瓶底分别吹模 | 未知 | 商标：带有"万家安鬟发香胶"标识；产品：艳发香胶 | 1860—1920 |
| IN—00417.001 | 柱状—药品 | 无色 | 吹模—瓶身，瓶底分别吹模，手工制作压塞封口 | 未知 | 松香（Abietine）制药公司，奥罗维尔，加利福尼亚州（GREENS/…CAL.） | 1885—1921 |
| IN—00412.001 | 柱状—药品 | 无色 | 吹模—瓶身吹模，圆形瓶底，手工制作压塞封口 | DuBoise 玻璃公司 | 未知 | 1980—1920 |
| IN—00082.001 | 板形—鞋油 | 无色 | 吹模—瓶身，瓶底分别吹模，手工制作连续性螺纹 | Hazel Atlas 玻璃公司 | Whittemore Bros. & Company，波士顿，马塞诸塞州（WHITEMORES SHOE POLISH） | 1914—1930 |
| IN—00339.001 | 柱状—未知 | 浅绿色 | 瓶身，瓶底分别吹模，小口，外部有螺纹 | 未知 | 未知 | 1905—1920 |
| IN—00260.001 | 长方形—未知 | 棕色 | 吹气成形法机制，小口，外部有螺纹 | 梧三厂 | 未知 | 1920—1930 |

参考资料：Jones and Sullivan 1989；Lindsay 2016；Lindsay 2014；Fike 1987；Glass Bottle Marks 2017；Toulouse 1971

图 3-17 玻璃容器

(a) 浅绿色的药瓶（CVAP IN-0041.001）；(b) 发油瓶（CVAP IN-00341.001）；(c) 吹模法制成的无色玻璃瓶子，来自松香（Abietine）制药公司（CVAP IN-00417.001）；(d) 吹模法制成的大口药瓶（CVAP IN-00412.001）；(e) 带有"WHITEMORES SHOE POLISH"（WHITEMORES 鞋油）的玻璃瓶（CVAP IN-00082.001）；(f) 模制螺帽瓶（CVAP IN-00339.001）；(g) 机制长方形螺帽瓶，瓶身；(h) 机制长方形螺帽瓶，瓶底

## 贝壳和动物骨骼

调查收集了历史时期（即1949年之前）与文化活动有关的贝壳与动物骨骼，共计29件贝类标本（213克）和11件动物骨骼标本（33克）。贝壳标本中包括魁蛤（蚶科，N=10）、篮蛤（蚬科，n=2）、软壳蛤（似海螂科，n=14）。动物骨骼标本包括鸡（Gallus gallus, n=4）、猪（Sus scrofa, n=3）以及未鉴定的中型哺乳动物（n=3）。其中，贝壳标本集中发现于A区（n=8）、F区（n=7）和G区（n=13），而动物骨骼标本分布稀疏，收集于A区（n=1）、B区（n=1）、D区（n=3）和E区（n=5）。

鸡骨标本上显示出了肉食动物的啃咬痕迹，说明仓东村过去饲养狗。除此之外，鸡、猪和中型哺乳动物标本上均有宰杀留下的切、剁和剪的痕迹（图3-18）。这些留在骨头上的屠宰痕迹是由剁肉刀留下的，这和美国中国移民遗址的屠宰方式相一致（Kennedy 2016）。

图3-18 猪肋骨（残），表面有切痕和剪刀痕迹
（CVAP IN-00201.001）

## 矿石制品分析

在调查中未系统性收集金属、石头以及其他矿石物，仅收集了具有代表性或者特殊的标本。收集的标本包括：3件金属标本（150克），包括（方）钉子和一件锻造的金属钩；一件光滑的板岩的残块（8克），可能是一块记录板；一件石墨标本（5克），可能是一件手工铅笔；一件四孔的电木纽扣（1克）。

## 研究结果综述

2016年12月的仓东村地表调查表明地下遗存保存完好的可能性很大。地表遗物的年代从17世纪至今，其中大部分遗物的年代为19世纪中期至20世纪早期，这也是历史上中国移民的最高峰。

基于遗物分析提供的信息，我们建立了三个假设，这些假设可通过未来考古发掘来检验：

假设1：在晚清时期（1875—1912）和民国（1912—1949），区域

性手工业生产的发展对民间的乡村生活没有造成显著影响。

调查证据：从仓东村地表采集的餐具瓷器标本从坯料、陶釉、纹饰以及制造工艺上都有明显差别。早期的陶瓷器采用手工制作，需要较高的制作技艺，到了 20 世纪，机械化生产成为主流。然而，器物的形制和尺寸并没有随着生产方式的改变而改变，这表明饮食习惯在此期间未受影响。

尚需收集的证据：从考古地层中采集定量的日常废弃堆积，比较各种形状和大小的器物在不同历史时期的出现频率，以此来评估此假设。

假设 2：如果餐具的形制和尺寸在各个时期保持不变，那么食物的加工方式和食材原料也在此期间保持不变。

调查证据：暂无。各个时期的动植物遗存在地表的保存状况不一致。

尚需收集的证据：从各个地层的日常垃圾遗存中采集定量标本，来分析动物和植物遗存。

假设 3：美国的中国移民给故乡的医药和护理方式带来了明显改变。

调查证据：仓东村的地表发现了少量的瓶子，年代均在 20 世纪 60 年代之后，这说明村民的日用品中包括美国制造的药品、护发用品和鞋油。

尚需收集的证据：由于在地表收集的瓶器数量过少，无法达到统计学的意义。通过从各个地层的日常垃圾遗存中采集定量标本，我们可对这个假设进行评估。

地表采集遗物的分析不仅提供了关于侨乡历史的新资料，还提供了关于侨乡、中国移民社群以及欧美制造商之间相互联系的新证据。例如，澳大利亚、欧洲和美国的学者通常将一些中国瓷器归类为"外销瓷"（Feller 1982；Leath 1999；Madsen and White 2011；Mudge 1986；Schiffer, et al. 1975；Staniforth 1996；Staniforth and Nash 1998），并认为这类瓷器仅出口销售给非中国顾客。但是，在仓东村的地表调查中，我们也发现了这类"外销瓷"。这个发现说明此类瓷器不仅出口海外，也在本土销售。

同样地，工作于北美、澳大利亚和新西兰的考古学家共划分了 5 种

"外销瓷"纹饰，分别为竹花、双喜、四季花、冬青和豌豆花。这些纹饰的瓷器几乎出现在所有19世纪的中国移民社区中。在仓东村调查之前，我们不确定这类瓷器是仅仅出口供应给中国移民群体，还是也在侨乡使用。在仓东村所采集的地表遗物中，我们发现了至少其中三种纹饰（竹花、双喜、冬青）的瓷器，四季花和豌豆花纹饰的瓷器并未发现。这两种瓷器纹饰的缺失是因为它们不被仓东村村民所使用，还是仅仅因为地表遗存的缺失？通过未来的考古发掘，我们可以获取更多资料来探讨这个问题。

此外，调查发现了英制精陶器和美国生产的玻璃瓶，这说明仓东村居民在19世纪晚期至20世纪早期使用欧洲和美国生产的机械化制造的商品。这些物品可能是仓东村居民与海外移民在个人与经济方面往来的产物，同时表明了中国铁路劳工和其他返乡移民在侨乡日常生活改造中带来的文化影响。

## 第四节 仓东村的深度调查与结果

2017年12月11日至18日，研究人员在仓东村开展了社会人类学深度田野调查以及相关的分析整理工作。深度调查地点的选择基于2016年12月和2017年12月对该村的地表调查（第三章第三节）。为了减少对仓东村居民日常生活的影响，所有的深度调查地点均通过与村长谢雪暖协商决定。在确定了潜在地下遗存的地点后，深度调查共清理4个1米×2米的探方，其中3个位于A区，1个位于H区（图3-19）。A区的探方揭示了从晚清（1875—1912）到民国前期（1912—1927）的完整堆积，H区探方已被现代活动扰乱。

### 深度调查方法

在深度调查工作开展之前，研究人员测量并划分出4个1米×2米的探方，同时在附近较高地面建立了探方基点，以便在发掘过程中测量深度。每个探方根据其所在的调查区域而制定编号（如探方 A1、探方 A2 等）。若无明确说明，探方的走向与 2016 年地表调查中的网格相同。

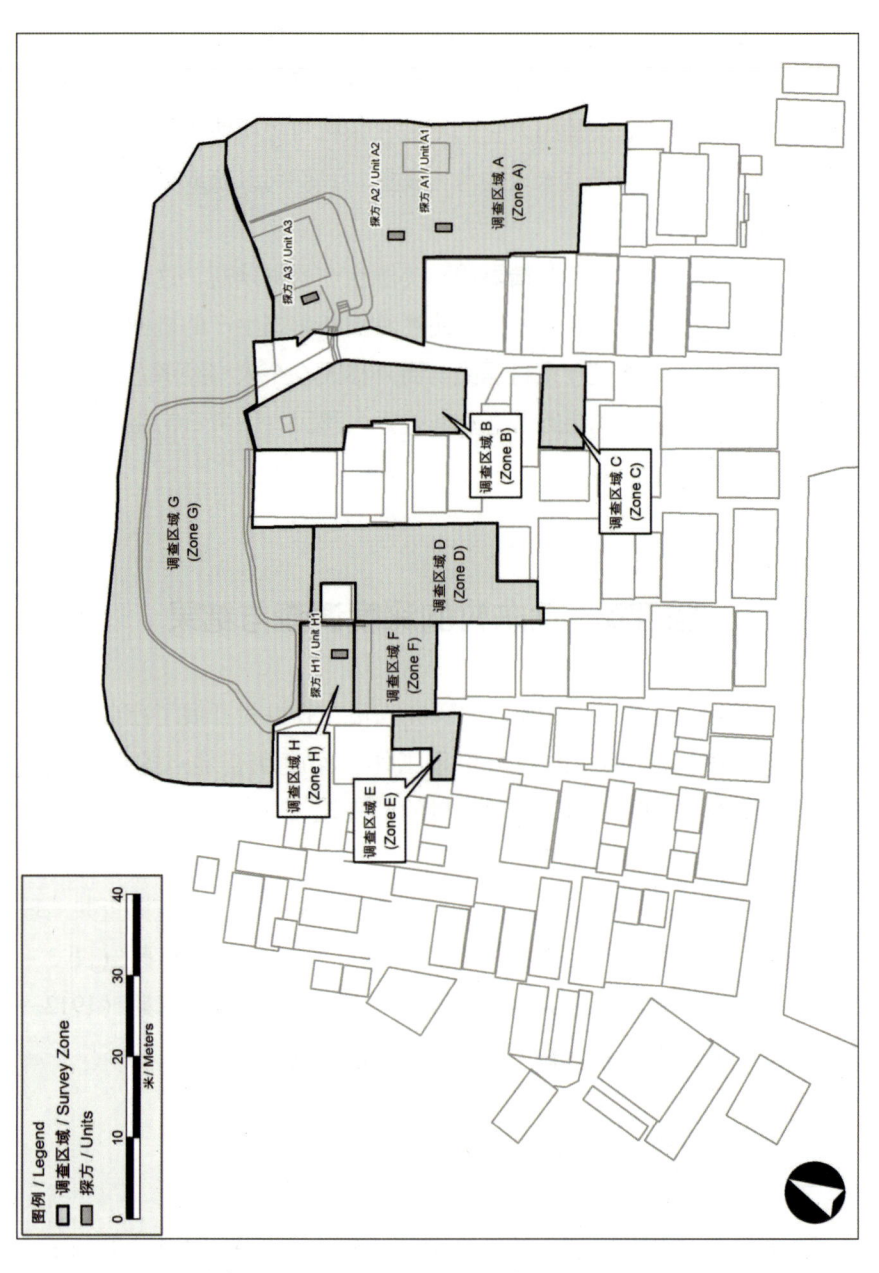

图 3-19　仓东村地图，图内显示调查区域和地层深度调查探方位置

为了保证所有遗物和标本得到精确记录，深度调查采用"单一单位记录法"（Single Context Recording）。采用这种方法，出土于同一单位的所有遗物均被归为一个"单位号"。因此，"单位"（Context）是所有地层、遗迹和任意层（指用于划分较深堆积而人工定义的层位）的总称。无论堆积的性质如何，它们均被称为"单位"。例如，"单位"既可以指一个考古遗迹，也可指一个地层。由于一个遗迹的属性在整理工作中可能会有所改变，造成与田野记录的差异，采用单一单位记录法，可以避免由后期分析所造成的记录变化，保证所有遗物的编号保持前后一致。

所有文化层和自然地层的深度调查均以铁铲和手铲为工具（图3-20），如上所述，每个文化层、生土层以及任意层均以单位号来记录，以便明确所有标本和遗物的出土环境。每个单位在深度调查前后距地表的高度都记录在案，并绘制平面图和拍照。在探方发掘至生土层之后，我们对探方四壁进行测绘，并对各个发掘单位的情况进行详细记录。

图3-20 研究人员利用铁锹和筛网对A1探方进行发掘

遵循严格的采样流程，我们队每个单位都采集了土壤标本和浮选样品。每个土壤标本为250毫升，存于五邑大学的广东侨乡文化研究中心以供未来分析。大植物遗存的浮选标本为4升（若单位的总体积小于4升，标本体积则更小）。除了浮选标本之外，所有其他标本的分析工作

141

在工地的工作站内完成。每个微植物土样标本为250毫升，由中国科学院地理科学与资源研究所环境考古实验室进行孢粉、植硅体和淀粉粒的分析（第三章第七节）。所有单位的堆积土壤均用孔径大小为1.8英尺（3.175毫米）的筛子过筛，筛出的所有遗物（如陶瓷、玻璃和动物骨骼）均在工地工作站内进行整理。所有遗物均进行了清洗、分类（如金属、玻璃和骨骼）、分析和拍照。田野工作结束之后，所有遗物、田野工作记录和遗物整理记录均保存于五邑大学的广东侨乡文化研究中心。

仓东村2017年的深度调查工作揭示了该村从晚清（1875—1912）到民国前期（1912—1927）在物质文化、村落发展、景观变化以及移民影响方面的相关资料。其中，A区深度调查的三个探方出土了这个时期完整延续的物质遗存，其性质与研究主题紧密相关。H区的深度调查揭示了现代村落景观改造和基础设施建设所带来的影响。

四个1米×2米的探方的深度调查工作收集了5.485立方米的土样和计13864件，总重达86.1千克的遗物（表3-7）。大部分遗物为陶瓷碎片（n=8746，51435.57克），包括带有双喜图案的碗、中国褐釉炻器贮藏器以及砖块和屋瓦等建筑类陶瓷（n=1824，23021.74克）。其他常见的遗物包括贮藏器、窗户玻璃、含铁金属碎片以及蜗牛壳等的动物遗骸。这些遗物类型与地表调查的结果一致（第三章第三节；Voss and Kennedy 2017）。不同的是，深度调查工作所收集的遗存数量更大，且类型更加多样。这些深度调查所得的遗物为我们了解仓东村的物质文化以及景观变化提供了新的视角（第三章第五节至第九节）。关于单位的年代跨度的鉴定，我们采用最早和最晚时间法（post quem and terminus ante quem methods），即根据每个单位最早和最晚制造的遗物来判断其年代跨度。通过分析一些具有年代特征的遗物，我们可以得到一个单位的堆积最有可能的时间区间。不过，由于许多物品的生产年代延续较长，因此我们的年代鉴定无法精确到具体某一年或某十年。物品的原料和其制造工艺的细微特征可反映其大致而非准确的生产年代，除此之外我们对单位年代的测算只能根据出土遗物的生产年代，而不是其丢弃时间。例如，在一个瓷碗破损和丢弃之前，它的使用时间可能短则一年，长则二十年。因此，本研究所提供的年代为估算，而非绝对判断。

表 3-7 各单位出土遗物统计

| | 探方 A1 数量(件) | 探方 A1 重量(克) | 探方 A2 数量(件) | 探方 A2 重量(克) | 探方 A3 数量(件) | 探方 A3 重量(克) | 探方 H1 数量(件) | 探方 H1 重量(克) | 总计 数量(件) | 总计 重量(克) |
|---|---|---|---|---|---|---|---|---|---|---|
| 陶瓷—食具 | 1955 | 15032 | 1939 | 6662 | 4463 | 25952 | 389 | 3790 | 8746 | 51436 |
| 陶瓷—建筑 | 303 | 7204 | 272 | 5472 | 184 | 2957 | 1065 | 7390 | 1824 | 23023 |
| 陶瓷—其他 | 11 | 144 | 10 | 363 | 26 | 331 | 1 | 8 | 48 | 846 |
| 玻璃—容器 | 67 | 666 | 90 | 236 | 105 | 366 | 2 | 1 | 264 | 1269 |
| 玻璃—其他 | 54 | 45 | 93 | 104 | 513 | 766 | 68 | 75 | 728 | 990 |
| 金属—铁制 | 100 | 490 | 247 | 825 | 169 | 1088 | 41 | 320 | 557 | 2723 |
| 金属—非铁制 | 6 | 18 | 2 | 11 | 9 | 29 | 1 | 4 | 18 | 62 |
| 石器—已加工 | 11 | 46 | 5 | 2 | 15 | 308 | 7 | 16 | 38 | 372 |
| 矿物 | 2 | <1 | 1 | 5 | 1 | 5 | 0 | 0 | 4 | 10 |
| 动物—骨骼 | 11 | 1 | 204 | 312 | 19 | 1 | 40 | 7 | 274 | 321 |
| 动物—贝壳 | 169 | 265 | 80 | 92 | 353 | 288 | 140 | 29 | 742 | 674 |
| 植物 | 72 | 171 | 12 | 6 | 21 | 31 | 105 | 80 | 210 | 288 |
| 建筑遗物 | 119 | 704 | 17 | 111 | 38 | 253 | 184 | 1855 | 358 | 2923 |
| 其他 | 11 | 26 | 0 | 0 | 15 | 20 | 27 | 146 | 53 | 192 |
| 总计 | 2891 | 24812 | 2972 | 14201 | 5931 | 32395 | 2070 | 13721 | 13864 | 85129 |

注：数量或重量小于 1 的值忽略不计。

# A 区

A 区位于仓东村的东北部重建的夫人庙附近，这里是村民用作菜地、通道和公共活动的区域。地表调查在该区收集了大量的历史时期遗物，其中还包括英国精制的带有转印纹饰的陶瓷（第三章第三节；Voss and Kennedy 2017）。

A 区的发掘目标是最大限度地揭示地下堆积，同时揭示村庄在该区域内的土地利用历史（图 3-21）。基于这个目标，我们将探方 A1 和 A2 设于该区的菜地内，这两个地点在调查期间均发现了英制转印陶瓷和中国的清代陶瓷。探方 A3 位于重建的夫人庙附近，该地点在调查时也发现了大量中国物品，其中包括与饮食相关的陶瓷（第三章第三节；Voss and Kennedy 2017）。

深度调查结果显示，探方 A1、A2 和 A3 均包含丰富的遗存。其中，与饮食相关的陶瓷、建筑结构碎片、玻璃和金属制品尤为丰富（表 3-7）。A 区所出土的遗存年代主要为晚清至民国前期，为我们了解村庄过去百年的景观和日常生活发展历史提供了信息。

## A1 探方

A1 探方位于仓东村东北端的公共区域（图 3-22），此区域近年来被用作菜地和垃圾堆积。根据村民的口述历史记录，探方附近原有一座旧的祠堂、一些不明建筑以及一个池塘。但是，我们的深度调查并未发现与这段历史直接相关的遗迹。

A1 探方的上层堆积（单位 101、102 和 103）已被现代活动扰乱。其中，单位 104 至 108，以及单位 112 中出土了一系列的历史时期的遗物，属于 1875—1949 年左右的生活遗物和建筑废弃物（表 3-8、图 3-23、图 3-24）。A1 探方共出土了 2891 件遗物，共重 24810.9 克。

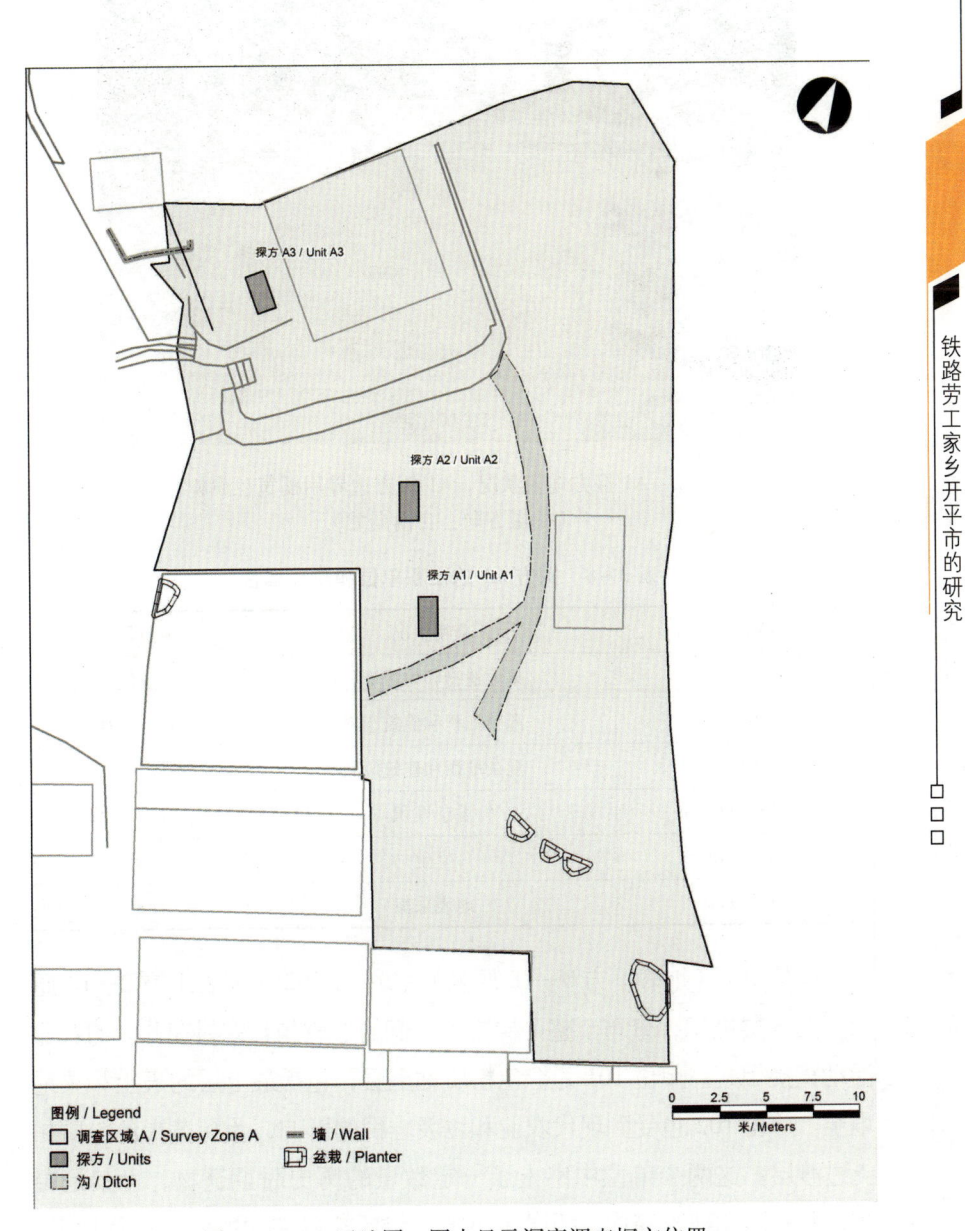

图 3-21　A 区地图，图内显示深度调查探方位置

图 3-22 A1 探方地表状况，A1 探方边界用橘黄色旗帜标出
（拍摄方向：自南向北）

表 3-8 探方 A1 的堆积单位和年代属性

| 堆积单位 | 遗物状况 | 大致年代 |
| --- | --- | --- |
| 101、102、103 | 菜地遗物和垃圾堆积 | 现代 |
| 104 | 混杂堆积和建筑废料 | 1912—1949 |
| 105、106、107 | 混杂堆积和建筑废料 | 1875—1927 |
| 108、112 | 混杂堆积 | 1875—1927 |
| 109、113 | 生土 | 无 |
| 110、111 | 地表采集 | 无 |

单位 101（地表下方 0—18 厘米）和单位 102（地表下方 2—18 厘米）为地层堆积，分布于整个探方，它们的形成与仓东村在此区的农业活动直接相关。单位 101 为棕色粉质黏土层，包括最上层的表土和菜地堆土。单位 102 也受到现代农业和垃圾堆积的影响，为深黄褐色粉质黏土过渡层。这两个单位中出土了一定数量的历史时期遗物，尤其是餐具、贮藏器和建筑碎片。两层还出土了包括塑料在内的大量现代垃圾，说明已被现代活动扰乱。

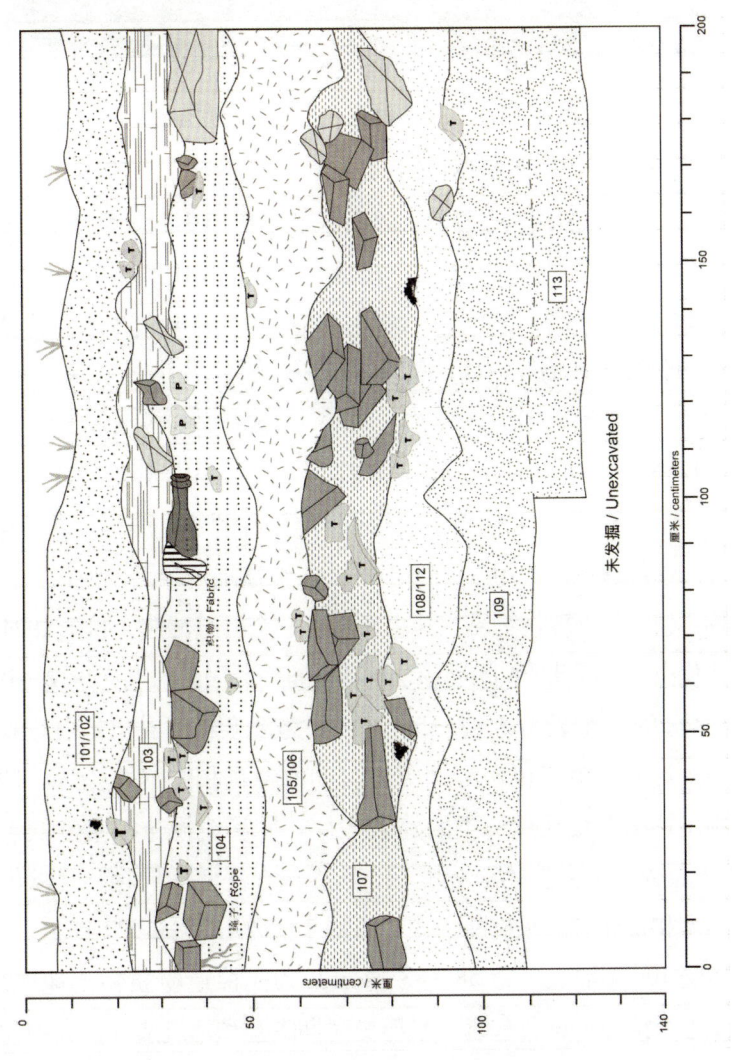

图 3-23 A1 探方西壁图，绘制于发掘完成后

147

图 3-24　A1 探方东壁，拍摄于发掘完成后

单位 103（地表下方 18—35 厘米）为混杂黏土地层堆积，分布于整个探方。此单位中出土了大量碎石以及来自历史时期和现代的垃圾，包括陶瓷、砖块、塑料和现代的衣服。和单位 101 和 102 相比，单位 103 的遗物密度更高，尤其是玻璃和建筑碎片。该单位是由现代扰乱和其下方单位 104 遗物混合的结果。

单位 104（地表下方 35—53 厘米）为黄褐色黏土地层堆积，分布于整个探方。该层出土了多个历史时期的遗物，包括餐具瓷片、贮藏器瓷片、玻璃、铁质金属。同时出土了密度极高的建筑废料，其中包括大量瓦片。这些建筑碎片可能来源于一处未知建筑拆除后的垃圾。该单位的遗物不包含任何现代物品，其中发现了一个万金油瓶，它于 1924 年首次商业化出售，因此我们可将该层的年代推断为民国时期（1912—1949）。

单位 105（地表下方 43—58 厘米）为混杂粉质黏土地层堆积，分布于整个探方。该层包含大量历史时期的餐具和贮藏器瓷片、玻璃药瓶、中国钱币以及瓦片一类的建筑残片。尽管遗物分布密度低于单位 104，该层为一个完整的历史堆积，且不包含任何现代物品。从出土的陶瓷类型和日光玻璃来推断，该单位的年代为 1875—1927 年。

单位 106（地表下方 58—83 厘米）为浅棕色粉质黏土地层堆积，分布于整个探方。该层包含大量历史时期陶瓷和建筑残片，其中包括砖块、陶瓷窗饰以及一大块雕刻建筑石材。该层发现的建筑废料与仓东村该区早期拆除的建筑有关。根据村民所提供的信息，这里可能原为一村庙，上有大量陶瓷窗饰和雕刻石材，与深度调查所出土的遗物相符。该层中出土的陶瓷的年代为晚清（1875—1912）和民国（1912—1949）。从出土的陶瓷类型和日光玻璃来推断，该层的年代为 1875—1927 年。

单位 107（地表下方 83—92 厘米）为棕色粉质黏土地层堆积，分布于整个探方。该层出土大量生活物品，包括瓷片、香炉碎片、中国铜钱以及包括砖瓦在内的一些建筑碎片。这一层中的建筑碎片可能与上面提及的村庙相关，也有可能来自另一个未知建筑。该层中出土的陶瓷的年代为晚清（1875—1912）和民国（1912—1949）时期。从出土的陶瓷类型和日光玻璃来推断，该层的年代可能为 1875—1927 年。

单位 108（地表下方 80—99 厘米）和单位 112（地表下方 107—111 厘米）为黄褐色砂质粘质次生土地层，分布于整个探方。单位 108 首先被深度调查，并扩展到整个探方。单位 112 在其后发掘，位于探方的东北角较深处。这两层出土了大量的餐具陶瓷和棕色釉面炻器，以及一些瓦片、金属制品、玻璃和牡蛎壳碎片。该堆积是上层建筑废弃堆积（单位 107）和下层（单位 109 和单位 113）之间的过渡层。根据出土的陶瓷类型，这两层的年代为 1875—1927 年。

单位 109（地表下方 99—110 厘米）和单位 113（地表下方 110—120 厘米）均为浅灰色粉砂质黏土次生土地层。单位 109 分布于整个探方，表面有少量遗物。单位 113 在单位 109 之下，位于探方北半部，并已达到生土层。除了在生土层表面发现了少量陶瓷，该堆积未发现其他任何遗物，这标志着探方 A1 深度调查的结束。

单位 110 和单位 111 为 A1 探方附近所收集的地表遗物，因此不包括在探方 A1 的资料中。

**总结和分析**

A1 探方的地层堆积与仓东村这一区域的土地利用直接相关。单位 101、102 和 103 的堆积反映了现代农业与垃圾废弃。单位 104 的年代大约为民国时期（1912—1949），其中包含历史时期遗物和大量建筑废料，与仓东村早期拆除的建筑相关。单位 105—109，以及单位 112 和 113 中的遗物大约年代为 1875—1927 年，其中，单位 105 中的遗物也可能涉及该区早期拆除的建筑，但密度较低。单位 106 和单位 107 出土了大量生活垃圾和早期拆除的建筑废料。单位 108 和单位 112 主要包含生活垃圾。单位 109 和单位 113 标志 A1 探方文化层的最底部。

### A2 探方

A2 探方距离 A1 探方以北 4 米，以西 1 米（图 3 - 21、图 3 - 25），位于仓东村东北端的公共空间。此区域近年来被用作菜地和垃圾堆积。根据村民的口述历史记录，探方附近原有一座旧的祠堂、一些不明建筑以及一个池塘。但是，我们的深度调查并未发现与这段历史直接相关的遗迹。

图 3 - 25　A2 探方区域的地表情况
近处为 A2 探方，远处为 A1 探方（拍摄方向：自北向南）

单位 151 和单位 152 均受到现代活动扰乱，单位 153 至 157 出土了 1875—1927 年的历史遗物（图 3 - 26、图 3 - 27、表 3 - 9）。单位 153、154、156 和 158 包含历史遗物和建筑堆积，其年代不明。单位 155 和单位 157 为石灰搅拌坑，其填充物为历史时期的二次堆积。在 A2 探方共发现了 2972 件文物，总重量为 14202.3 克。

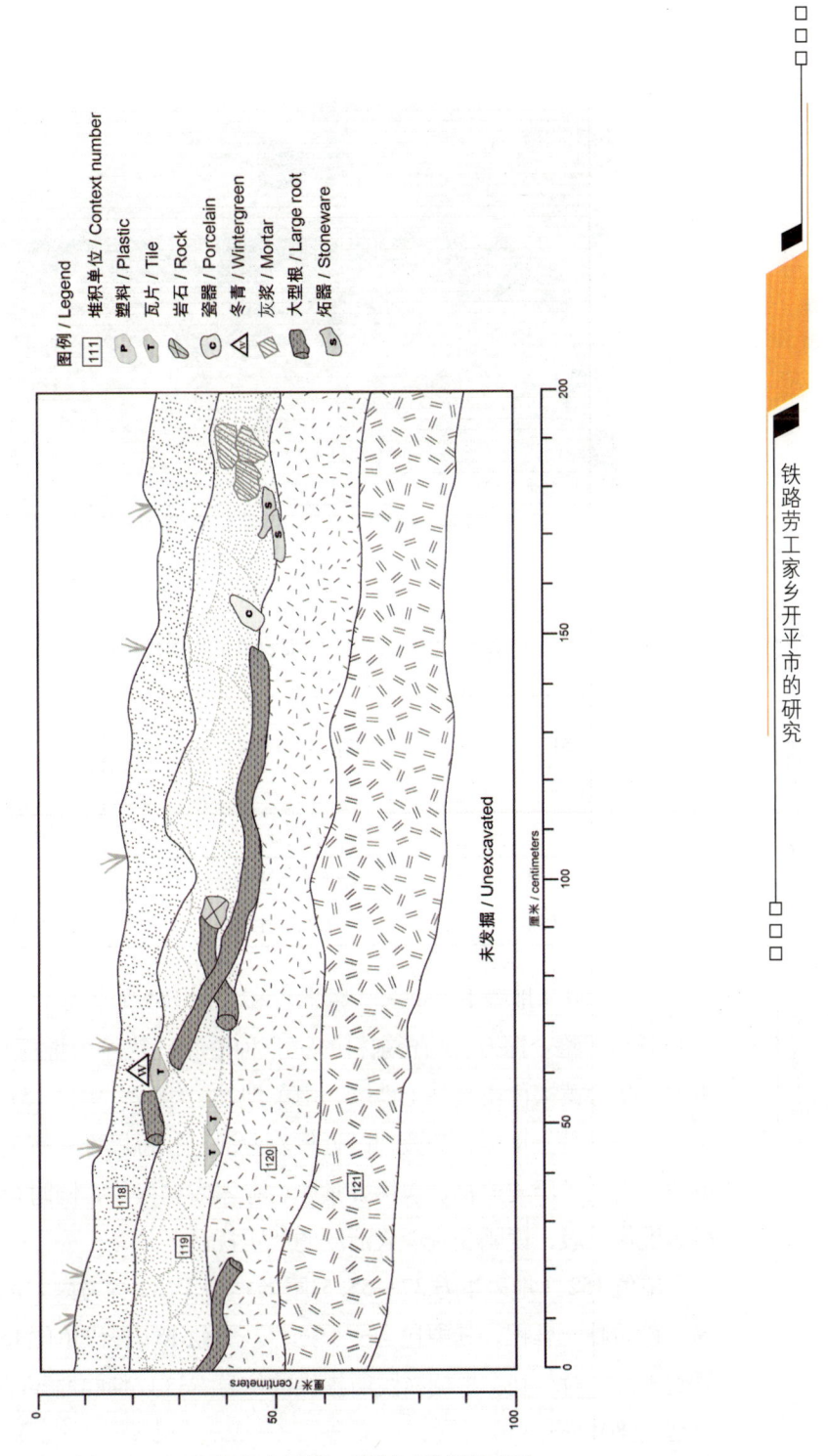

图 3-26　A2 探方东壁图，绘制于发掘完成后

图 3-27　A1 探方西壁，拍摄于发掘完成后

**表 3-9　探方 A2 的堆积单位和年代属性**

| 堆积单位 | 遗物状况 | 大致年代 |
| --- | --- | --- |
| 150、151 | 菜地遗物和垃圾堆积 | 现代 |
| 152 | 狗葬 | 现代 |
| 153 | 混杂堆积 | 1875—1927 |
| 154、156、158 | 混杂堆积和建筑遗物 | 1875—1927 |
| 155、157 | 石灰搅拌坑 | 1875—1927 |

单位 150（地表下方 1—39 厘米）和单位 151（地表下方 29—43 厘米）分布于整个探方，与仓东村的农业种植和现代垃圾堆积直接相关。单位 150 为黄褐色粉质黏土地层，由菜地堆土组成。单位 151 为混杂深黄棕色粉质黏土地层，与该地区近代农业活动和垃圾堆积有关。这两个单位均出土了历史遗物，包括餐具和贮存器陶瓷残片，同时含有大量塑料等现代垃圾，说明受到现代活动的严重扰乱。

单位 152（地表下方 37—55.5 厘米）位于 A2 探方内东部，为深黄褐色粉质黏土堆积，其中包含一个狗葬。单位 152 打破单位 151 和 153，表明年代相对较晚。根据村民所提供的信息，这只狗的埋葬时间大约为 20 世纪 80 年代。

单位 153（地表下方 34—53.5 厘米）为黄褐色粉砂质黏土堆积，

分布于整个探方。这个堆积包含大量陶瓷，包括中国棕色釉面炻器以及例如双喜碗一类的陶瓷餐具碎片。该单位还出土了铁质金属和玻璃制品。虽然遗物中包含了少量塑料，但是它们与打破该单位的狗葬（单位152）有关，并未发现现代扰乱痕迹。根据出土的遗物来判断，该单位的年代为1875—1927年。

单位154（地表下方47—68厘米），156（地表下方57.5—71厘米）和158（地表下方51.5—74厘米）均为A2探方东部的不明堆积。虽然这些沉积相对分散，但它们所包含的遗物来自同一时期，且似乎为短期内形成的堆积。单位154为红黄色淤泥堆积，内含砖块残片、钉子和少量餐具陶瓷。单位156为黄褐色砂质淤泥沉积，内含砖块、粗陶茶壶碎片、中国褐釉粗陶片和各种餐具陶瓷残片。单位158为黄色粉砂状沉积，内含砖块、中国褐釉粗陶和餐具陶瓷残片。这三个单位均出土了砖块，它们可能来自仓东村之前所拆除或建造的建筑。这三个单位未发现晚于20世纪60年代的陶瓷制品，因此这些单位的年代为1875—1927年。

单位155（地表下方45—69厘米）和单位157（地表下方69—91.5厘米）为混合粉质黏土堆积，它们是A2探方西北角历史时期石灰搅拌坑的填充堆积。由于搅拌坑较深，坑内堆积由人为划分为155和157两个单位，其中单位155为上部20厘米的堆积。该坑占据探方150厘米×65厘米，并延伸到探方北壁和西壁，因此无法估计该遗迹的完整面积。坑壁向底部向内倾斜，上面附有已经干了的砂浆。这两个单位内出土了少量陶瓷，其中包括餐具和棕色釉面粗陶残片、钉子、木材、木炭以及少量玻璃制品，未发现任何现代物品。根据遗物属性，这两个单位的年代范围为1875—1927年。

在单位157和158发掘完成之后，A2探方到达生土层。

### 总结和分析

A2探方的堆积与仓东村这一区域的土地利用历史直接相关。单位150、151和152均与现代活动有关，包括农业、垃圾堆积以及动物埋葬。单位153至157为完整的历史堆积，年代为1875—1927年。单位

153、154、156 和 158 为历史时期的不明堆积，可能与仓东村这一区域先前一处建筑的建造或拆除相关。单位 155 和 157 为历史时期石灰搅拌坑的填充堆积，该石灰混合坑应该与仓东村的建筑施工有关。

### A3 探方

A3 探方位于重建的夫人庙西侧空地上（图 3 – 21、图 3 – 28）。此处在 2016 年 12 月的地表调查（第三章第三节）期间发现了高密度的文物。此外，根据"仓东遗产教育基地"工作人员所提供的资料，这一地点在重建夫人庙期间出土了历史时期的遗物，说明这里有可能存在地下堆积。为避免损坏该区域的树木，该探方的位置与夫人庙方向平行，而非与地表调查的网格平行。

图 3 – 28　A3 探方地表状况，A3 探方边界以绳子划分，夫人庙位于左侧（拍摄方向：自西北向东南）

单位 118 和单位 119 的形成与现代活动以及夫人庙的重建有关。单位 120 包含的遗物的时间段为 1875—1927 年，与附近不明建筑的拆除相关。单位 121 的遗物早于其他三个单位，包含的遗物来自 1875—1927 年（图 3 – 29、图 3 – 30、表 3 – 10）。A3 探方出土了大量的蜗牛壳，以及高密度的陶瓷、玻璃、金属和建筑构件。遗物共计 5931 件，总重量达 32393.5 克。

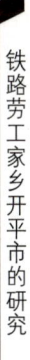

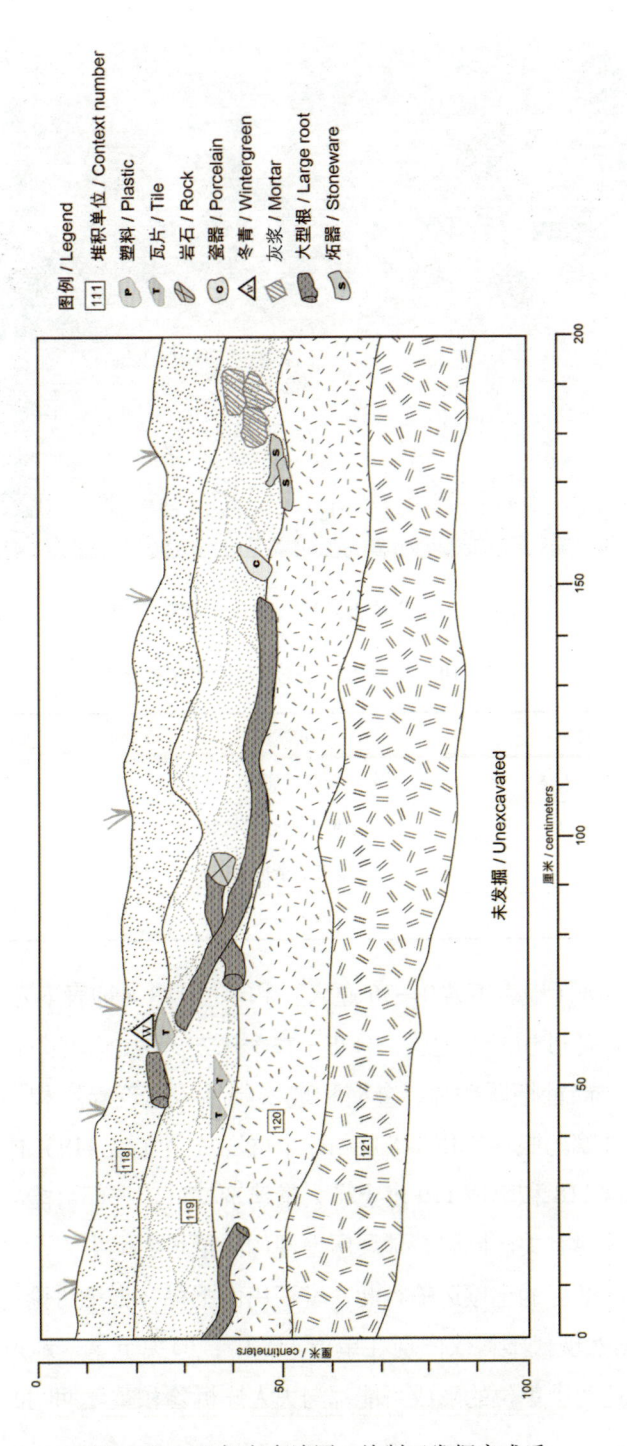

图 3-29　A3 探方东墙图，绘制于发掘完成后

图 3 – 30　A3 探方东壁，拍摄于发掘完成后

表 3 – 10　探方 A3 的堆积单位和年代属性

| 堆积单位 | 遗物状况 | 大致年代 |
| --- | --- | --- |
| 118、119 | 混杂堆积和寺庙建筑堆积 | 现代 |
| 120 | 混杂堆积和建筑遗物 | 混杂 |
| 121 | 地表混杂遗物 | 1875—1927 |
| 122、123 | 地表采集 | 无 |

单位 118（地表下方 0—36 厘米）和单位 119（地表下方 36—47 厘米）为深棕色砂质淤泥地层，分布于整个探方。两个单位均出土了大量餐具和中国褐釉炻器残片、金属和玻璃制品、建筑碎片和蜗牛壳。其中，一个玻璃药瓶（单位 118）和一个燧石片（单位 119）的发现值得关注。单位 118 和单位 119 出土了大量建筑材料，它们可能与旧夫人庙的拆除和重建有关。同时，地层所发现的大量水生蜗牛壳，表明村民可能将村庄池塘中的土壤运输至此，堆积用作肥料（详细讨论见第三章第六节）。虽然现代塑料仅出现在单位 118 中，但关于这一地点的口述历史表明，这两个单位的形成可能都与夫人庙拆除和重建期间的土层重新堆放有关。

单位120（地表下方47—60厘米）为一个深褐色砂质淤泥地层，分布于整个探方。这一单位出土了大量餐具、中国棕色釉面粗陶以及建筑碎片。同时包含较少量的铁质金属、玻璃和石器。值得注意的是，单位120中出土了一块玉石和带有压印纹饰的棕色玻璃瓶碎片。这一单位还包含大量水生蜗牛壳，表明村民可能将村庄池塘中的土壤运输至此，堆积用作肥料。同时，该堆积的出土遗物还包括大量建筑碎片，可能与附近被拆除的旧夫人庙有关。由于遗物中包含一些现代制品，说明该单位受到现代活动的扰动。

单位121（地表下方60—103厘米）为一个深褐色砂质淤泥地层，分布于整个探方。该单位出土了大量餐具和中国棕色釉面炻器。与单位118、119和120相比，单位121内所包含的建筑碎片、玻璃、金属制品以及蜗牛壳明显较少。同时，发掘仅发现3件现代物品，均为小陶瓷碎片，与动物挖洞相关，这表明堆积并未受到严重的现代干扰。用于断代的器物包括手工制作的餐具陶瓷，手工吹制的两件式琥珀色模制瓶，深橄榄绿色玻璃瓶碎片以及紫色日光玻璃。这些出土物表明单位121的年代为1875—1927年。目前，我们尚不清楚单位121是否为一层完整堆积，还是由于早期村落建设所造成的二次堆积。

单位122和单位123的包含物来自地表调查，因此我们不将其列入A3探方的资料中。

**总结和分析**

A3探方的单位与仓东村在这一地点的土地利用历史直接相关。单位118、119和120为过去的住宅垃圾和建筑碎片的二次堆积，与探方附近夫人庙的拆除和重建有关。单位121所包含的建筑碎片要明显少于本探方中的其他单位，且无明显现代干扰的证据，因此可视为一个完整的历史堆积。水生蜗牛壳在A3探方中的所有单位均有出现，这个现象表明，村民可能将村庄池塘中的土壤运输至此，堆积用作肥料。

# H 区

H 区位于仓东村中部，区内包括一座 20 世纪 60 年代某个倒塌房屋的地基和内部结构。2016 年 12 月调查期间，由于该地区仍在使用，因此未对此地展开调查。在 2017 年 12 月，村长谢雪暖告知研究人员，H 区田野调查可以实行。研究人员先对此区进行了地表调查（本章第三节），发现这里的遗物密度要低于 2016 年地表调查的区域。考虑到此处地下可能含有房屋堆积，研究人员仍在该区开设了一个 1 米 ×2 米的深度调查探方。

**H1 探方**

H1 探方位于 H 区东部，其布方的位置综合了地表遗物分布情况，同时也为避开大型树根和地表建筑碎片的高密度区（图 3 - 31、图 3 - 32）。该探方中未发现任何完整的历史堆积，出土的遗物与该区房屋的拆除以及 20 世纪六七十年代的一座石灰搅拌坑有关（图 3 - 33、图 3 - 34、表 3 - 11）。该探方中出土 2070 件遗物，总重量达 13721.6 克。

单位 201（地表下方 0—27 厘米）和单位 202（地表下方 23—43 厘米）为现代表土层，与 H 区的房屋拆除以及之后的灌木生长有关。这两个单位出土了一些陶瓷、玻璃和金属制品，其中单位 201 中发现了一例英国精制转印陶器的残片。这两个单位的出土物还包括大量塑料和灯泡碎片，说明已受到现代社会的严重扰乱。

单位 203（地表下方 36—50 厘米）和单位 205（地表下方 46—55.5 厘米）为黄褐色粉质黏土堆积，位于靠近探方中心一处 90 厘米 × 70 厘米半圆形的凹陷处。由于凹陷的地点在原有房屋之内，我们认为它可能是拆除仓东村房屋内常见的地板式碾米器所留下的洞。这两个单位中包含一定数量的陶瓷和建筑结构碎片，同时也有现代材料，表明该单位已受到了现代干扰。

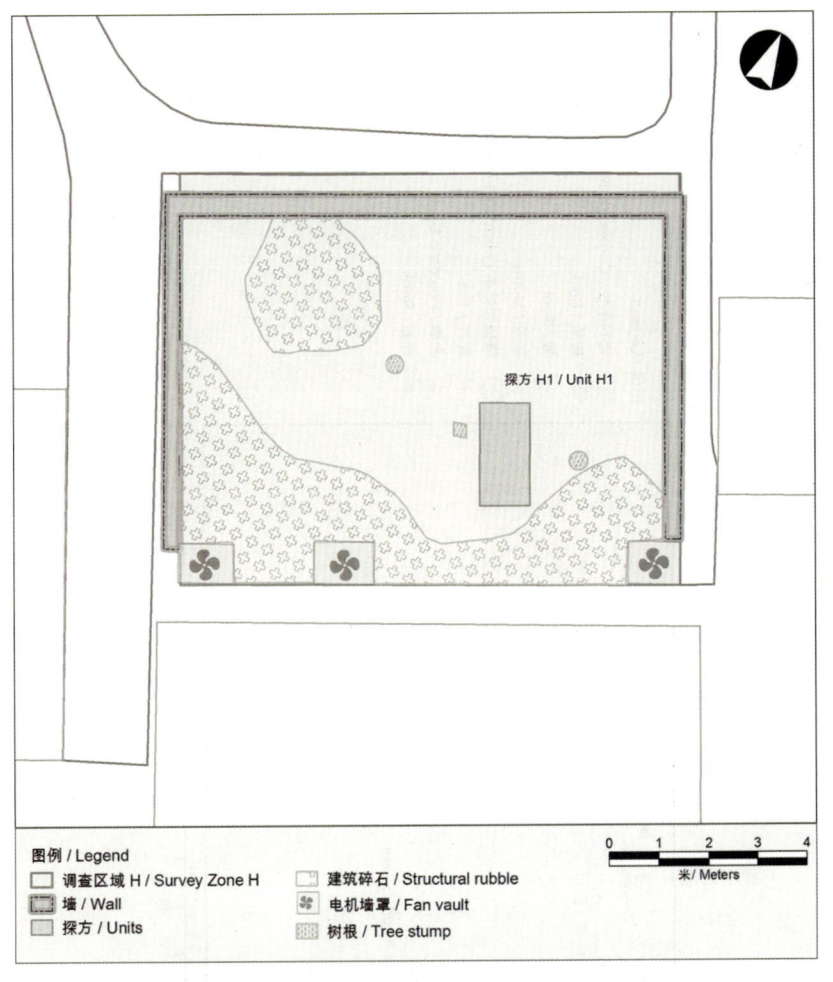

图 3-31　H 区地图，图内显示深度调查探方位置

图 3-32　H1 探方地表状况（拍摄方向：自西向东）

159

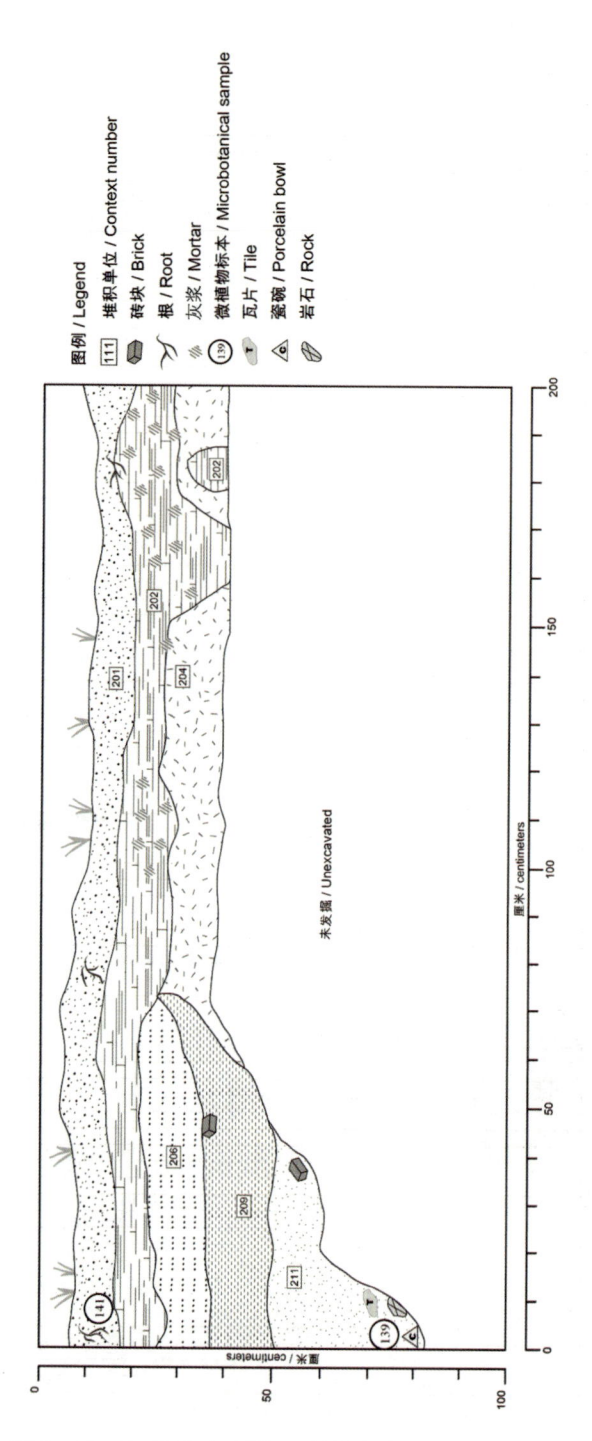

图3-33　H1探方东壁图，（拍摄方向：自西北向东南）

图 3-34  H1 探方西壁，拍摄于发掘完成后

表 3-11  探方 H1 堆积单位和年代属性

| 堆积单位 | 遗物状况 | 大致年代 |
| --- | --- | --- |
| 201、202 | 现代堆积 | 现代 |
| 203、205 | 现代表土 | 现代 |
| 206、207、208、209、210、211 | 石灰搅拌坑 | 1960s—1970s |
| 204 | 生土 | 无 |
| 212 | 地表采集 | 无 |
| 213、214、216 | 小型遗物 | 无 |

单位 206、207、208、209、210 和 211 均为 20 世纪六七十年代石灰搅拌坑中不同填充物的小型沉积。石灰搅拌坑位于 H1 探方北端 50 厘米处，距地表最深处达 89 厘米。石灰搅拌坑的南部边缘略向内倾斜，同时该坑延伸至探方的西壁、北壁和东壁，因此无法估计该遗迹的原始大小。部分坑壁上涂有干石灰。虽然坑内的各个堆积单位的土质土色不同，但其包含物的年代均为 20 世纪六七十年代。该石灰搅拌坑中各个堆积交错混杂，年代统一，说明该坑在短时间内被各色土壤填充，且之后不再使用。

单位 204 位于单位 202 和 205 之下，是石灰搅拌坑底端的生土层。

单位 212 来自地表调查，单位 213、214 和 216 出土小件器物，例如餐具陶瓷和中国棕色釉面炻器碎片。我们对其仅进行地点记录，未列入上述单位中。这些地层没有被记录在 H1 探方资料中。

### 总结和分析

H1 探方的所有单位是房屋结构倒塌以及其后 20 世纪六七十年代被重新用作石灰搅拌坑的结果。单位 201、202、203 和 205 均包含现代物品，说明已受现代活动干扰。单位 206、207、208、209、210 和 211 为 H1 探方北部大型石灰搅拌坑中不同填充物的小型沉积。

## 第五节　餐具瓷器分析

芭芭拉·沃斯

Barbara Voss

餐具包括所有用于盛放食用食物、饮料的瓷器：杯子、盘子、碗，以及用于个人正餐和盛放菜肴的用具、调料碟、茶壶、酒瓶等。由于餐具往往装饰精美，它们能提供关于审美价值和功能特征的信息。而且，因为餐具的风格和形制往往会随着时间的变化而变化，同时也会因为器物的来源而有所不同，分析餐具瓷器可以提供关于地表堆积的时间序列和村庄参与贸易网络的重要信息。

对仓东村 2018 年试掘中发现的餐具瓷器的分析遵循以下三步：

（1）根据一般陶瓷种类进行分类；

（2）鉴别纹饰；

（3）对选定的一些单位进行器物最小数量分析（Minimum Number of Vessel，MNV）。这些分析的结果提供了关于仓东村在区域和国际贸易、审美价值和用餐方式上的新信息。

### 陶瓷种类分析

首先，我们检查了所有在试掘中发现的瓷器标本，将餐具瓷器与其他瓷器标本（建筑用陶瓷、烹饪器、容器等）分开。然后，从遗物中选出可辨认的现代瓷器。现代瓷器指那些明显在1949年后制造的标本。对这些器物的辨认根据其是否拥有大规模工业生产相关的特征为标准，如瓷器坯料颜色和成分、施釉，以及装饰工艺（如贴花印刷）。在这一阶段的分析中，我们排除了地表采集的陶瓷标本，因为与试掘所发现的那些器物相比，它们的产地较不明确。

剩下的标本被分为三种陶瓷种类：瓷器、白瓷和其他陶瓷。对每一批标本我们都进行了计数和称重（表3-12）。这些结果可用于计算餐具瓷器的密度，计算是基于单位或单位组合而进行的（表3-13）。

中国瓷器占瓷器餐具标本的大宗（占总数量的94.10%，占总重量的94.69%）。他们的制造工艺、坯料和釉色变化多元。其中器壁大多较厚、轮制且有粗糙的玻璃或半玻璃质掺和物。大多采用手工上釉，釉色为蓝灰或灰绿色。这些特征与19世纪晚期至20世纪早期在中国南方制造的瓷器完全一致。

一些中国瓷片上有錾字，这些记号通常位于器物底部，由直接凿在瓷器釉面的文字、符号或是其他图案所组成。錾字标本的示例见图3-35。大部分錾字可能为姓氏，是器物拥有者的记号。在美国，錾字也出现于中国移民社群的餐具上，其中来自包括中国铁路劳工营中的瓷器（Michaels 2005; Voss 2015）。

只有一小部分（占总数量的1.69%，占总重量的1.31%）的瓷器餐具标本是英国制造的精陶器。英制精陶器通过添加补充物制造而成，特别是将地表的燧石加入红色或黄色的黏土中。在烧制时，这些改良过的黏土形成白色的胎体。大部分英制精陶器表面覆盖一层透明或轻微着色的釉，以保护陶瓷的白色。这些工业化生产的器物大多来自英国的斯塔福德郡（Staffordshire）。最近的一项关于19世纪英国陶瓷制造的全球性的研究表明这些商品在全球范围内进行贸易流通；1860年的《斯塔福德广告报》（*Staffordshire Advertiser*）声称，5.5%的陶瓷出口到了"东印度群岛和中国"（Brooks 2016）。

表 3－12　餐具瓷器陶瓷种类（按标本数量和重量）

| 单位 | 属性 | 大致年代 | 中国瓷器 数量(件) | 中国瓷器 重量(克) | 英国精陶器 数量(件) | 英国精陶器 重量(克) | 其他陶瓷 数量(件) | 其他陶瓷 重量(克) | 总计 数量(件) | 总计 重量(克) |
|---|---|---|---|---|---|---|---|---|---|---|
| 探方 A1:101,102,103 | 菜地填土和垃圾堆积 | 现代 | 56 | 124 | 1 | 1 | 5 | 13 | 62 | 138 |
| 探方 A1:104 | 混合填土和建筑废弃 | 1912—1949 | 53 | 130 | 1 | 4 | 0 | 0 | 54 | 134 |
| 探方 A1:105,106,107 | 混合填土和建筑废弃 | 1875—1927 | 117 | 449 | 1 | 1 | 5 | 21 | 123 | 471 |
| 探方 A1:108,112 | 混合填土 | 1875—1927 | 32 | 221 | 0 | 0 | 8 | 69 | 40 | 290 |
| 探方 A1:109,113 | 底部改生土 | 未知 | 0 | 0 | 0 | 0 | 0 | 0 | 0 | 0 |
| 探方 A2:150,151 | 菜地填土和垃圾堆积 | 现代 | 127 | 287 | 4 | 7 | 1 | 2 | 132 | 295 |
| 探方 A2:152 | 狗葬 | 现代 | 4 | 1 | 0 | 0 | 0 | 0 | 4 | 1 |
| 探方 A2:153 | 混合填土 | 1875—1927 | 45 | 84 | 1 | 4 | 5 | 21 | 51 | 110 |
| 探方 A2:154,156,158 | 混合填土和建筑废弃 | 1875—1927 | 75 | 184 | 0 | 0 | 5 | 4 | 80 | 189 |
| 探方 A2:155,157 | 石灰搅拌坑 | 1875—1927 | 47 | 127 | 0 | 0 | 5 | 12 | 52 | 139 |
| 探方 A3:118,119 | 混合填土和寺庙重建废弃 | 现代 | 387 | 2287 | 7 | 20 | 21 | 27 | 415 | 2334 |
| 探方 A3:120 | 混合填土 | 混合 | 265 | 701 | 5 | 28 | 8 | 22 | 278 | 751 |
| 探方 A3:121 | 混合填土和建筑废弃 | 1875—1927 | 333 | 967 | 3 | 8 | 7 | 48 | 343 | 1023 |
| 探方 H1:201,202 | 现代废弃 | 现代 | 9 | 16 | 4 | 4 | 0 | 0 | 13 | 20 |
| 探方 H1:203,205 | 现代表土 | 现代 | 2 | 8 | 0 | 0 | 0 | 0 | 2 | 8 |
| 探方 H1:206,207,208,209,210,211 | 混合石灰坑 | 1960s—1970s | 4 | 2 | 0 | 0 | 0 | 0 | 4 | 2 |
| 探方 H1:204 | 底土 | N/A 未知 | 4 | 3 | 0 | 0 | 0 | 0 | 4 | 3 |
| 探方 H1:213,214,216 | 小型遗物 | N/A 未知 | 3 | 64 | 1 | 1 | 0 | 0 | 4 | 66 |
| 合计 |  |  | 1563 | 5655 | 28 | 78 | 70 | 239 | 1661 | 5974 |

表 3-13 餐具瓷器种类密度，按标本数量和重量

| 单位 | 属性 | 大致年代 | 体积（立方米） | 中国瓷器 数量密度 | 中国瓷器 重量密度（克） | 英制粗陶器 数量密度 | 英制粗陶器 重量密度（克） | 其他陶瓷 数量密度 | 其他陶瓷 重量密度（克） | 总计 数量密度 | 总计 重量密度（克） |
|---|---|---|---|---|---|---|---|---|---|---|---|
| 探方 A1:101、102、103 | 莱地填土和垃圾堆积 | 现代 | 0.56 | 100.00 | 222.00 | 1.79 | 1.20 | 8.93 | 23.21 | 110.72 | 246.41 |
| 探方 A1:104 | 混合填土和建筑废弃 | 1912—1949 | 0.28 | 192.73 | 472.87 | 3.64 | 14.55 | 0.00 | 0.00 | 196.37 | 487.42 |
| 探方 A1:105、106、107 | 混合填土和建筑废弃 | 1875—1927 | 0.85 | 137.97 | 529.82 | 1.18 | 1.18 | 5.90 | 24.32 | 145.05 | 555.32 |
| 探方 A1:108、112 | 混合填土 | 1875—1927 | 0.22 | 148.15 | 1021.57 | 0.00 | 0.00 | 37.04 | 319.44 | 185.19 | 1341.01 |
| 探方 A1:109、113 | 底部饮生土 | N/A 未知 | 0.33 | 0.00 | 0.00 | 0.00 | 0.00 | 0.00 | 0.00 | 0.00 | 0.00 |
| 探方 A2:150、151 | 莱地填土和垃圾堆积 | 现代 | 0.34 | 377.98 | 854.61 | 11.90 | 19.82 | 2.98 | 4.97 | 392.86 | 879.40 |
| 探方 A2:152 | 狗葬 | 现代 | 0.03 | 137.93 | 34.48 | 0.00 | 0.00 | 0.00 | 0.00 | 137.93 | 34.48 |
| 探方 A2:153 | 混合填土 | 1875—1927 | 0.16 | 279.50 | 522.36 | 6.21 | 27.45 | 31.06 | 131.12 | 316.77 | 680.93 |
| 探方 A2:154、156、158 | 混合填土和建筑废弃 | 1875—1927 | 0.10 | 735.29 | 1808.24 | 0.00 | 0.00 | 49.02 | 40.10 | 784.31 | 1848.34 |
| 探方 A2:155、157 | 石灰搅拌坑 | 1875—1927 | 0.33 | 140.72 | 380.87 | 0.00 | 0.00 | 14.97 | 35.93 | 155.69 | 416.80 |
| 探方 A3:118、119 | 混合填土、庙宇废弃 | 现代 | 0.69 | 559.25 | 3304.64 | 10.12 | 28.64 | 30.35 | 39.03 | 599.72 | 3372.31 |
| 探方 A3:120 | 混合填土和建筑废弃 | 混合 | 0.29 | 907.53 | 2399.76 | 17.12 | 96.10 | 27.40 | 76.23 | 952.05 | 2572.09 |
| 探方 A3:121 | 混合填土地下填入 | 1875—1927 | 0.66 | 507.62 | 1473.60 | 4.57 | 12.20 | 10.67 | 73.17 | 522.86 | 1558.97 |
| 探方 H1:201、202 | 现代废弃 | 现代 | 0.44 | 20.32 | 36.12 | 9.03 | 9.03 | 0.00 | 0.00 | 29.35 | 45.15 |
| 探方 H1:203、205 | 现代表土 | 现代 | 0.02 | 95.24 | 368.10 | 0.00 | 0.00 | 0.00 | 0.00 | 95.24 | 368.10 |
| 探方 H1:206、207、208、209、210、211 | 石灰搅拌坑 | 1960s—1970s | 0.12 | 34.48 | 18.36 | 0.00 | 0.00 | 0.00 | 0.00 | 34.48 | 18.36 |
| 探方 H1:204 | 生土 | 未知 | 0.08 | 51.95 | 44.81 | 0.00 | 0.00 | 0.00 | 0.00 | 51.95 | 44.81 |
| 探方 H1:213、214、216 | 小型遗物 | 未知 | 未知 | 未知 | 未知 | 未知 | 未知 | 未知 | 未知 | 未知 | 未知 |
| 平均密度 | | | 5.49 | 284.70 | 1030.25 | 5.10 | 14.23 | 12.75 | 43.49 | 302.55 | 1087.96 |

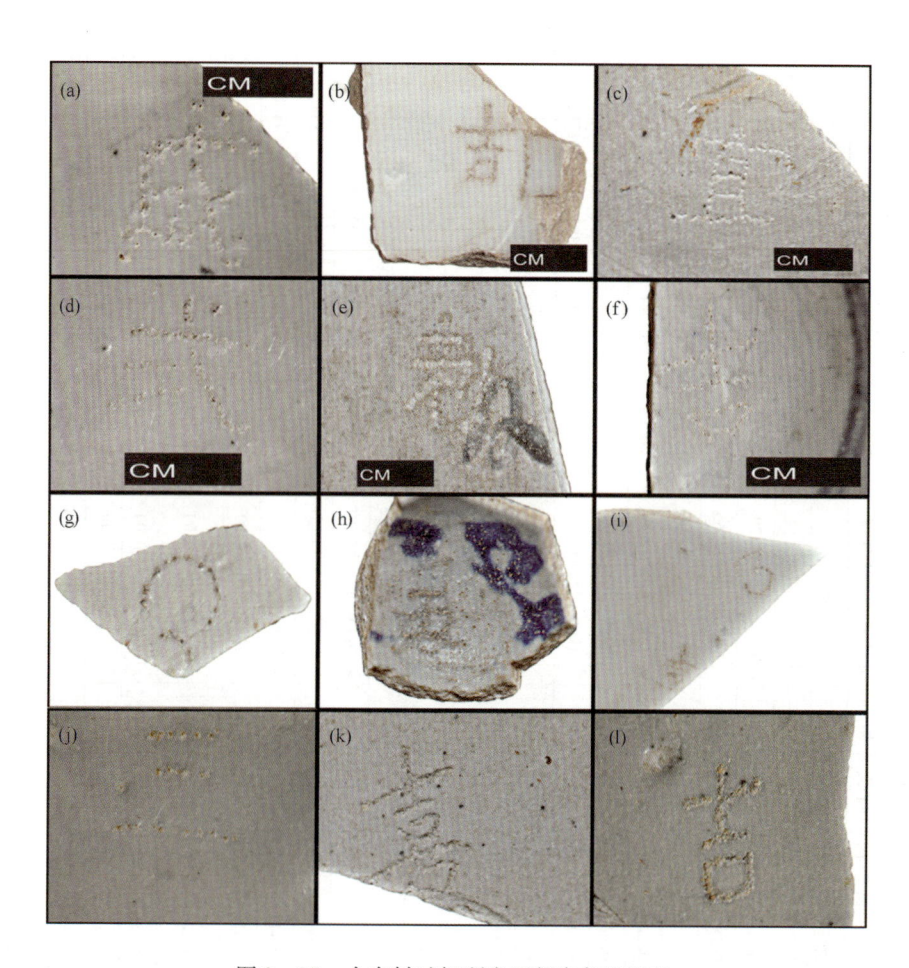

图 3-35 仓东村试掘所发现錾字餐具瓷器

（a）CVAP IN00551.3.01 "成"；（b）CVAP IN00534.3 "吉"；（c）CVAP IN00959.2 "宜"；（d）CVAP IN00910.2.04 "式"；（e）IN00847.5.08 "利"；（f）CVAP IN00847.5.16 "吉"；（g）CVAP IN00910.3.01 cf. 数字 "3"；（h）CVAP IN01005.3 "五"；（i）CVAP IN01005.3 "吉" 和数字 "3"；（j）CVAP IN01012.1 "三"；（k）CVAP IN01012.1 "喜"；（l）CVAP IN01012.1 "吉"

英制精陶器的制作通常采用模制，其中较为精致的部分采用轮制。陶胎的硬度和釉色可作为判断年代和制造商的标准（Majewski and O'Brien 1987）。仓东村的器物包括奶油色瓷、白瓷、改良白瓷，以及带蓝色的改良白瓷。奶油色瓷的生产始于 18 世纪 90 年代，是最早的英制精陶器种类。这类瓷器的鉴别基于其釉上轻微的黄色或 "奶油色" 光泽。白瓷的制造起始于 19 世纪 20 年代。奶油色瓷和白瓷均为非玻璃质瓷，可以通过莫氏矿物硬度表进行鉴别，它们的坯料硬度小于5.5。改良白瓷为半玻璃质瓷，其坯料硬度大于5.5。改良白瓷出现于19世纪40年代。

两件英制精陶器（IN00910.3.01）带有"蓝彩"，这是一种19世纪50年代引进的技术，通过在器物坯料中加入着色剂制造而成。这些瓷片出土于探方A的单位。其中一件瓷片内侧有内壁底部的錾字，似为一数字"3"。

剩余的餐具瓷器（占总数量的4.21%，占总重量的4.00%）为"其他陶瓷"，包括红色、黄色、褐色，以及灰色胎体的陶器或炻器，表面施有各种釉。这些餐具可能产自中国，并且很可能来自地方窑系，这些地方窑也同时制作炻器和陶瓷储藏器、建筑用瓷以及其他实用陶瓷。这些陶器或炻器碎片中没有发现带有装饰的标本。

表3-13提供了餐具瓷器密度的计算方法（每立方米出土的瓷片数或克数）。在四个试掘的探方中，餐具瓷器的堆积呈现显著的差异性。靠近夫人庙的探方A3中的堆积呈现出高度一致的高餐具瓷器密度，表明这是一个家用垃圾的集中堆积处。正如第三章第四节中所提及的，这个区域的土壤最有可能是来自其他地方的重新堆积，其来源可能包括鱼塘、灌溉水渠淤土以及夫人庙拆除与新建的建筑废弃物。瓷器餐具密度在探方H1所有的单位中都特别低，这个现象与H区地下堆积的较近年代相吻合。

最后，我们通过总重量除以总数量的方法得出了每个单位的餐具瓷器的破碎指数（Fragmentation Index）（表3-14）。这提供了各单位组的瓷片重量的平均数（均值）。瓷片平均重量表明了一种后埋藏行为：高数值倾向于与原始堆积相对应，而低数值表明了后埋藏过程中的破坏。后埋藏破坏可发生于原地埋藏过程，如踩踏、压碎、耕作，或其他导致土壤扰动的行为。这种情况在户外堆积中尤为常见，因为它们很容易受到人们或动物的踩踏。重新堆积（二次或三次堆积的形成）也会导致后埋藏破坏。

表 3－14　餐具瓷器破碎指数

| 单位 | 属性 | 大致年代 | 数量 | 重量（克） | 破碎指数 |
| --- | --- | --- | --- | --- | --- |
| 探方 A1：101、102、103 | 菜地填土和垃圾处理 | 现代 | 62 | 138 | 2.2 |
| 探方 A1：104 | 混合填土和建筑废弃 | 1912—1949 | 54 | 134 | 2.5 |
| 探方 A1：105、106、107 | 混合填土和建筑废弃 | 1875—1927 | 123 | 471 | 3.8 |
| 探方 A1：108、112 | 混合填土 | 1875—1927 | 40 | 290 | 7.3 |
| 探方 A1：109、113 | 底部次生土 | 未知 | 0 | 0 | 0.0 |
| 探方 A2：150、151 | 菜地填土和垃圾处理 | 现代 | 132 | 295 | 2.2 |
| 探方 A2：152 | 狗葬 | 现代 | 4 | 1 | 0.3 |
| 探方 A2：153 | 混合填土 | 1875—1927 | 51 | 110 | 2.1 |
| 探方 A2：154、156、158 | 混合填土和建筑废弃 | 1875—1927 | 80 | 189 | 2.4 |
| 探方 A2：155、157 | 混合石灰坑 | 1875—1927 | 52 | 139 | 2.7 |
| 探方 A3：118、119 | 混合填土和寺庙重建废弃 | 现代 | 415 | 2334 | 5.6 |
| 探方 A3：120 | 混合填土和建筑碎片 | 混合的 | 278 | 751 | 2.7 |
| 探方 A3：121 | 混合地表填土 | 1875—1927 | 343 | 1023 | 3.0 |
| 探方 H1：201、202 | 现代废弃 | 现代 | 13 | 20 | 1.5 |
| 探方 H1：203、205 | 现代表土 | 现代 | 2 | 8 | 4.0 |
| 探方 H1：206、207、208、209、210、211 | 石灰搅拌坑 | 1960s—1970s | 4 | 2 | 0.5 |
| 探方 H1：204 | 底土 | 未知 | 4 | 3 | 0.75 |
| 探方 H1：213、214、216 | 小型遗物 | 未知 | 4 | 66 | 16.5 |
| 总计 |  |  | 1661 | 5974 | 3.6 |

瓷器餐具的遗物组合的总破碎指数是 3.6，说明破坏程度较高，表明了本研究项目试掘的地下堆积曾经在此地受到破坏，或是从其他地点重新堆积而成。只有 4 个单位的破碎指数高于 3.6，即探方 A1 的单位 105、106 和 107；探方 A1 的单位 108 和 112；探方 A3 的单位 118 和 119；以及探方 H 的单位 201 和 202。考虑到探方 A1 和 A3 中的堆积情

况，这些发现与层位分析联系在一起，表明这些单位是具有历史完整性的。至于探方H1，近地表堆积的破碎指数要高于平均值，其原因可能是与之前H区中存在的大量植被有关，这些植被于2017年秋被清除。

## 餐具瓷器纹饰

大部分瓷器餐具标本具有纹饰。我们对纹饰的鉴定基于以下资源的比较分析：（1）已发表的关于中国南部古窑址的研究；（2）已发表的中国博物馆和私人收藏的民间陶器的样本；（3）美洲、非洲、澳大利亚和印度尼西亚的中国移民遗址中已发表的类型学资料；（4）斯坦福大学收藏的加州圣荷西市场大街唐人街（Market Street Chinatown）遗址中出土的瓷器标本。此外，我们也咨询了陶瓷专家，如美国亚洲比较物收藏馆的Priscilla Wegars博士和Lee Bibb，以及新竹清华大学的Ellen Hsieh博士。

值得注意的是，有两种类型的中国瓷器——四季花纹饰和豌豆花纹饰——并没有在仓东村的遗物中出现，不论是2016年的地表调查（Voss and Kennedy 2017）还是2017年的试掘，均未发现这两种纹饰器物。这两种类型的纹饰在铁路华工营和北美其他中国社群中均有出现。例如，在加州圣荷西市场大街唐人街遗址出土的瓷器标本中，四季花纹瓷器占瓷器餐具总数量的41.11%（Voss et al. 2018：417）。豌豆花纹多见于米酒瓶上，出现相对较少，仅占瓷器餐具总数量的1.14%。尽管如此，这类纹饰在北美西部的中国移民中仍有少量发现。这两类纹饰在仓东村堆积中的缺失，说明侨乡和海外社群的供给网络具有显著的不同。

## 中国瓷器

**釉下青花：** 青花是以钴料为着色剂，绘制在素烧的坯体上而成的图案。大多青花瓷器的花纹采用手工绘制，少数为印花和戳印。

**双喜：** 双喜纹饰结合了"喜喜"字图形和缠枝藤蔓（图3-36）。

在19世纪的北美中国移民区遗址中,双喜是中型碗最常见的纹饰。研究北美中国移民的考古学者通常认为这类瓷器的生产地是19世纪广东省东部的潮州大埔县高陂镇(Choy 2014)。但是,仓东村标本与海外出土的标本有所不同,它们在陶坯、釉和纹饰上更加随意且形制更大更厚,陶坯较为粗糙。这表明在仓东村使用的器物可能一开始是从珠江三角洲流域的本地窑获得的,而不是来自广东东部的高陂镇窑。双喜标本在仓东村和海外移民社区的差别说明了进一步进行跨国比较研究的重要性。

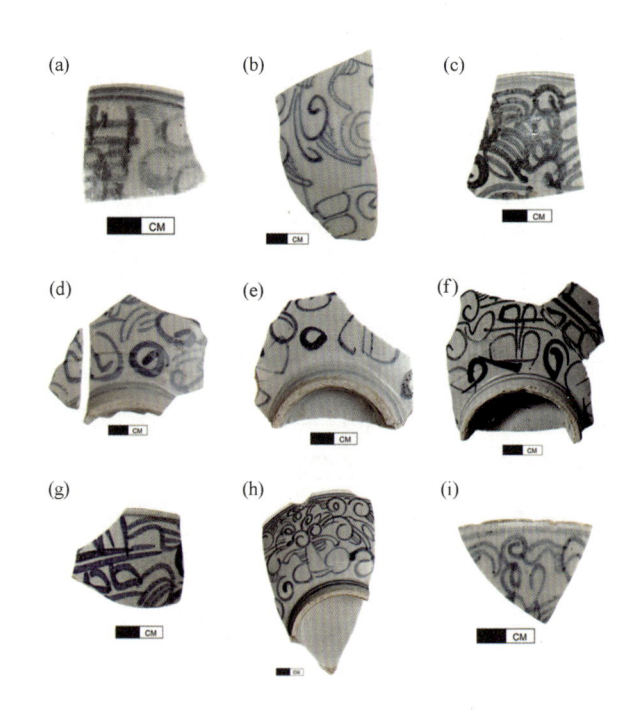

图 3-36 双喜纹餐具瓷器
(a) CVAP IN00605.3.13;(b) CVAP IN00715.2.02;(c) CVAP IN00847.5.02;(d) CVAP IN00847.5.04;(e) CVAP IN00847.5.06;(f) CVAP IN00910.2.08;(g) CVAP IN00910.2.11;(h) CVAP IN01005.3;(i) CVAP IN01005.3

**寿桃灵芝**:正如名字所示,寿桃灵芝纹的主要特征是交替出现的寿桃和灵芝图案,二者都代表着不朽。其最大的特点是器物表面被分为两层环环相扣的花瓣,每层中有六瓣,且带有交替出现的灵芝和寿桃的图案（二者都是长寿的象征）（Willits and Lim 1981：12 – 13）。在较大的器物上，如碗或盘子，设计较为开放并且明确（图 3 – 37a 和 3 – 37b），而在较小的器物上，如杯子，设计则较为随意（图 3 – 37c 和 3 – 37d）。这些瓷器已经在 18 和 19 世纪的福建德化窑中有所记录（Chen 1999：35，Plate 39），并且在同时期的中国台湾、印度尼西亚和美国的遗址中被发现（Layton 1997；Weisz 2014；Ellen Hsieh 2018 个人通讯）。

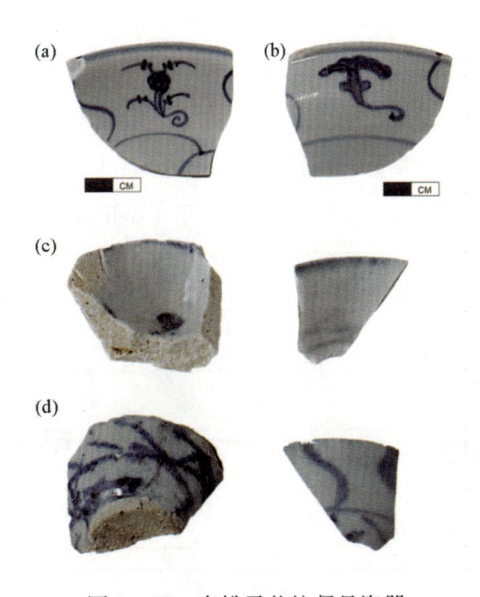

图 3 – 37　寿桃灵芝纹餐具瓷器
(a) CVAP IN01012.1，内侧；(b) CVAP IN01012.1，外侧；(c) CVAP IN01012.1，内侧；(d) CVAP IN01012.1，外侧

**竹花**：竹花纹饰的器物以手绘的竹林、花草和秀石为主，也被称为"三友"。这些纹饰的对立面上通常有三个圆圈和一个抽象图形，可能代表蜻蜓或者某种菌类（Kang 2013；Choy 2014）（图 3 – 38a）。和双喜青花一样，竹花中型碗是海外 19 世纪中国移民遗址中最常见的纹饰类型，其生产地也是梅州大埔县的高陂镇（Choy 2014）。

**兰石**：兰石纹饰以手绘的竖石和兰花为中心，周边围绕其他植物（图 3 – 38b）。这种纹饰通常出现在中型碟上。与竹花、双喜一样，兰石是 19 世纪中国移民遗址中最常见的纹饰类型。由于其绘图风格与竹花相似，兰石纹饰的瓷器生产地也可能是潮州大埔县高陂镇，不过这个观点尚未得到实地调查的证实。

**团菊**：手绘团菊纹通常出现在瓷碗和瓷碟上（图3-38c）。一个瓷碗标本上出现了简化版的团菊纹饰，碗外侧壁上带有简化的花瓣和叶子，其口沿为不常见的波浪形（图3-38d）。团菊瓷碗曾出现于荷兰属南非殖民地的考古遗址（Klose and Schrire 2015：117）以及马来西亚的历史陶瓷收藏（Willits and Lim 1981：34，50-51）。这种纹饰的年代是18—19世纪。

**梵文**：梵文瓷器也被称作"OM"瓷器，纹饰由手绘的重复性符号组成（图3-38e）。这些符号象征一种用于祈祷和冥想的诵咒之音"OM"，被广泛用于印度教、佛教、耆那教和锡克教。在18—19世纪，梵文瓷器大多生产于福建省德化县，主要出口至东南亚（Willitsand Lim 1982：6，34）。

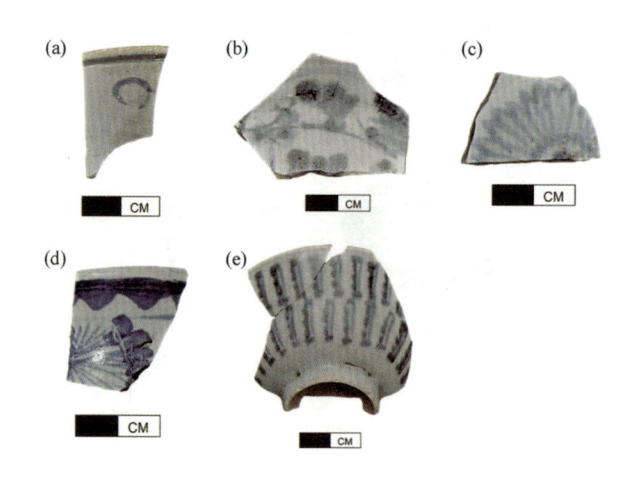

图3-38 其他青花餐具瓷器
（a）CVAP IN00703.2.04，竹花；（b）CVAP IN01005.3，兰石；（c）CVAP IN00847.5.18，团菊；（d）CVAP IN00910.2.13，团菊；（e）CVAP IN01005.3，梵文

**褐边装饰的莲纹**：此装饰类型只在内壁底部保留有釉和褐边装饰的浅碗上出现（图3-39a）。褐边装饰在17世纪中期的清顺治年间被首次引进。加入这种富铁的装饰是为了强化器物的边缘以及使得边缘表面的釉显得更薄。这减轻了"破旧的"边缘的问题，造成这种问题的原因是在烧制过程中釉收缩所导致的釉剥落（Rinaldi 1989）。在美国，这

种类型的陶瓷碎片在几个与北太平洋铁路（1881—1883）相关的中国劳工营遗址中有所发现，包括橱柜码头（Cabinet Landing）、彼得森农场（Peterson Farm）和花岗岩车站（Granite Station）(Weisz 2014）。

**模板印花**：图3-39b展示了一件模板印花图案，它与Chumei Ho (1988：216-217）所记录的位于福建省闽南陶瓷区（德化、安溪和永春县）福昌附近的一个阶梯窑中的遗存相似。与这个图案能精确匹配的样本发现于加州圣贝纳迪诺（San Bernadino）唐人街的遗址中，此处碗被用作一件大型炻器罐的盖子（Costello，Hallaran，and Warren 2010：Fig 6-24）。

**寿字纹**：从印章书法中提取出的"寿"字是中国瓷器餐具中古往今来一种常见图案（e.g., Greenwood 1996：113, Plate 2；Chen 1999：26；Lu and Guan 1999：263）。寿字纹代表着长寿，在仓东村的瓷器上所发现的方体印章字符则有"愿君长命百岁"之意（Welch 2008 #5627：215）。图3-39c为一只碗外侧壁上的寿字纹；图3-39d的寿字纹也位于碗的外侧壁，其风格较为形式化。

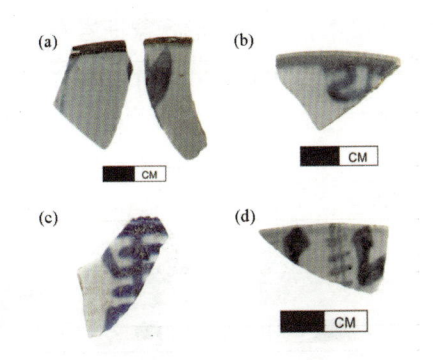

图3-39 青花纹饰
（a）CVAP IN00646.3.09，莲纹，褐色口沿；（b）CVAP IN00949.2.01，模板印花图案；（c）CVAP IN00847.5.35，寿字纹；（d）CVAP IN00718.6，风格化的寿字纹

**未知纹饰**：几件青花瓷片上装饰的纹饰暂时无法鉴别。此处举几种具有代表性的瓷片的图案为例，以助于未来的对比研究。

图3-40a和3-40b：此纹饰与众不同，出现在仓东村几只碗的外壁上，纹饰的位置大多靠近口沿。这种纹饰与中国南方一些已知的历史瓷器图案有一定的可比性，如蟹纹（Lu and Guan 1999：123）和蝴蝶纹

(Mudge 1986：105，Figure 158）。它也能和日本产的克拉克风格的器物上的装饰要素相媲美（Klose and Schrire 2015：127，Figure 4.24）。Hsieh（个人通讯，2018）认为它可能是一种艺术化的寿字纹，该纹饰与图3-40b上艺术化的寿字纹基本一致，支持了这种阐释。

图3-40c：此纹饰十分少见，在蓝色图案之上，覆盖了一系列深蓝色的圆圈和线条。目前尚未发现能与这种图案相似的标本。

图3-40d：此纹饰位于一件碗的底部中央，类似于花或太阳符号（Chen 1999：46，Plate 72；Yeo and Martin 1978：302）。

图3-40e：此纹饰位于一件碗内侧底部的正中，类似于花卉图案，与《中国青花瓷》（*Chinese Blue and White Porcelain*）中的一例标本（Lu and Guan 1999：285）十分相似。

图3-40f：此纹饰出现在一件酒瓶的颈部底侧，其风格随意，接近回纹（Welch 2008：212-213）或席纹（Wästfelt et al. 1990）。

图3-40g：这些瓷片来自一件有装饰的盘子，其中的平行线条象征水，垂直线条和点象征草木，填色的形状象征岩石。这类图案常见于中国瓷盘的风景图中（e.g.，Willits and Lim 1981：10，Figure 18；Chen 1999：51，Figure 95）。

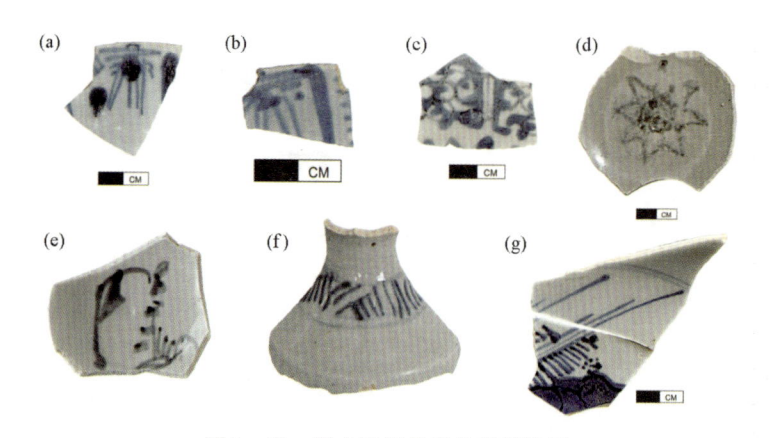

图3-40 尚未识别的青花餐具瓷器
(a) CVAP IN00667.3.01；(b) CVAP IN00718.6；(c) CVAP IN01005.3；(d) CVAP IN00855.2.01；(e) CVAP IN01012.1；(f) IN01012.6；(g) CVAP IN00605.3.01

**釉下蓝绿彩**：在仓东村的试掘中，发现了蓝绿两色相结合的釉下彩绘装饰（如图3-41a、3-41b）。这些瓷器大约制造于20世纪早期和中期。这些釉下蓝绿彩瓷中没有可鉴定为已知类型的纹饰。

**彩色瓷**：这类瓷器采用三种或以上的颜料绘制，往往包括釉上和釉下彩。此处仅讨论手绘彩色瓷餐具，因为其他纹饰技术，如印花、戳印和贴花法，往往是现代工艺的产物（20世纪中期或以后）。

**戴普花纹**：戴普花纹（又称方格纹）由两或三条交错斜线构成菱形，加以小点或者反色点缀其中。这种纹饰在嘉靖年间（1521—1567）引入中国（Kuwayama 1997：65），沿用至今。2017年在仓东村试掘中收集的戴普纹饰瓷片均由绿色釉下线纹组成菱形图案，每个菱形用三点釉上红色圆点点缀其中（图3-41c）。

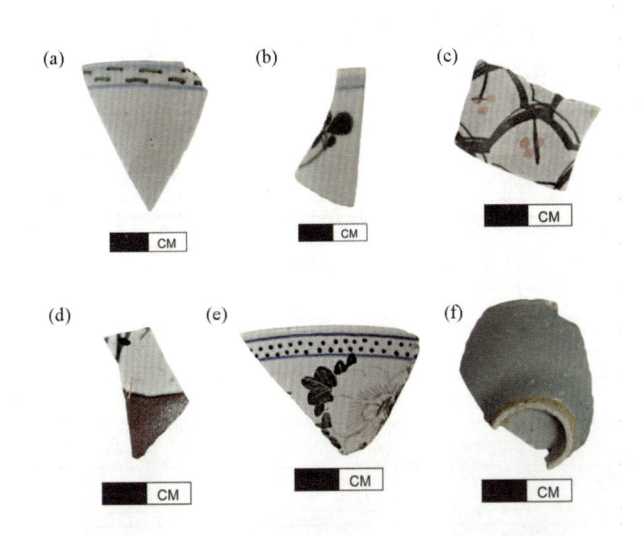

图3-41 双色、多色以及彩色釉的餐具瓷器
（a）CVAP IN00646.3.03，釉下蓝绿彩；（b）CVAP IN00646.3.06，釉下蓝绿彩；（c）CVAP IN00978.3，戴普花纹；（d）CVAP IN00978.3，紫金纹；（e）CVAP IN00910.2.01 花卉彩色瓷；（f）CVAP IN00718.6，冬青釉

**紫金釉**：紫金瓷又称为巴达维亚瓷（Batavia Brown）或者卡普辛瓷（Capuchin Ware），其制作方法是白瓷面上施以一层褐色釉底料，剩余白色部分采用手工彩绘。这类瓷器产于1650—1800年，主要出自景德镇，以船运销往世界各地，包括荷属殖民地印度尼西亚和英国伦敦（Madsen and White 2011：123-128）。不过，仓东村的一些标本上有更

多的现代颜料，可能是 19 世纪晚期至 20 世纪早期的产物。从仓东村采集的瓷片的白色部分上采用了釉下枝叶纹饰加以釉上红彩的图案（图 3-41d）。

**花卉彩色瓷**：数件餐具瓷片标本上有红色、粉色和绿色的花卉纹饰，偶见釉下蓝色带纹或点缀纹（图 3-41e）。尽管它们并没有特定的纹饰名，这类标本与 18—19 世纪在荷属殖民地以及海外中国人社区所见的色彩瓷相似。

**彩釉—冬青釉**：有些瓷器餐具以"冬青釉"进行简单装饰，该釉色施于器物内外壁，或仅限外壁（图 3-41f）。这种釉色首创于宋代景德镇，后沿用至今（Choy 2014）。

**鸟语花香**：这类手绘图案描绘一只鸟独自立在花团锦簇的枝叶之间（图 3-42a）。在北美，这种著名的纹饰也曾见于位于图森（Tuscan）的亚利桑那唐人街（Arizona Chinatown）（Lister and Lister 1989：56-57），年代为 19—20 世纪。

**皮球纹**：皮球纹由不对称的圆形装饰组成，每个球内部往往有几何或花卉图案。这种纹饰在青花和彩色瓷中均有出现（Lu and Guan 1999：234）。这件标本（图 3-42b）是一件有蓝、黄、红、黑花纹的彩色瓷，口沿外侧镶有金边，足圈外侧有一圈红边。其铭款（3.5-10b）显示该标本的制造年代为清朝同治年间（1861—1875）。

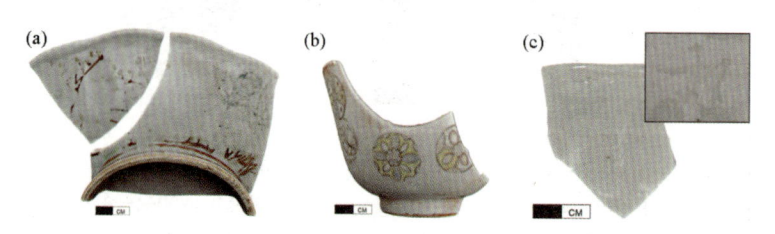

图 3-42 彩色餐具瓷器
（a）CVAP IN01005.3d，鸟语花香；（b）CVAP IN00621.1.01，皮球纹；（c）CVAP IN00978.3，褪色的抵制口号

**抵制口号**：在一件荷叶边碗的碎片留有褪色的釉上彩，留有"挽囬（利）权"的中文字符（图 3-42c）。这个词组应为标语"振兴国货，挽回权利"的一部分，与消费者抵制舶来品的运动有关。通过将这个标

语写或印在中国制造的产品上，利于消费者辨识本国产品。

中国国民消费者抵制运动主要针对日本产品，如 1908 年的二辰丸抵制运动，1909 年的满洲里铁路抵制运动，1915 年二十一条抵制运动，1919 年山东抵制运动（与五四运动同时），1923 年广东抵制运动（也称作耻辱日抵制运动），以及 1927—1929 年青岛和济南事件抵制运动。1905 年，为抗议排华法案，中国也曾抵制美国。1925—1926 年，中国对英国实行抵制，还展开了封锁香港港口的行动（Foster 1906；Orchard 1930）。这件碗上的字符可能与其中一个或多个运动有关。

## 白瓷

仅有一件白瓷瓷片上有纹饰（图 3 - 43）。该瓷片来自一只碗，外侧表面釉下转印有花卉纹。纹饰尚无法鉴定。釉下转印在 1780 年被引入英国，沿用至今，尽管它在 19 世纪 90 年代被贴花大量取代。绿色转印出现于 1828 年，该颜色的使用高峰期是在 1828—

图 3 - 43　CVAP IN00526.4.01，外侧釉下转印花纹的白瓷片

1850 年，但在 19 世纪晚期再次流行，主要的纹饰为花卉纹（Majewski and O'Brien 1987：145）。图 3 - 43 展示的瓷片的生产日期最有可能在 1880—1900 年。

## 铭款

只有 4 件瓷片有铭款。它们均为中国瓷碗，铭款在器物底部的外侧。图 3 - 44a 为一件素面瓷片，上有压印或是模印的铭款。此铭款不可识读。图 3 - 44b 是来自图 3 - 42b 所示的皮球纹碗上。此铭款是篆书御印"大清同治年制"（清朝同治皇帝统治时期为 1862—1875 年）。图 3 - 44c 展示了一件冬青纹饰大碗底部的蓝色御印。图 3 - 44d 展示了一件部分手绘的瓷器底部的铭款，由于其破碎过于严重，因此无法识别。

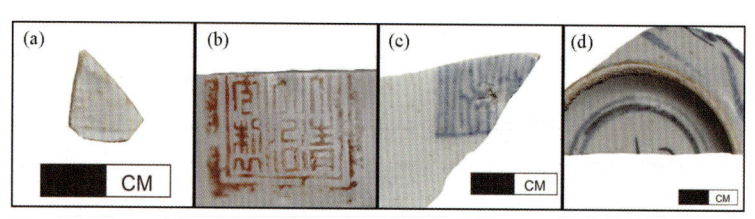

图 3-44 铭款

(a) CVAP IN00605.3.17，素面底部残片，上有模糊不清的压印符号；(b) CVAP IN00621.1.01，年号印，大清同治年制，（1862—1875）；(c) CVAP IN00847.5.11，破碎的风格化年号印；(d) CVAP IN00847.5.17，部分手绘的铭款

## 器物最小数量分析

器物最小数量分析（MNV）是一种定量方法，它根据考古遗存中出现的遗物碎片来复原原器的最小数量。通常，利用最多的器物也是最易破碎的（Rice 1974）。根据这条原则，MNV 分析可重现过去某个社会群体各种陶器使用的比例情况，使研究者得以研究与陶瓷的获取和使用相关问题。

仓东村陶器的 MNV 分析结合定性与定量的方法（Voss and Allen 2010）。由于 MNV 分析适用于完整的考古堆积，本研究只对 5 处堆积进行了 MNV 分析。

单位104：混合填土和建筑废弃，1912—1949 年（表 3-15）

表 3-15 探方 A1 单位 104 器物最小数量统计

| 器形 | 器物大小（厘米） | 陶瓷类型 | 纹饰 |
| --- | --- | --- | --- |
| 碗 | 13 | 瓷器 | 蓝绿彩 |
| 碗 | 14 | 瓷器 | 竹花 |
| 碗 | 14 | 瓷器 | 青花，莲纹，褐色口沿 |
| 碗 | 14 | 瓷器 | 蓝绿彩 |
| 碗 | 15 | 瓷器 | 青花 |
| 碗 | 16 | 瓷器 | 青花，莲纹，褐色口沿 |
| 碗 | 18 | 瓷器 | 双喜 |
| 杯子 | 5 | 瓷器 | 寿桃灵芝 |
| 中凹餐具 | 无法测量 | 瓷器 | 冬青 |
| 勺子 | 未知 | 瓷器 | 无纹饰 |

单位105、106和107：混合填土和建筑废弃，1875—1927年（表3-16）

表3-16  探方A1单位105、106和107中的器物最小数量统计

| 器形 | 器物大小（厘米） | 陶瓷类型 | 纹饰 |
| --- | --- | --- | --- |
| 碗 | 10 | 瓷器 | 皮球 |
| 碗 | 14 | 瓷器 | 双喜 |
| 碗 | 14 | 瓷器 | 双喜 |
| 碗 | 14 | 瓷器 | 青花，褐边莲纹 |
| 碗 | 14 | 瓷器 | 青花，蟹纹或寿字纹 |
| 碗 | 16 | 瓷器 | 青花，有留白 |
| 碗 | 16 | 瓷器 | 青花，褐边莲纹 |
| 碗 | 17 | 瓷器 | 青花 |
| 碗 | 18 | 瓷器 | 青花，模板印花 |
| 碗 | 约20 | 瓷器 | 青花，风景（水和岩石图案） |
| 碗 | 22 | 瓷器 | 无纹饰 |
| 碗 | 无法测量—中型 | 瓷器 | 竹 |
| 碗 | 无法测量—中型 | 瓷器 | 青瓷，花卉 |
| 碗 | 无法测量—中型 | 瓷器 | 无纹饰 |
| 碗 | 无法测量—中型 | 瓷器 | 蓝绿彩，花卉 |
| 碗 | 无法测量—中型 | 瓷器 | 青花，太阳或花卉纹 |
| 杯子 | 5 | 瓷器 | 寿桃灵芝 |
| 杯子 | 8 | 瓷器 | 冬青 |
| 中凹餐具 | 20 | 瓷器 | 青花 |
| 中凹餐具 | 无法测量 | 瓷器 | 青花 |
| 不明器物 | 无法测量 | 白瓷—奶油色陶器 | 无纹饰 |
| 不明器物 | 无法测量 | 橄榄绿釉炻器 | 无纹饰 |
| 盘子 | 8cm | 瓷器 | 兰石 |
| 盘子 | 10cm | 瓷器 | 青花 |
| 盘子 | 16cm | 瓷器 | 青花，花卉纹 |
| 勺子 | 无法测量 | 瓷器 | 无纹饰 |
| 茶壶 | 无法测量 | 不透明白釉炻器 | 无纹饰 |

单位108和112：混合填土，1875—1927年（表3-17）

表3-17 探方A1单位108和112中的器物最小数量统计

| 器形 | 器物大小（厘米） | 陶瓷类型 | 纹饰 |
| --- | --- | --- | --- |
| 碗 | 10 | 瓷器 | 青花，褐边莲纹 |
| 碗 | 13 | 瓷器 | 冬青 |
| 碗 | 14 | 瓷器 | 无纹饰 |
| 碗 | 16 | 瓷器 | 青花 |
| 碗 | 16 | 瓷器 | 青花，有方形留白 |
| 碗 | 16 | 橄榄绿釉炻器 | 无纹饰 |
| 碗 | 无法测量—中型 | 瓷器 | 双喜 |
| 碗 | 无法测量—中型 | 瓷器 | 青花，圆形留白 |
| 碗 | 无法测量—中型 | 瓷器 | 青花，花卉纹，圆形留白 |
| 碗 | 无法测量—中型 | 瓷器 | 青花，褐边莲纹 |
| 碗 | 无法测量—中型 | 瓷器—未上釉 | 素面 |
| 碗 | 无法测量—中型 | 瓷器—未上釉 | 素面 |
| 碗 | 无法测量—中型 | 瓷器—未上釉 | 青花 |
| 杯子 | 8 | 瓷器 | 青花 |

单位154、156和158：混合填土和建筑废弃（表3-18）

表3-18 探方A2单位154、156和158器物最小数量统计

| 器形 | 器物大小（厘米） | 陶瓷种类 | 纹饰 |
| --- | --- | --- | --- |
| 碗 | 9 | 瓷器 | 青花 |
| 碗 | 10 | 瓷器 | 青花 |
| 碗 | 13 | 瓷器 | 青花 |
| 碗 | 14 | 橄榄绿釉炻器 | 无纹饰 |
| 碗 | 22 | 瓷器 | 青花 |
| 杯子 | 7 | 瓷器 | 青花，梵文 |

单位155和157：石灰搅拌坑，1875—1927年（表3-19）

表 3-19　探方 A2 单位 155 和 157 器物最小数量统计

| 器形 | 器物大小（厘米） | 陶瓷种类 | 纹饰 |
| --- | --- | --- | --- |
| 碗 | 10 | 瓷器 | 青花 |
| 碗 | 10 | 瓷器 | 青花 |
| 碗 | 12 | 瓷器 | 无纹饰 |
| 碗 | 12 | 瓷器 | 青花 |
| 碗 | 13 | 瓷器 | 青花，褐边莲纹 |
| 碗 | 无法测量—中型 | 瓷器 | 竹花 |
| 碗 | 无法测量—中型 | 瓷器 | 双喜 |
| 碗 | 无法测量—中型 | 瓷器 | 梵文 |
| 碗 | 无法测量—中型 | 瓷器 | 青花，蟹纹或寿字纹 |
| 碗 | 16 | 瓷器 | 青花 |
| 调味碟 | 6 | 瓷器 | 素面 |
| 中凹餐具 | 14 | 褐色釉陶器 | 无纹饰 |
| 盘子 | 无法测量 | 瓷器 | 青花，风景图案，云和水 |
| 勺子 | 无法测量 | 瓷器 | 素面 |

MNV 分析显示早期（1875—1927）和晚期（1912—1949）的陶瓷使用无大变化。但是，由于只有一处晚期堆积，且早、晚两期在时间上有一定重合，我们的分析结果尚不确定。

同时，我们用 MNV 分析的结果进行了器物形制分布的分析，采用了大小等级将器物分为小、中、大和特大（表 3-20）。MNV 的分析结果显示，中型碗是 5 处堆积中最为普遍的器物，它在单位 104 中占 50%，在单位 105、106 和 107 中占 37%，在单位 108 和 112 中占 71%，在单位 154、156 和 158 中占 50%，在单位 155 和 157 中占 64%。中型碗的盛行与我们对 19 世纪中国南方餐饮物质文化的预期相符。典型的一餐饭包括含淀粉的主食（往往是米饭），加上备好的菜肴，这些菜肴往往装在家庭式的大碗和盘子里上桌，并且摆在餐桌正中。用餐者的餐具通常包括一个中型碗、一双筷子、一个瓷勺、一个茶杯，有时还有一个小盘子。如果餐食里有汤或者粥，则通常会盛装在用餐者自己的碗里，并在开餐之时上桌。用完汤后，米饭或谷物被添入同一只碗里。在进餐过程中，用餐者将蔬菜和肉持续不断地添入碗中（Chang 1977；Anderson 1988；Simoons 1991；Cummings et al. 2014；Kennedy 2016）。

表 3-20 器型分析　　　　　　　　　　　　（单位：件）

| 器型分析器形 | 单位 104 | 单位 105、106、107 | 单位 108、112 | 单位 154、156、158 | 单位 155、157 | 总计 |
| --- | --- | --- | --- | --- | --- | --- |
| 小型碗（<10厘米） | 0 | 0 | 0 | 1 | 0 | 1 |
| 中型碗（10—15厘米） | 5 | 10 | 10 | 3 | 9 | 37 |
| 大型碗（>15—20厘米） | 2 | 6 | 3 | 0 | 1 | 12 |
| 超大型碗（>20厘米） | 0 | 0 | 0 | 1 | 0 | 1 |
| 调料碟 | 0 | 0 | 0 | 0 | 1 | 1 |
| 超小型杯（<5厘米） | 1 | 1 | 0 | 0 | 0 | 2 |
| 中型杯（5—10厘米） | 0 | 1 | 1 | 1 | 0 | 3 |
| 中凹餐具 | 1 | 4 | 0 | 0 | 1 | 6 |
| 小型盘（<10厘米） | 0 | 1 | 0 | 0 | 0 | 1 |
| 中型盘（10—15厘米） | 0 | 1 | 0 | 0 | 1 | 2 |
| 大型盘（>15—20厘米） | 0 | 1 | 0 | 0 | 0 | 1 |
| 勺子 | 1 | 1 | 0 | 0 | 1 | 3 |
| 茶壶 | 0 | 1 | 0 | 0 | 0 | 1 |
| 最小器物数量总计 | 10 | 27 | 14 | 6 | 14 | 71 |

　　中型碗也是北美铁路华工营和其他中国移民遗址中最常见的器物种类。举例来说，按重量统计，圣荷西市场大街唐人街中的53.99%的中国瓷器为中等大小（10—15厘米）的"饭"碗（Voss in press）。这个发现与 Ross（2011：80）对北美中国移民遗址的餐具器形进行的遗址间层次分析法的结果一致：中型碗几乎总是发现的器物中最常见的器形（参见 Evans 1980；Felton et al. 1984；Staski 1993；Rains 2003）。

　　中型碗在仓东村堆积中的主导地位表明，此地用餐模式从19世纪至20世纪早期延续不变。这个发现尤为重要。在此期间，中国南方发生了很多变化，包括政治动荡和经济重组。同时，返乡的移民给仓东村和侨乡的其他村落带来了来自世界各地的文化影响，村中各方面的物质文化产生巨变，涉及医药、着装、美容以及建筑（Tan 2013a；Tan

2013b；Voss and Kennedy 2017）。然而，考古证据却显示与食物盛放和消费相关的物质文化则持续不变。

MNV 分析也揭示了 5 处堆积中关于餐具瓷器纹饰分布的一个有趣现象。仓东村的地表调查显示，居民使用各式的餐具瓷器，包含几十种不同的装饰和图案（Voss and Kennedy 2017）。然而，当我们对地下堆积的餐具瓷器进行仔细分析后，发现只有少数的餐具瓷器纹饰类型在从晚清（约 1875—1912）至民国（1912—1949）时期使用。大多数瓷器为简单的青花瓷器，它们在单位 104 中占 64%，在单位 105、106 和 107 中占 63%，在单位 108 和 112 中占 64%，在单位 154、156 和 158 中占 83%，在单位 155 和 157 中占 71%。只有少数的青花瓷器上带有纹饰，包括竹花、双喜、寿桃灵芝、兰石、梵文、莲纹、蟹纹、寿字纹、风景纹、太阳以及花卉纹。纹饰均为粗略的手绘图案，其中许多为高度风格化的，其所在器物往往具有粗糙的坯料包含物，且器物内壁底部和铁边处留有未施釉的部分。这些特征使得碗可以大批量堆叠制造，无须单独烧制。其他器物大多为素面。唯一的例外是 3 件冬青瓷器（素面青釉）和一件皮球纹的釉上珐琅彩瓷碗。这些廉价青花瓷器，带有简单的风格化图案装饰，它们的流行表明仓东村的居民的日常餐具主要依赖购买低廉的本土瓷器。与此相反，海外的中国人社区往往更加高频率地使用相对昂贵的多彩釉上彩瓷以及冬青瓷。例如，在圣荷西市场大街唐人街的瓷器中，41.11% 的瓷片为四季花纹，26.87% 为冬青纹（Voss et al. 2018）。

我们通过进行更多的研究来更进一步理解这些结果的重要性。在仓东村餐具使用的近代史上，用于进餐的瓷器类型保持不变，但其纹饰随着时间变迁有所变化，并且与海外中国人社区的瓷器有所不同。这个现象最简单的解释是仓东村的居民在消费上注重价格，倾向于购买当地生产的廉价餐具，而非更昂贵的景德镇陶瓷。另外一种原因则是 19 世纪末 20 世纪初中国南部的政治经济动荡破坏了本地供应链，使村民更难获取非本地生产的瓷器。很明显的一点是，仓东村居民与海外中国移民在餐具使用方面的差别日益增大。

## 结　论

餐具瓷器为我们调查侨乡本地的物质实践提供了丰富的证据。通过上述分析，我们有以下发现：

仓东村的堆积中瓷器高度破碎，这与遗址受到人类或动物活动造成的踩踏和扰动的情况相符，同时也和气候现象有关。这个发现证实了第四节的结论，这些堆积最有可能是当地的露天垃圾堆，通过村民的重复使用，缓慢堆积而成。

大部分餐具瓷器是中国瓷器，也有一小部分中国陶器和炻器。不过，仓东村村民也使用了一些进口瓷器，例如英国白瓷。

仓东村陶器的纹饰包括了多样的装饰图形和图案。然而，四季花纹和豌豆花纹这两种常常出现在中国铁路劳工营和北美其他中国人居址的常用纹饰并未出现在仓东村。这是仓东村村民和其他海外移民在餐具瓷器使用上一个显著差异。

在可用于 MNV 分析的堆积中，中型碗占绝大多数，这表明传统的餐饮习俗延续到了 19 世纪末 20 世纪初。

在 1875—1949 年的堆积中，一大部分餐具瓷器为廉价的青花瓷，可能产自本地窑。青花瓷占主要地位也是仓东村和北美中国移民社区之间一个显著的不同。

以上这些发现证实了物质文化研究对于揭示侨乡日常生活的重要性。通过仓东村的地表调查和试掘，我们获取了关于本地、地区之间以及国际的生产消费网络的新的重要信息，同时，也使我们得以将侨乡和历史上海外中国人社区日常生活进行比较研究。

## 第六节　仓东村动物遗存分析

莱恩·肯尼迪

J. Ryan Kennedy

动物考古主要研究地下文化堆积中所发现的动物遗存，其研究主体通常为动物身上比较坚硬易存的部位，例如骨骼、牙齿、壳等，它们在地下堆积过程中易于保存。在一个遗址中，各种动物的出现情况受到当地文化活动的影响，包括动物饲养方式、烹饪、废物处理以及土地使用等。动物各个部位的保存状况取决于其埋藏状况，可能受到侵蚀、风化以及焚烧的影响。通过研究遗址中动物遗存的种类及其埋藏过程，动物考古学家可为一系列研究问题提供重要信息，包括过去的饮食习惯、动物作为宠物和牲畜所发挥的作用、环境重建以及一段时间内土地使用的变迁。

正如第二章第四节和第五节中讨论已提到的，动物考古在美国中国铁路劳工的生活的研究中发挥了重要的作用。铁路华工的饮食信息来自铁路华工营、跨州铁路相关的乡村社群以及城市中的中国人社区（Kennedy 2015）。动物遗存在北美城市的中国人社区遗址中十分常见。分析显示，19世纪的铁路华工食用猪肉、牛肉、鸡肉、鸭肉、新鲜和腌制的鱼类以及墨鱼等肉类。在更大的海外移民社区，如加利福尼亚州圣荷西市场大街唐人街，肉类很有可能是铁路劳工在内的华人群体的必要食物（Kennedy 2016）。在乡村的铁路建设营和其他遗址中，铁路华工的肉食种类相对有限，包括猪肉、咸鱼，以及兔子一类当地可获取的野生动物（Kennedy et al. 2016）。虽然乡村铁路劳工所食用的肉类在种类和数量上都相对较小，他们仍有获取肉类的可靠渠道。

仓东村试掘所收集的所有动物遗存均由动物学家在工作站内进行分析，使之可与北美铁路华工营的动物数据进行比较。虽然分析结果相对初步，但它们已提供了一些与饮食和土地使用相关的重要信息。试掘所出土的动物遗存数量较小，与美国铁路华工营中发现的大量骨骼形成了反差。这个现象说明，仓东村居民在肉类食用、垃圾处理以及骨骼资源利用模式等方面与北美的中国铁路劳工有所差异。

## 研究方法

在仓东村深度调查所获得的动物遗存，包括骨骼和贝壳，均在田野工作站进行了称重、分类和分析。遵循实验室标准方法（Reitz and

Wing 2008），每件样本鉴定至最具体的种属级别（例如种、科、纲），并且记录其骨骼部分属性、屠宰痕迹，以及在埋藏过程中焚烧和啮齿或肉食动物啃咬的痕迹。以下，我们对所收集的数据进行讨论，其内容主要包括鉴定的种属和可鉴定标本数（Number of Identified Specimen，NISP），可鉴定标本数指可以鉴定到骨骼部位的标本数量。

## 研究结果

仓东村考古队在深度调查中共发现1014件动物遗存标本，总重量为995.27克（表3-21）。其中，各种海生和淡水软体动物贝壳占大宗（图3-45，n=736，635.31g），其余大多数为动物骨骼碎片（图3-46，n=278，319.96g）。这些动物遗存反映了仓东村的日常饮食，以及村内或村附近的动物存在情况。以下，我们对仓东村所发现的动物种属和其在各探方的出土情况进行总结。

表3-21　仓东村动物遗存统计　　　　单位：件

| 学名 | 常用名 | 可鉴定标本数 | 探方A1 | 探方A2 | 探方A3 | 探方H1 |
| --- | --- | --- | --- | --- | --- | --- |
| 牛科 | 奶牛/水牛 | 1 | 0 | 0 | 0 | 1 |
| 犬属犬科 Canis familiaris | 驯化狗 | 199 | 0 | 199 | 0 | 0 |
| 中型哺乳动物 | 中型哺乳动物 | 3 | 1 | 1 | 0 | 1 |
| 无法鉴定的哺乳动物 | 无法鉴定的哺乳动物 | 4 | 1 | 1 | 1 | 1 |
| 啮齿目 | 啮齿动物 | 2 | 1 | 0 | 0 | 1 |
| 小型哺乳动物 | 小型哺乳动物 | 1 | 1 | 0 | 0 | 0 |
| 鸡 Gallus gallus | 鸡 | 1 | 0 | 0 | 0 | 1 |
| 无法鉴定的鸟类 | 无法鉴定的鸟类 | 5 | 0 | 0 | 2 | 3 |
| 疑似蛋壳 | 疑似蛋壳 | 3 | 3 | 0 | 0 | 0 |
| 无法鉴定的鱼类 | 无法鉴定的鱼类 | 5 | 1 | 0 | 0 | 4 |
| 无尾目 | 青蛙 | 1 | 0 | 0 | 0 | 1 |
| 无法鉴定的脊椎动物 | 无法鉴定的脊椎动物 | 53 | 5 | 4 | 16 | 28 |
| 牡蛎科 Ostreidae | 牡蛎 | 16 | 10 | 1 | 5 | 0 |

续表

| 学名 | 常用名 | 可鉴定标本数 | 探方 A1 | 探方 A2 | 探方 A3 | 探方 H1 |
|---|---|---|---|---|---|---|
| 蚬属 Corbicula spp. | 淡水蛤蚌 | 56 | 23 | 1 | 28 | 4 |
| 双壳纲 Bivalvia | 无法识别的蛤蚌 | 8 | 3 | 0 | 1 | 4 |
| 田螺科 Viviparidae | 淡水蜗牛 | 264 | 79 | 55 | 117 | 13 |
| 肺螺亚纲 Panpulmonata | 无法鉴定的陆生贝类 | 34 | 1 | 3 | 27 | 3 |
| 无法鉴定的圆锥形贝壳 | 无法鉴定的圆锥形贝壳 | 2 | 0 | 0 | 2 | 0 |
| 软体动物类 | 无法鉴定的软体动物 | 356 | 62 | 2 | 178 | 114 |
| 总计 | | 1014 | 192 | 267 | 377 | 178 |

图 3-45　仓东村发现的具有代表性的贝壳标本

图 3-46　仓东村发现的部分动物骨骼

第一行从左到右：无法鉴定的哺乳动物骨骼，可能为中型哺乳动物的长骨，牛科动物子骨。第二行从左到右：鸟椎骨，鸡胫跗骨，中型哺乳动物的长骨

## 哺乳类动物

仓东村所出土的动物骨骼中有共计 210 件哺乳动物标本。其中 199 件为狗骨骼（Canis familiaris），来自探方 A2 的单位 151 和 152 中的一处狗墓葬中（图 3-47）。根据村民所提供的信息，此狗是原为村内宠物，埋葬于 20 世纪 80 年代，这个年代与出土探方中的物质遗存和单位信息相吻合。

图 3-47　探方 A2 中埋葬的狗（拍摄方向：自西向东）

单位 202 中发现了单个牛科动物子骨，位于探方 H1 中的一处现代堆积。这件骨头可能来自一头奶牛（Bos taurus）或水牛（Bubalus bubalis）。这两种动物均可用作食物。在广东的农村地区，牛肉普遍在市场中销售，水牛是常见的畜力（Simoons 1991：301-305）。

3 处现代单位中发现了无法鉴定的中型哺乳动物骨骼，它们来自探方 A1 中的单位 101，探方 A2 中的单位 150，以及探方 H1 中的单位 201。这些标本中可鉴别的部位包括肋骨、长骨和头盖骨的碎片，它们有可能是来自食用的猪。猪是中国最常食用的哺乳动物，它们的骨骼大小与这些标本相似（Anderson 1988：176-177；Simoons 1991：295-297）。

其他无法鉴定的哺乳动物标本过于破碎，因此其种属不明。探方中出土的一件啮齿类动物的骨骼标本可能来自遗址扰乱。

## 其他脊椎动物

在探方 A1 中的单位 104（年代为 1912—1949）中发现了一件鸡（Gallus gallus）胫跗骨，上面有被类似切肉刀的金属工具切过的痕迹。这表明仓东村村民过去食用鸡肉，这个发现不足为奇，因为将鸡作为食用动物饲养在中国具有很长的历史（Simoons 1991：297-301）。如今，仓东村内仍然饲养鸡类家禽用作食材，鸡也普遍销售于当地的市场。因此，这件鸡骨标本可能是本地饲养，也可能为外地购入。在探方 A1 的单位 106 中（年代为 1875—1927），出土了三件类似蛋壳的碎片，说明仓东村居民曾饲养鸡或者使用鸡蛋。

探方 A3 中的单位 118 和探方 H1 中的单位 202 为现代堆积，其中出土了中型鸟骨，可能是现代村民的饮食所留下的鸡骨或鸭骨。探方 H1 中的单位 201 也是一处现代堆积，出土了类似鹌鹑大小的小型鸟骨，这件标本可能源于村民饮食，也可能来自一只死于村内的本土鸟类。

探方 A1 中的单位 103 和探方 202 中的单位 H1 为现代堆积，其中出土了无法鉴定种属的小型鱼骨。由于这些鱼骨遗存的出土地点远离水域，它们有可能是作为食物残渣丢弃至此。它们可能是从市场购得的小鱼，或是村民在仓东村前的池塘饲养的鱼。

在探方 H1 单位 206 中（年代为 1960s—1970s）发现了一件蛙骨（Anura）。这件蛙骨无法鉴定至种属，它可能来自食物（Simoons 1991：327-328）或现代扰动。

在现代和历史堆积中，共计 53 件无法鉴定的脊椎动物遗存。虽然这些骨骼标本有一定程度上的物理性破损，但它们并未风化或者受到酸性土壤的侵蚀。这说明村内的一些历史时期遗存的保存情况可能较好。

## 软体动物

仓东村中总计鉴别出了 742 件软体动物标本。其中一些动物非本地物种，如牡蛎（Ostreidae），其他物种大量存于仓东村的池塘及其他水域，包括淡水蛤蚌（Corbicula spp.）和淡水蜗牛（Viviparidae）。正如下文所述，这些软体动物大量出现的确切原因尚不明确，有可能是多种因素的结果。它们可能被作为食物或肥料，可能偶然混入池塘淤泥之后移至村内各处，甚至可能用于石灰制作，仓东村内的石灰搅拌坑可以证明这一点。

牡蛎壳碎片出现于探方 A1 中的四个单位（单位 103、104、107 和 108），探方 A3 中的三个单位（单位 119、120、121），以及探方 A2 中的一个单位（单位 152）。这些单位中包括现代堆积（单位 103、119、120、152）以及 1912—1949 年（单位 104）和 1875—1927 年（单位 107、108、121）的历史堆积。牡蛎是世界各地常见的食物。在仓东村所发现的牡蛎可能是人为带入，而非本地养殖，因为村内及附近的水域无法养殖牡蛎。在广东沿海以及咸水地区，牡蛎饲养（以获取牡蛎的肉和珍珠为目的）和食用的历史悠久（Simoons 1991：346；Anderson 1970：12 - 13；Hung 1960 - 1961：81 - 85），不过直到 20 世纪 60 年代，新鲜的牡蛎才被销往产地之外。在 20 世纪的广东，干牡蛎是非常常见的食物。在其加工过程中，它的壳往往被去除，因此，在仓东村所发现的牡蛎壳不一定与食用有关（Simoons 1991：346 - 347）。在中国历史上，牡蛎和其他软体动物的壳经常用于制造石灰（Wong 1984）。在仓东村试掘所发现的两处石灰搅拌坑支持了这个观点，说明牡蛎壳可能与村里的石灰生产有关。牡蛎壳在现代和历史堆积中的出现说明了它们在此地拥有较长的使用历史，可能是用作食材，或是生产材料，尽管其具体功能我们暂时无法辨别。

淡水蛤壳碎片几乎出现于包括现代和历史堆积的所有单位，可鉴别的标本共计 56 件。这些蛤壳中一小部分与河蚬（Corbicula fluminalis）类似（图 3 - 48），但大部分可被鉴定为亚洲蛤（Corbicula fliminea）。这两类蛤蚌（Corbicula spp.）都是仓东村本地品种，在当地的水域（包括村里的池塘）及市场中均有。虽然 Anderson（1988：173）曾认为这样的小型蛤类并非常见美食，但其实它们在广东地区非常流行（Miller and McClure 1931）。仓东村的蛤类可能来自村里的池塘、当地水道或者本地市场，它们通过村民食用之后成为堆积，同时也可能用于制造石灰（c.f.，Wong 1984），或是当作农业肥料进入村内土壤。这些都是仓东村居民口述史中所提及的村内常见行为。蛤蚌出现在从1875年至现代的所有堆积中，说明它们长期以来在村民的生活中起到重要作用。

图3-48 仓东村发现的部分蛤蚌（Corbicula spp.）

试掘还出土了264件可鉴别的淡水蜗牛壳，类似蛤壳，它们出现在几乎所有单位。所有已鉴定的淡水蜗牛均属于田螺科（图3-49）；它们大多属于石田螺属（Sinotaia）（包括 S. quadrata, S. guangdungensis 和 S. aeruginosa），但也有其他种属，例如螺蛳（Bellamya chinensis）。这些田螺科动物往往出现于静态水域，包括湖、稻田、池塘，以及广东其他水体，是广东和其他地区常见的食用动物（Hirano et al. 2015）。由于这些动物的自然繁衍能力强，因此它们的养殖一般无须定期引种，可常年获取（Morales 2007）。仓东村所鉴定出的田螺科遗骸可能捕获于村内池塘、当地水道或是本地市场，在用作食物后被丢弃；可能用于石灰制造（c.f.，Wong 1984），也有可能来自池塘淤泥，以农业肥料的方式进入村内土壤。与蛤蚌相似，田螺科出现在从1875年到现代的所有堆积中，说明它们长期以来在村民的生活中起到重要作用。

图 3-49　仓东村发现的部分田螺科贝壳

探方 A3 单位 118（现代堆积）中发现了两件较小的有脊状线的锥形贝壳（图 3-50）。虽然我们暂时无法精确鉴定这些贝壳的种属，但它们与海生螺旋蜗牛中的笋螺科（Terebridae）和淡水蜗牛中的 Tylomelania 属都具有相似性。如果这些贝壳来自海生种属，那么它们可能从外地引入仓东村。如果它们是淡水蜗牛，它们的来源与常见的田螺科相同。

图 3-50　仓东村发现的有脊状线的锥状贝壳

除了上文介绍的软体动物，试掘还发现了一些无法鉴定的蛤壳（双壳纲，Bivalvia）碎片（n = 8）、软体动物（软体动物类，Mollusca）的贝壳碎片（n = 36）以及陆生贝类（螺亚纲，Panpulmonata，n = 34）。这些无法鉴定的蛤壳碎片可能为蛤蚌，或是属于另一种蛤类。无法鉴定的软体动物碎片可能是以上所提及的某一种属，也有可能来自未知种属。无法鉴定的陆生贝类通常个体细小，它们常见于仓东村中的植物表面，可能是死亡的蜗牛，被人们无意带入了地下堆积。

## 讨 论

我们的研究目的是通过对仓东村试掘出土的动物遗存进行分析，来揭示该村历史上关于动物利用的相关信息，以此可与北美铁路华工营中的动物数据进行对比研究。由此看来，本章前述的初步分析是成功的，因为我们已识别出了仓东村的动物数据中的一些趋势，并且发现其与北美铁路华工遗址数据存有明显差异。以下，我们将对这些差异点进行简单讨论，并且为未来的研究提供一些建议。

首先，仓东村发现的动物骨骼在数量上比北美铁路华工营遗址明显要少。动物骨骼是北美铁路华工营中最常见的遗存种类之一（见第二章第四节和第五节；Kennedy et al. 2016；Kennedy 2015），而仓东村的历史堆积中仅存一件脊椎动物遗存标本，来自屠宰后的鸡骨。

仓东村可供鉴定的脊椎动物遗存之所以稀少的原因可能有以下几点：（1）保存情况较差；（2）脊椎动物在过去食用较少；（3）大量动物骨骼被再次利用，以作其他资源；（4）动物骨骼被丢弃在遗址的其他地方。考虑到遗址内的历史堆积中出土了保存良好但严重残缺的脊椎动物骨骼，因此遗址的保存状况与此现象无关。肉类消费程度较低可能是原因之一，历史资料表明，19世纪的中国农村肉类消费水平比北美要低（Buck 1956：402；Spence 1977）。同时，现代和以往的乡村生活中对各种动物骨骼的利用方式也减少了它们在地下堆积中出现的概率。这些利用方式包括以骨熬汤、喂养村里的狗、猪和鸡，或是将骨捣碎用作肥料。最后，村民可能将骨骼废弃于本次调查的区域之外，例如，包括这些骨头在内的食物残渣可能被投入池塘，以作鱼食。

仓东村所发现的动物骨骼数量相对较少，可能是有多重因素的作用，包括总体较低的肉类消费，对数量有限动物骨骼进行多重利用，以及将动物骨骼丢弃于村内其他地方的处理模式。总之，这些因素体现了仓东村与北美铁路华工营在消费脊椎动物肉类上的重大区别。在19世纪末20世纪初，仓东村居民的饮食结构中肉类较少，但与此同时，在北美铁路劳工则大量食用各种肉类，包括猪肉、鸡肉和鱼，且有可能每餐食用。与仓东村村民不同，北美铁路华工似乎并没有将动物骨骼作为二次利用的资源的习惯，或许是由于他们剩余的骨头数量大，因此直接作为垃圾丢弃。这种在肉类消费和对动物骨骼在资源利用程度上的差异揭示了19世纪中国铁路劳工在北美的生活中至关重要的一个方面：与侨乡的经历相比，他们每日的肉类消费有显著提高（Kennedy 2016）。

尽管脊椎动物骨骼遗存在仓东村的试掘中出现的数量较少，但淡水蛤类（蛤蚌，Corbicula spp）和淡水蜗牛（田螺科，Viviparidae）贝壳的数量很高。这两种软体动物几乎出现于仓东村的所有单位，很显然，它们在仓东村的历史生活中扮演了重要的角色。尽管我们无法详细阐述蛤蚌和田螺科在过去的利用情况，考虑到它们的易获取性和普遍性（村内池塘和其他当地水道普遍存在），它们可能在过去被用作一种可持续供给、轻易捕获的食物资源。考虑到可鉴别的脊椎动物遗存数量较少，对于过去的仓东村居民来说，本地可获的蛤蚌和田螺科等食物可能是重要的蛋白质来源。蛤蚌和田螺科在遗址中的持续分布可能不仅与饮食文化相关，或许还涉及另外两种因素：它们有可能是在将池塘淤泥用作肥料的过程中被无意间运入村内，或是被用作制造石灰的原料（c.f., Wong 1984）。尽管目前我们尚不明确这些淡水软体动物的特定用途，但它们在仓东村试掘中的高频出现表明了它们的重要性。

关于牡蛎壳的发现，目前仍然难以解释。所发现的牡蛎壳碎片的年代早于1960年，而那时牡蛎在中国市场尚未流行。这个现象表明，这些贝类在历史时期可能作为非食物性资源引入，例如石灰制造。这些线索似乎暗示了历史上的供应网络，贝壳以一种建筑与石灰生产资源的角色在这个网内流动，这点在未来工作中值得关注。目前，我们也许可以合理假设，过去的仓东村居民引进牡蛎和其他贝壳用作当地的石灰生产。

尽管这只是初步研究，仓东村试掘过程中的动物深度调查分析显示了这些数据中的一些重要趋势，包括村民在历史上普遍较少消费脊椎动物，长期依赖本土的淡水蛤蚌和淡水蜗牛，以及在石灰生产中使用软体动物贝壳。当我们将这些发现与北美铁路华工营的动物数据比较，与仓东村过去的居民对比，显然铁路华工的饮食中含有更多的肉类。肉类消费上的这种区别的一部分原因可能是仓东村村民集中使用淡水蛤蚌和淡水蜗牛，虽然很难确定其具体数量。

本研究表明，动物考古分析可为跨国比较侨乡与国外生活的研究提供重要信息。在未来的侨乡研究中，我们应该延续动物考古的工作，以构建更全面丰富的数据库，增加发现集中埋藏的动物遗存的可能性，并且探索不同村庄之间以及村内肉类消费的差异。同时，研究北美铁路华工的考古学家应该重视遗址中的软体动物遗存；软体动物在北美的中国移民研究中被严重忽视，然而仓东村的动物遗存分析表明，软体动物在侨乡历史的饮食文化中起到了重要的作用。通过未来对侨乡和北美铁路华工营进行更进一步的动物遗存研究，我们可为这个论题提供更多深刻的见解。

## 第七节　仓东村大植物遗存和浮选样本的分析

维吉尼亚·波普尔

Virginia S. Popper

大植物遗存指地下堆积中保存下来的植物结构。大植物遗存的收集和分析有以下五个目的：

（a）评估用浮选方法来获取仓东村地下的植物遗存的有效性；

（b）评估仓东村地下堆积中植物遗存的保存状况；

（c）评估仓东村地下堆积中现代动植物的数量及来源；

（d）鉴别地下植物遗存；

（e）分析发现的植物遗存，了解仓东村当地的环境和历史的植物使用情况。

研究人员从试掘探方中收集了 29 件土壤标本以及 23 袋大植物标本（表 3-22 和 3-23；图 3-19）。探方 A1 和 A2 的区域在近年来被用作菜园。探方 A3 被灌木丛和草本植物所覆盖，与夫人庙相邻。探方 H1

位于村庄后方，原为一间倒塌房屋。这个区域原被小树、灌木和倒塌的建筑所覆盖，试掘工作在地表得到清理之后才得以进行（见第三章第三节）。在采集标本期间，此地仍生长着各种野草。发掘单位的遗存存在一定的年代跨度，其表面为现代堆积，底部为晚清（1875—1912）和民国前期（1912—1927）堆积。

表3-22　仓东村土壤标本的出土信息

| 编号 | 单位 | 样本（件） | 体积（升） | 单位描述 | 年代 | 重浮* |
|---|---|---|---|---|---|---|
| IN00832 | 101 | 2 | 4.00 | 现代菜地和道路层 | 现代 | |
| IN00539 | 102 | 5 | 4.00 | 现代菜地和道路层 | 现代 | |
| IN00538 | 103 | 8 | 4.00 | 现代废弃层 | 现代 | |
| IN00728 | 104 | 15 | 4.00 | 短时间堆积 | 1912—1945 | |
| IN00733 | 105 | 20 | 4.00 | 完整历史堆积 | 1875—1927 | |
| IN00732 | 106 | 24 | 4.25 | 完整历史堆积 | 1875—1927 | |
| IN00731 | 107 | 36 | 3.70 | 完整历史堆积 | 1875—1927 | |
| IN00862 | 108 | 48 | 4.00 | 建筑废弃下的历史堆积 | 1875—1927 | |
| IN00727 | 150 | 152 | 4.00 | 现代菜地和道路层 | 现代 | IN00900 |
| IN00859 | 152 | 159 | 4.00 | 狗葬 | 1980s | |
| IN00738 | 153 | 163 | 4.00 | 混杂废弃层 | 1875—1927 | |
| IN00860 | 154 | 167 | 4.00 | 完整历史堆积 | 1912—1945 | |
| IN00858 | 155 | 171 | 4.00 | 混杂的填土 | 1875—1927 | |
| IN00879 | 156 | 173 | 4.00 | 完整历史堆积 | 1875—1927 | |
| IN00880 | 157 | 181 | 4.00 | 混杂的填土 | 1912—1945 | |
| IN00868 | 158 | 177 | 4.00 | 完整历史堆积 | 1875—1927 | |
| IN00869 | 118 | 63 | 4.00 | 夫人庙建筑废弃堆积层 | 现代 | |
| IN00878 | 119 | 72 | 4.00 | 夫人庙建筑废弃的堆积层 | 现代 | |
| IN00867 | 120 | 92 | 4.00 | 夫人庙建筑废弃的堆积层 | 现代 | |
| IN00882 | 121 | 99 | 4.00 | 混合填土和建筑废弃 | 1875—1927 | |
| IN00794 | 201 | 108 | 4.50 | 地表垃圾堆积和房屋拆除废弃物 | 现代 | IN00799 |
| IN00793 | 202 | 110 | 4.00 | 地表垃圾堆积和房屋拆除废弃物 | 现代 | |

续表

| 编号 | 单位 | 样本（件） | 体积（升） | 单位描述 | 年代 | 重浮* |
|---|---|---|---|---|---|---|
| IN00561 | 203 | 112 | 4.00 | 疑似树根 | 现代 | |
| IN00729 | 204 | 117 | 4.00 | | | IN00820 |
| IN00735 | 205 | 120 | 4.00 | 疑似树根 | 现代 | |
| IN00540 | 206 | 121 | 4.00 | 现代石灰搅拌坑中的小型填充堆积 | | |
| IN00730 | 207 | 124 | 4.00 | 现代石灰搅拌坑中的小型填充堆积 | | IN00826 |
| IN00726 | 209 | 130 | 4.00 | 现代石灰搅拌坑中的小型填充堆积 | | |
| IN00734 | 211 | 136 | 4.00 | 现代石灰搅拌坑中的小型填充堆积 | | |

注：部分标本中含有重浮遗存。

表 3-23　仓东村大植物样本绝对数量和重量

| 编号 | 单位 | 标本 | 类型 | 描述 | 数量（件） | 重量（克） | 年代 |
|---|---|---|---|---|---|---|---|
| IN00550 | 101 | 3 | 木炭 | 松柏科—无树脂道 | 1 | 0.188 | 现代 |
| | | | 木炭 | 双子叶植物茎秆 | 1 | 0.062 | |
| IN00557 | 101 | 3 | 果壳/厚种皮碎片，未炭化 | 已损坏 | 2 | 1.418 | 现代 |
| IN00580 | 102 | 6 | 坚果壳/厚种皮碎片，未炭化 | 已损坏 | 1 | 0.380 | 现代 |
| IN00543 | 103 | 9 | 木炭 | 松柏科 | 1 | 0.032 | 现代 |
| | | | 木炭 | 单子叶植物 | 2 | 0.211 | |
| | | | 块茎 cf. 未炭化 | | 5 | 0.547 | |
| | | | 木材 | | 13 | 4.352 | |
| | | | 沙土和岩石 | | | 30.298 | |
| IN00562 | 104 | 17 | 木炭 | 扩散型 a | 1 | 0.237 | 1912—1945 |
| | | | 坚果壳/厚种皮碎片，未炭化 | 已损坏 | 2 | 1.056 | |
| | | | 木材 | cf. 单子叶植物 | 1 | 1.312 | |

197

续表

| 编号 | 单位 | 标本 | 类型 | 描述 | 数量(件) | 重量(克) | 年代 |
|---|---|---|---|---|---|---|---|
|  |  |  | 沙土和岩石 |  |  | 64.870 |  |
| IN00563 | 106 | 32 | 木炭 | 有树脂道的松柏科植物 | 1 | 0.211 | 1875—1927 |
|  |  |  | 沙土和岩石 |  |  | 62.800 |  |
| IN00654 | 108 | 49 | 木炭 | 有树脂道的松柏科植物 | 1 | 0.262 | 1875—1927 |
| IN00815 | 113 | 61 | 根，未炭化 |  | 1 | 1.923 | 生土 |
| IN00672 | 150 | 150 | 木炭 | 双子叶类型 b | 1 | 0.386 | 现代 |
|  |  |  | 木材 |  | 1 | 0.370 |  |
| IN00655 | 151 | 154 | 木炭 | 有树脂道的松柏科植物 | 2 | 0.154 | 现代 |
|  |  |  | 木材 |  | 1 | 0.368 |  |
|  |  |  | cf. 骨 |  | 1 | 0.828 |  |
| IN00753 | 155 | 172 | 沙土 |  |  | 0.360 | 1875—1927 |
| IN00900 | 150 | 152 | IN00727 浮选标本（含有重浮） |  |  |  |  |
| IN00740 | 118 | 64 | 木炭 | 单子叶植物 | 1 | 0.426 | 现代 |
|  |  |  | 沙土 |  |  | 4.420 |  |
| IN00748 | 119 | 73 | 沙土 |  |  | 0.480 | 现代 |
| IN00881 | 120 | 93 | 木炭 | 有树脂道的松柏科 | 1 | 0.061 | 现代 |
|  |  |  | 木炭 | 散孔木 | 1 | 0.104 |  |
|  |  |  | 木炭 | 单子叶植物 | 1 | 0.112 |  |
|  |  |  | 未知植物残块 |  | 1 | 0.426 |  |
|  |  |  | 木材 | 双子叶植物 | 3 | 0.308 |  |
| IN00883 | 121 | 100 | 沙土 |  |  |  | 1875—1927 |
| IN00530 | 201 | 106 | 木炭 | 有树脂道的松柏科 | 2 | 0.414 | 现代 |

续表

| 编号 | 单位 | 标本 | 类型 | 描述 | 数量(件) | 重量(克) | 年代 |
|---|---|---|---|---|---|---|---|
| | | | 木炭 | 松柏科—无树脂道 | 13 | 0.912 | |
| | | | 木炭 | 扩散型 a | 1 | 0.214 | |
| | | | 木炭 | 散孔木 | 4 | 0.512 | |
| | | | 木炭 | 未分析 | | 1.697 | |
| IN00799 | 201 | 108 | IN00794 的浮选标本（含有重浮） | | | | |
| IN00544 | 202 | 109 | 木炭 | 有树脂道的松柏科 | 1 | 0.192 | 现代 |
| | | | 木炭 | 松柏科—无树脂道 | 2 | 0.421 | |
| IN00549 | 203 | 114 | 木炭 | 有树脂道的松柏科 | 1 | 0.002 | 现代 |
| | | | 木炭 | 松柏科—无树脂道 | 3 | 0.097 | |
| | | | 木炭 | 不明 | 1 | 0.109 | |
| | | | 木材 | | 1 | 0.066 | |
| IN00545 | 204 | 116 | 木炭 | 松柏科—无树脂道 | 2 | 0.035 | 现代 |
| | | | 木材 | | 2 | 0.235 | |
| | | | 沙土 | cf. 稻糠印痕 | | 21.940 | |
| IN00547 | 205 | 118 | 木炭 | 不明 | 2 | 0.024 | 现代 |
| IN00548 | 206 | 123 | 木炭 | 有树脂道的松柏科 | 1 | 0.062 | 现代 |
| IN00564 | 207 | 126 | 木炭 | 有树脂道的松柏科 | 1 | 0.047 | 现代 |
| | | | 木炭 | 单子叶植物 | 1 | 0.088 | |
| | | | 沙土 | cf. 稻糠印痕 | | 34.000 | |
| IN00826 | 207 | 124 | IN00730 的浮选标本（含有重浮） | | | | |
| IN00546 | 209 | 129 | 木炭 | 有树脂道的松柏科 | 2 | 1.266 | 现代 |
| | | | 木炭 | 双子叶植物 | 1 | 0.214 | |
| IN00820 | 204 | 117 | IN00729 的浮选标本（含有重浮） | | | | |

本研究采用浮选法来提取植物遗存。通过这个方法，我们不仅可以收集最小型的以及肉眼难以见到的遗物，还可获取遗物密度的信息。同时，研究人员在土壤筛选的过程中收集了一些大植物标本，以供植物考古学家进行分析。

## 研究方法

大部分发掘单位均收集了土壤样，来源于4个探方。除了总体积少于4升的单位之外，每个土壤样本体量为4升；对于体积不足的单位，我们收集了几乎所有的遗存。所有标本均通过土壤浮选系统处理，以获取大植物标本。浮选法基于不同材料的密度，将土壤样本和水混合后，较轻的植物和动物遗存浮于水面，同时泥土和较重的遗存沉于水底。首先，土壤标本被倒入一个十加仑的桶里，桶内装有水，然后对其进行搅拌。搅拌使植物遗存从泥土中分离。浮于水面的部分（轻浮）被移入雪纺筛网中（孔径大小为0.02毫米）。之后，将水加入桶里、搅拌，并且沉淀浮选材料，这个过程不断重复，直到没有明显的材料浮至水面为止。桶里剩下的沉积物被倒入一个孔径大小为1.5毫米的滤筛中，这些沉积物（重浮）经过清洗之后，放置于纸上晾干。若在重浮部分中发现了植物遗存，它们被放入相应的轻浮部分，以供后续研究。

我们用一套内嵌的筛网（2.00、1.00和0.50毫米）来过筛轻浮样品，以此将样品分离至四个大小等级，以便分类整理。轻浮部分被分为几个大小不同的样品组，以便使用景深较浅的田野用入射光双目显微镜（10—60倍）进行观察。这也使每个样品中特别的材料得以被选择性地挑选出来。在本次分析中，木质和非晶质材料的挑选仅仅限于小于2.00毫米的样品。木炭、炭化的茎、叶碎片以及未知的植物部分挑选限于大于1.00毫米的样品。所有部分中完整的炭化种子、水果以及大于0.50毫米的种子碎片均被挑出。小于0.50毫米的样品全部经过了显微镜观察，但是未发现种子。

植物遗存的鉴定基于植物和种子的采集标本、种子鉴别指南（Cappers et al. 2009；Martin and Barkley 1961）和植物志（包括提供特定区域植物生长情况的书籍和网络资料）。为了获得一个清晰的断面，大植物标本中的木炭碎片首先被切断，然后在入射光双目显微镜下放大60倍进行鉴定。由于时间限制，这些标本只被归类到了松柏科（有/无树脂道）、双子叶植物、单子叶植物和多孔扩散型。我们对大部分种子和果实进行了计数，但是因为破碎程度的不同，对于某些标本而言，计重比计量更具有代表性，因此，我们对果壳、一些较大的种子和其他植物结构进行了称重。如果有些种子和植物结构只是部分炭化，但是为了表明它们曾经与火有接触，我们仍然将其标为炭化的（Carbonized，C）。如果种子或果实仅剩部分残块，但保存部分大于一半，则被视为完整。

## 分析结果

我们分析了29件浮选标本，共计116.45升土壤，其中包括地表直接采集的大植物遗存。本报告共鉴定并描述20种植物遗存（种子、果实和其他植物结构），其中包括各类栽培种、野生种和杂草。表3-23列出已鉴定的植物标本，同时也记录了浮选样本中的非植物遗存，为未来的标本分类提供参考。表3-24至3-27介绍了探方A1、A2、A3和H1浮选标本中植物遗存的绝对数量和重量（克）。由于各样本的体积相近，可直接进行样本间的比较，因此无须计算遗存密度。在所有的表格中，若遗物未注明炭化（C），均代表未炭化（Uncarbonized，UC）。如果没有"frag."的标示，则代表遗物完整（或基本完整）。若鉴定结果存疑，则以"cf."标出。若标本中表示存在木炭但因为其体积过小而无法收集，则以"P"标出。

表 3-24 探方 A1 的浮选标本的植物遗存绝对数量和质量

(单位:克)

| 编号 | IN00832 | | IN00539 | | IN00538 | | IN00728 | | IN00733 | | IN00732 | | IN00731 | | IN00862 | |
|---|---|---|---|---|---|---|---|---|---|---|---|---|---|---|---|---|
| 单位 | 101 | | 102 | | 103 | | 104 | | 105 | | 106 | | 107 | | 108 | |
| 标本 | 2 | | 5 | | 8 | | 15 | | 20 | | 24 | | 36 | | 48 | |
| 类型(种子) | 数量 | 重量 | 数量 | 重量 | 数量 | 重量 | 数量 | 重量 | 数量 | 重量 | 数量 | 重量 | 数量 | 重量 | 数量 | 重量 |
| 冬瓜 Benincasa hispida var. Hispida | 1 | 0.02 | 2 | 0.05 | | | | | | | | | | | | |
| 冬瓜碎片 | | | 2 | 0.01 | | | | | | | | | | | | |
| 朴属 Celtis sp. | | | 1 | | | | | | | | | | | | | |
| 木本科,大型,炭化 | | | | | | | 1 | | | | | | | | | |
| 类型 1,碎片 | | | 6 | 0.03 | | | | | | | | | | | | |
| 无法鉴定的种子和碎片,炭化 | | | 2 | | | | 1 | | | | | | | | | |
| 水果和植物残块 | | | | | | | | | | | | | | | | |
| 不规则,炭化 | | 0.22 | | | | <0.01 | | | | | | | | | | |
| 木炭 >2 毫米 | | 0.33 | | 0.24 | | 0.09 | | | | | | 0.04 | | 0.13 | | <0.01 |
| 木炭 1-2 毫米 | | 0.06 | | | | 0.03 | | | | | | | | 0.03 | | |

202

续表

| 编号 | IN00832 | | IN00539 | | IN00538 | | IN00728 | | IN00733 | | IN00732 | | IN00731 | | IN00862 | |
|---|---|---|---|---|---|---|---|---|---|---|---|---|---|---|---|---|
| 单位 | 101 | | 102 | | 103 | | 104 | | 105 | | 106 | | 107 | | 108 | |
| 标本 | 2 | | 5 | | 8 | | 15 | | 20 | | 24 | | 36 | | 48 | |
| 类型（种子） | 数量 | 重量 | 数量 | 重量 | 数量 | 重量 | 数量 | 重量 | 数量 | 重量 | 数量 | 重量 | 数量 | 重量 | 数量 | 重量 |
| 松柏科稚苞 cf. 碎片,炭化 | | | 1 | 0.01 | | | | | | | | | | | | |
| 叶,碎片,炭化 | | | | | 1 | | | | | | | | | | | |
| 单子叶茎秆,炭化 | | | | | 1 | | 2 | | | | | | | | | |
| 水稻胚脱,有外释/内释 Oryza sativa | 1 | | | | | | | | | | | | | | | |
| 水稻外释/内释,碎片,炭化 | | | | | | | | | | | | | | | | |
| Oryza sativa | | | 2 | | | | | | | | | | | | 12 | |
| 未知植物结构,炭化 | | 0.07 | | | | | | | | | | | | | | |
| 木材 | | | | | | | | | | | | | | | | |

203

表 3-25 探方 A2 的浮选标本的植物遗存绝对数量和质量

（单位：克）

| 编号 | IN00727 | IN00859 | IN00738 | IN00860 | IN00858 | IN00879 | | IN00880 | IN00868 |
|---|---|---|---|---|---|---|---|---|---|
| 单位 | 150 | 152 | 153 | 154 | 155 | 156 | | 157 | 158 |
| 标本 | 152 | 159 | 163 | 167 | 171 | 173 | | 181 | 177 |
| 类型（种子） | 重量 | 重量 | 重量 | 数量 | 重量 | 数量 | 重量 | 重量 | 重量 |
| 无法鉴定的种子和碎片，炭化 | | | | | | 1 | | | |
| 水果和植物残块 | | | | | | | | | |
| 不规则，炭化 | | | | | | | 0.02 | | |
| 木炭 >2 毫米 | 0.09 | 0.03 | | | | | 0.16 | 0.04 | |
| 木炭 1—2 毫米 | | | | | | | 0.02 | 0.01 | |
| 水稻胚胚，炭化 Oryza sativa | | | P | | P | 16 | | | P |
| 水稻胚胚，有外稃/内稃，炭化 | | | | | | 8 | | | |
| 水稻外稃/内稃，炭化 | | | | | | 19 | | | |
| 木材 | | 0.37 | | | | | | | |

注：P 表示出现于 >2.00 毫米过筛样品。

未炭化的植物遗存中的污染物未被记入表格，这些植物可能是筛选时混入的现代植物。在分析历史时期遗址的未炭化植物来源时，我们很难将历史时期的遗存与近期文化活动或者自然生长的遗存区分开来。在保存条件良好的情况下，19世纪晚期至20世纪早期的未炭化遗存能够保留至今。因此，统计表中包括了形制较大、分布密集以及经济用途的未炭化植物种子。若种子较新且形制较小，我们则将其排除在外。在讨论部分，我们将对每个探方中现代污染的数量进行阐述。

表3-26 探方A3的浮选标本的植物遗存绝对数量和质量

（单位：克）

| 编号 | IN00869 | | IN00878 | IN00867 | | IN00882 |
|---|---|---|---|---|---|---|
| 单位 | 118 | | 119 | 120 | | 121 |
| 标本 | 63 | | 72 | 92 | | 99 |
| 类型（种子） | 数量 | 重量 | 重量 | 数量 | 重量 | 重量 |
| 未知类型2 | 3 | | | | | |
| 未知类型3 | 3 | | | | | |
| 无法鉴定的种子和残块，炭化 | | | | 1 | | |
| 水果和植物残块 | | | | | | |
| 木炭>2毫米 | | 0.01 | 0.14 | | 0.57 | 0.04 |
| 木炭1—2毫米 | | | 0.01 | | | |

表 3-27 探方 H1 的浮选标本的植物遗存绝对数量和质量

（单位：克）

| 编号 | IN00794 | | IN00793 | | IN00561 | | IN00729 | | IN00735 | | IN00540 | | IN00730 | | IN00726 | | IN00734 | |
|---|---|---|---|---|---|---|---|---|---|---|---|---|---|---|---|---|---|---|
| 单位 | 201 | | 202 | | 203 | | 204 | | 205 | | 206 | | 207 | | 209 | | 211 | |
| 标本 | 108 | | 110 | | 112 | | 117 | | 120 | | 121 | | 124 | | 130 | | 136 | |
| 类型（种子） | 数量 | 重量 | 数量 | 重量 | 数量 | 重量 | 数量 | 重量 | 数量 | 重量 | 数量 | 重量 | 数量 | 重量 | 数量 | 重量 | 数量 | 重量 |
| 蛇葡萄属 cf. Ampelopsissp | 3 | | | | | | | | | | | | | | | | | |
| 朴属 Celtis sp. | 1 | | | | | | | | | | | | | | | | | |
| 山楂属 cf. Crataegus sp. | 1 | 0.05 | | | | | | | | | | | | | | | | |
| 炭化水稻 Oryza sativa | | | | | | | | | | | | | | | 5 | 0.05 | 5 | 0.05 |
| 水稻碎片，炭化 | | | 1 | <0.01 | | | | | | | | | | | | | 1 | 0.01 |
| 禾本科，炭化 | | | | | | | | | | | 1 | | | | | | | |
| 禾本科，小型，炭化 | | | | | | | | | | | | | 1 | | | | | |
| 无法鉴定的种子和碎片，炭化 | | | | | | | | | | | | | 3 | | 2 | | | |
| 水果和植物残块 | | | | | | | | | | | | | | | | | | |
| 不规则，炭化 | | 0.05 | | | | | | | | | | | | | | | | 0.07 |
| 木炭 >2 毫米 | | 2.50 | | | | 0.07 | | 0.05 | | | | 0.05 | | 0.14 | | 0.12 | | 0.18 |
| 木炭 1-2 毫米 | | 0.91 | | | | 0.01 | | 0.01 | | 0.01 | | <0.01 | | 0.02 | | | | 0.04 |

206

## 种属、未知植物以及植物残块描述

**蛇葡萄属**（Ampelopsis sp. cf. Peppervine）：探方 H1 单位 201 中有 3 颗未炭化的种子，来自葡萄科，类似广东灌木丛中生长的显齿蛇葡萄（Ampelopsis sp. Ampelopsis grossedentata）（Flora of China 2008）。它们出现于该探方的最上层，表明它们是现代的种子。

**冬瓜**（Benincasa hispida var. hispida）：探方 A1 单位 101 和 102 有未炭化的冬瓜种子。冬瓜是中国广泛种植的葫芦科植物之一，是一种非常重要的蔬菜，成熟的时候可达 18 千克。它拥有一层和蜡质的坚实外皮，因此易于储存。它的果肉用于煲汤，或是烹饪其他菜肴。它也可以制成干货，以供保存。Lim（2012：169，176）的研究表明，在中国，冬瓜子可在炸或烘烤之后食用，同时它的果实和种子可有多种药用途径。由于这些遗存发现于探方的最上层，它们应为现代种子。

**朴属**（Celtis sp.）：探方 A1 单位 102 和探方 H1 单位 201 中发现了两颗未炭化的朴属种子。它们出现在探方的最上层，表明它们是现代的种子。在广东省的公路两侧、斜坡上以及树荫处，均有朴属植物生长（Flora of China 2008）。

**山楂属**（Crataegus sp. cf. Hawthorn）：探方 H1 单位 201 中的一个石坑中发现了非常类似山楂属的种子。它出现在该探方的最上层，表明它是现代遗存。根据《中国植物志》（2008），野山楂生长于广东省的山谷和灌木丛地带。

**松柏科**：松柏科是裸子植物类，它们往往是常绿树木或灌木，结球果。与双子叶植物相比，它们具有特殊的木结构，叶子往往呈针状。有些松柏科的木材横截面可见树脂道，例如松树（Pinus sp.）。松柏科的木炭和木质遗存在探方 A1（单位 101、103、106、108 和 151），探方 A3 单位 120 和探方 H1（单位 201、202、203、204、206、207 和 209）的标本中均有发现。同时，在探方 A1 单位 102 的浮选标本中，我们发现了疑似球果苞片的小型炭化结构。在样本采集期间，仓东村的后山上长着松树。

**双子叶植物和散孔材**：双子叶植物是种子中有两片子叶的开花植物。双子叶植物的木结构因种属而异。大植物标本中至少存有两种双子叶植物的木炭，来自探方 A1 的单位 101、探方 A2 单位 150 以及探方 H1 单位 209。探方 A3 的单位 120 中也发现了一例双子叶植物木材。同时，我们在探方 A1 单位 104、探方 A3 单位 120 和探方 H1 单位 201 中发现了散孔材，它属于双子叶植物一个子群。

**不明木炭**：探方 H1 单位 203 和 205 中的一些木炭标本变形过度严重，暂无法鉴别，因此将其标为不明。

**单子叶植物**：单子叶植物是种子中只有一片子叶的开花植物。这些植物包括禾本科（Poaceae）、莎草科（Cyperaceae），以及棕榈科（Arecaceae）等。探方 A1 单位 104 中的炭化单子叶植物茎秆非常小，可能是来自禾本科或莎草科。探方 A1 单位 103、探方 A3 单位 118 和 120，以及探方 H1 单位 207 中的木炭和炭化茎秆是较厚的碎片，可能是竹子（簕竹属 Bambusa sp.）。竹子长在村庄边缘，临近探方，其茎秆干枯后常被用作烹饪的燃料。

**水稻**（Oryza sativa）：水稻是中国南方最常见的农作谷物，仓东村附近也有稻田。在中国南方，水稻最常见的食用方式为粒食，也可磨制成粉制作米粉和年糕，或发酵成醋。稻穗（由外稃、内稃和胼胝体构成的外壳）和稻草的用途广泛，可作燃料和包装材料。在探方 H1 单位 202、209 和 211 中，出土了炭化的稻米（颖果）。在探方 A1 单位 108，探方 A2 单位 156 和探方 H1 单位 207 中，发现了炭化稻穗残块（包括外稃和内稃，谷粒外壳或外部结构，以及胼胝，即穗底部的突出部分）。在探方 A1 单位 102 中发现了未炭化的稻穗残块。探方 H1 单位 204 和 207 中出土了含有大植物遗存的土块，内有疑似稻糠的印痕。

**禾本科**：在探方 A1 单位 103 和探方 H1 单位 206 和 207 的浮选样本中，我们发现了 3 种炭化的草子。在标本采集之时，仓东村内及其附近长有大量野草。因此，这些标本可能来自山坡上的植被，或是生长于空屋或附近农田内的野草。

**未知类型和植物残块**：统计表中列有 4 种形制较大或者较密集的未炭化种子。未知类型 1 是一种黄褐色核果型的结构，来自探方 A1 单位

102。未知类型 2 是一颗光滑的卵形黄褐色种子，来自探方 A3 单位 118。未知类型 3 是深褐色的球形种子，有突出的接缝，来自探方 A3 单位 118。未知类型 4 是深褐色三角形的种子，网状表面，来自探方 H1 单位 201。由于它们均来自探方上层，所以它们可能是现代的种子。

其他无法鉴定至种属的植物包括小型炭化种子碎片、木炭、木材、炭化叶子碎片，以及未知的炭化植物结构。探方 A1 单位 101、102 和 104 的大植物标本中有未炭化的厚种皮或果壳。它们的大小与胡桃（Juglans sp.）类似，但是破坏过于严重，无法对其精确地鉴定。若炭化植物遗存缺乏特征且无法鉴定至已知种属，则被归为"不规则"。不规则遗存往往导管结构小，形状缺乏特征。

## 讨 论

通过对仓东村的浮选标本和大植物遗存进行分析，我们获取了一些关于 19 世纪植物利用以及当地环境的相关信息。分析结果显示，植物考古遗存的内部差异可能源于人群活动和环境、扰动程度和植物遗存本身的保存。

浮选标本通常包含各种大小的遗存，并且可以计算遗存密度，因此可为遗址提供一份最完整的植物记录。仓东村的浮选标本来自现代堆积、混合填土、完整的历史堆积，以及一个现代石灰坑。浮选成功地从土壤样本中提取了植物遗存，发现了炭化稻米和稻穗碎片。虽然一些样本所含的黏土颗粒难以打散，但它们似乎不包含植物性物质。

本研究表明，仓东村地下堆积中的植物遗存的保存状况在较差和中等之间。在探方 H1 的现代灰坑堆积中发现了炭化稻米，在探方 A1 较底层出土了一些木炭碎片，这些发现表明，因埋藏环境较好，较大的炭化遗存得以完整保存。类似地，探方 A1 单位 108 和探方 A2 单位 156 的较完整的历史堆积中，出土了较小的稻穗炭化碎片，这说明 19 世纪晚期至 20 世纪早期的较小遗存也可保存至今。

由于木材和木炭大多比种子和果实更加坚固，它们的密度可有效用于评估植物遗存的保存状况以及植物相关的人类活动频率。在大部分的浮选样本中，木材和木炭的数量较少，并且均为小型碎片，这个现象可能是由于保存条件较差，当地缺乏可供燃烧的木材，或是样本单位不是植物废弃物处理的主要区域。考虑到样品中存有易碎的炭化稻穗碎片以及小块木炭，保存状况差的可能性不大。同时，村庄周围遍布竹林，说明燃料比较丰富。因此，我们认为，标本的采集单位可能不是植物废弃处理区域。

所有的浮选样本受到近代植物侵入，包括支根、根、现代种子、草秆、新鲜和干的树叶，以及新鲜的块茎。探方 A1 单位 101、102 和 103 中有大量未炭化的植物，包括很多小型种子。在这一层以下的单位 104、105、106、107 和 108 中，距地表大约 35 厘米处，仅有少量支根，小型种子基本不见。类似的情况在探方 A2 中也有所发现，该探方上层的现代单位 150 和 151 中出土大量未炭化的小型种子和其它植物结构，但在下层的单位 153、154、155、156、157 和 158 中，植物遗存数量较少。支根在探方 A3 的所有单位中普遍出现。在探方 H1 的单位 201 和 202 中，有数量丰富的支根、茎秆和小型种子。但在该方其余的单位中，侵入的植物明显较少，小型种子几乎不见。这些探方的植物遗存显示出一个同样的趋势，即植物侵入随着深度和堆积的年代而减少。这说明，完整的历史堆积受到现代植物的污染相对较少。

本次初步研究提供的信息十分有限，关于 19 世纪晚期和 20 世纪早期的仓东村当地的植物使用与环境信息我们仍知之甚少。大部分浮选和大植物样本属于现代，且其中大多为非食用性植物。可供食用的植物遗存仅包括水稻、冬瓜、大型坚果壳或厚种皮，以及一些不明种属。近年来，村内的厨房垃圾很少会被丢弃在我们的采样区域。2016—2017 年，研究团队成员发现，仓东村村民常用食物残渣喂养动物，或将厨余垃圾堆至农田，用作肥料，或是将其焚烧。如果这一系列行为在 19 世纪晚期和 20 世纪早期也普遍存在，那么便能解释为何大植物遗存在地下堆积中如此稀少。在接近地表采集的土样标本中，包含大量未炭化的种子，可能与当地环境有关。该村的后山坡上植被密集，菜地和房屋倒塌区杂草丛生，土壤混杂。

在完好的历史时期遗存中，浮选的大植物标本中炭化植物遗存仅含有稻穗碎片、木炭、一例无法识别的种子残块，以及一些不规则物质。出土稻穗碎片的探方A1和A位于村后，距离稻田和村前的稻谷加工空地甚远。在19世纪晚期到20世纪早期，如果脱粒和扬谷的场所与今相同，那么，村民可能在村后方利用稻谷进行一些其他活动。这个区域可能曾用于倾倒烹饪炉火留下的残渣，用以菜地施肥或其他用途。遗存还包括树脂道的松柏科植物木炭，这表明人们可能砍伐村后山的松树树枝或木材以作燃料。

  本次初步研究表明，在类似于仓东村的村落里，大植物遗存能够保存于历史时期的考古堆积中。浮选法在提取小型植物遗存时非常有效，从发掘筛网中收集的较大植物遗存也可提供更多有价值的信息。在未来的研究中，我们的采样策略可减少现代堆积，增加完整历史堆积。对于现代堆积（上层30—40厘米），我们仅需收集2升土壤标本，便可获取足够的信息以记录现代扰入植物的类型与数量。对于完整的历史堆积，我们可收集10升土壤标本，特别是那些如灰坑一类保存条件好的遗迹，为我们的研究提供了数量丰富、类型广泛的材料。

## 参考文献

Anderson, E. N.
1970 Traditional aquaculture in Hong Kong. *Journal of Tropical Geography*, 30: 11–16.
1988 *The Food of China*. Yale University Press, New Haven, CT.
Brott, C. W.
1987 Utilitarian Stoneware from the Wong Ho Leun Site: A Pictorial Essay. *Wong Ho Leun: An American Chinatown, Volume 2. Archaeology*. San Diego, The Great Basin Foundation: 233–247.
Brooks, A.
2016 From Venezuela to Vanuatu: 19th-century British ceramics in a global context, Presented at the Kensington Central Library, 29 October, 2016.
Buck, J. L.
1956 *Chinese Farm Economy: A Study of 2866 Farms in Seventeen Localities and Seven Provinces in China*. University of Chicago Press, Chicago, IL.
Byrne, Dennis
2016 Heritage Corridors: Transnational Flows and the Built Environment of Migration.

*Journal of Ethnic and Migration Studies* 42 (14): 2360 – 2378.

Cappers, R. T. J., Neef, R., and R. M. Bekker

2009 *Digital Atlas of Economic Plants.* Barkhuis, Eelde, The Netherlands.

Chan, Sucheng

2005 *Chinese American Transnationalism: The Flow of People, Resources, and Ideas between China and America during the Exclusion Era.* Temple University Press, Philadelphia, Pennsylvania.

Chang, Iris

2003 *The Chinese in America: A Narrative History.* Penguin Books, New York.

Chang, K. C.

1977 *Food in Chinese Culture: Anthropological and Historical Perspectives.* Yale University Press, New Haven, CT.

Chen, J. 陈

1999 德化民窑青花 (*Dehua Folk Blue-and-White Wares*). Dehua County, Fujian Province, China, Dehua Ceramic Museum, Cultural Relics Publishing House。

Chiang, Bo-wei

2014 A Study of Social Change and Its Material Culture of the Overseas Chinese' Hometown in Modern: A Comparative Study between Zhu-shan Quemoy, Fujian and Zi-licun Kaiping, Guangdong. Personal papers of the author.

Chinn, Thomas W., Him Mark Lai, and Philip P. Choy (editors)

1969 *A History of the Chinese in California: A Syllabus. Chinese Historical Society of America*, San Francisco, CA.

Choy, Philip P.

2014 Interpreting "Overseas Chinese" Ceramics Found on Historical Archaeology Sites: Manufacture, Marks, Classification, and Social Use. Society for Historical Archaeology Research Resources. Electronic document, http://www.sha.org/index.php/view/page/chineseCeramics, accessed March 1, 2014.

Chung, Sue Fawn, and Priscilla Wegars

2005 *Chinese American Death Rituals: Respecting the Ancestors.* AltaMira Press, Walnut Creek, CA.

Costello, J. G., K. Hallaran and K. Warren, Editors.

2010 *The Luck of Third Street: Historical Archaeology Data Recovery Report for the Caltrans District 8 San Bernandino Headquarters Demolition Project.* Prepared by Foothill Resources Ltd., Mokelumne Hill, CA and Applied Earth Works, Inc., Hemet, CA, for the California Department Department of Transportation District 8, San Bernandino CA.

Cummings, L.S., B. L. Voss, C. Y. Yu, P. Kováčik, K. Puseman, C. Yost,

J. R. Kennedy, and M. S. Kane

2014 Fan and Tsai: Intracommuity Variation in Plant-Based Food Consumption at the Market Street Chinatown, San Jose, California. *Historical Archaeology* 48 (2): 143 – 172.

Evans, W. S. J.

1980 Food and Fantasy: Material Culture of the Chinese in California and the West, Circa 1850 – 1900. *Archaeological Perspectives on Ethnicity in America: Afro-American and Asian American Culture History*. R. L . Schuyler, editor. Baywood Publishing Company, Farmingdale, NY: 89 – 96.

Faure, David

1986 *The Structure of Chinese Rural Society: Lineage and Village in the Eastern New Territories*. Oxford University Press, Oxford, UK.

1989 *The Rural Economy of Pre-Liberation China: Trade Expansion and Peasant Livelihood in Jiangsu and Guangdong, 1870 – 1937*. Oxford University Press, Oxford, UK.

2007 *Emperor and Ancestor: State and Lineage in South China*. Stanford University Press, Stanford, CA.

Faure, David, and Helen F. Siu

1995 *Down to Earth: The Territorial Bond in South China*. Stanford University Press, Stanford, CA.

Feller, John Quentin

1982 *Chinese Export Porcelain in the 19th Century: The Canton Famille Rose Porcelains from the Alma Cleveland Porter Collection in the Peabody Museum of Salem*. Peabody Essex Museum, Salem, MA.

Felton, D. L. , F. Lortie and P. D. Schulz

1984 *The Chinese Laundry on Second Street: Archaeological Investigations at the Woodland Opera House Site*. Cultural Resource Management Unit, Resource Protection Division, State of California Department of Parks and Recreation, Sacramento, California.

Fike, Richard E.

1987 *The Bottle Book: A Comprehensive Guide to Historic, Embossed Medicine Bottles*. Peregrine Smith Books, Salt Lake City, UT.

Flora of China

2008 eFloras. Missouri Botanical Garden, St. Louis, MO & Harvard University Herbaria, Cambridge, MA. , http: //www. efloras. org, accessed 21 August 2018.

Fong, Kelly

2013 Excavating Chinese America in the Delta: Race and the Historical Archaeology of the Isleton Chinese American community, PhD dissertation, University of California, Los Angeles.

Foster, J. W.

1906 The Chinese Boycott. *The Atlantic Monthly* 97 (1): 118–127.

Glass Bottle Marks

2017 Whittemore Boston U.S.A./Antique Bottles. https://glassbottlemarks.com/whittemore-boston-antique-bottles/. Accessed 8 May 2017.

González-Tennant, Edward

2011 Creating a Diasporic Archaeology of Chinese Migration: Tentative Steps across Four Continents. *International Journal of Historical Archaeology* 15: 509–532.

Greenwood, Roberta S.

1996 *Down by the Station: Los Angeles Chinatown, 1880–1933*. Institute of Archaeology, University of California, Los Angeles, Los Angeles, CA.

Hayes, James

2001 *South China Village Culture*. Oxford University Press (China), Hong Kong.

Heffner, Sarah C.

2012 Investigating the Intersection of Chinese and Euro-American Healthcare Practices in Nevada from 1860–1930. Doctoral dissertation, University of Nevada, Reno.

Hirano, Takahiro, Takumi Saito, and Satoshi Chiba

2015 Phylogeny of freshwater viviparid snails in Japan. *Journal of Molluscan Studies*. 81 (4): 435–441.

Ho, Chuimei

1988 *Minnan blue-and-white wares: An archaeological survey of kiln sites of the 16th - 19th centuries in southern Fujian, China*. BAR International Series 428, Oxford, UK.

Hsu, Madeline

2000 *Dreaming of Gold, Dreaming of Home: Transnationalism and Migration between the United States and South China, 1882–1943*. Stanford University Press, Stanford, CA.

Hung, Mak Shiu

1960–1961 The fish ponds and oyster beds of the Wang Chau area. *Journal of the Geographical, Geological, and Archaeological Society, University of Hong Kong*. 1: 79–86.

Jones, Olive and Catherine Sullivan

1989 *The Parks Canada Glass Glossary for the Description of Containers, Tableware, Flat Glass, and Closures*. Revised edition. National Historic Parks and Sites, Canadian Parks Service, Canadian Government Publishing Centre, Quebec, Canada.

Kang, S.

2013 Symbolic Meanings of Chinese Porcelains from the Market Street Chinatown. Unpublished paper, June 7, 2103, Market Street Chinatown Archaeology Project, http://marketstreet.stanford.edu/wp-content/uploads/2013/08/Kang-2013.pdf.

Kennedy, J. Ryan

2015 Zooarchaeology, Localization, and Chinese Railroad Workers in North America. *Historical Archaeology* 49: 122 – 133.

2016 Fan and Tsai: Food, Identity, and Connections in the Market Street Chinatown. Doctoral dissertation, Indiana University, Bloomington. Available from ProQuest Dissertations and Theses database (UMI No. 1868415777).

Kennedy, J. Ryan, Sarah Heffner, Virginia Popper, Ryan Harrod, and John Crandall

2016 "An Archeology of the Health and Well-Being of Chinese Railroad Workers." Presented at the Conference of the Chinese Railroad Workers in North America Project at Stanford University, Stanford, CA, April 14 – 16.

Klose, J. and C. Schrire

2015 Asian Ceramic Collections from VOC Sites in the Cape. *Historical Archaeology at the Cape: The Material Culture of the Dutch East India Company (VOC)*. C. Schrire, editor. UCT Press, Cape Town, South Africa: 101 – 141.

Kraus-Friedberg, Chana

2008 Transnational Identity and Mortuary Material Culture: The Chinese Plantation Cemetery in Pahala, Hawai'i. *Historical Archaeology* 42 (3): 123 – 135.

Kuhn, Philip A.

2008 *Chinese among Others: Emigration in Modern Times*. Rowman and Littlefield, New York.

Kuwayama, G.

1997 *Chinese ceramics in colonial Mexico*. Los Angeles County Museum of Art and University of Hawaii Press, Honolulu, HI.

Lai, Him Mark

1986 *A History Reclaimed: An Annotated Bibliography of Chinese Language Materials on the Chinese of America*. UCLA Asian American Studies Center, Los Angeles, CA.

Layton, T. N.

1997 *The Voyage of the* Frolic: *New England Merchants and the Opium Trade*. Stanford, CA, Stanford University Press.

Leath, Robert A.

1999 "After the Chinese Taste": Chinese Export Porcelain and Chinoiserie Design in Eighteen-Century Charleston. *Historical Archaeology* 33 (3): 48 – 61.

Li, Guoping

2013 李国平:《广东华侨文化景观研究》,北京:中国华侨出版社 [*A Research on Overseas Chinese Cultural Landscapes of Guangdong*]. The Chinese Overseas Publishing House, Beijing, China。

Liao, Zhen-Ming

2013 廖振明编:《华侨故事：梦想、苦难、荣耀：江门五邑华侨华人博物馆展览巡礼》,广州：岭南美术出版社 (The Story of Overseas Chinese: Dream, Misery, and Glory. A Tour to Overseas Chinese Museum of Jiangmen Wuyi). Lingnan Art Publishing House, Guangdong, China。

Lim, Tong Kwee

2012 *Edible Medicinal and Non-Medicinal Plants*, Volumes 1 – 4, Fruits. Springer, Dordrecht, the Netherlands.

Lindsey, Bill

2016 Bottle Dating Worksheet. In *Baffle Marks and Pontil Scars: A Reader on Historic Bottle Identification*, edited by P. D. Schulz, R. Allen, B. Linsdsey and J. K. Schultz, pp. 51 – 56. Society for Historical Archaeology Special Publication Series No. 12, Germantown, MD.

2014 BLM/SHA Historic Glass Bottle Identification and Information Website. Society for Historical Archaeology. sha. org/bottle/. Accessed 2014 October 16.

Lister, F. C. and R. H. Lister

1989 *The Chinese of Early Tucson: Historic Archaeology from the Tucson Urban Renewal Project*. University of Arizona Press, Tucson, AZ.

Liu, Haiming

2004 Transnational Historiography: Chinese American Studies Reconsidered. *Journal of the History of Ideas* 65: 135 – 153.

Liu, Hong

1998 Old Linkages, New Networks: The Globalization of Overseas Chinese Voluntary Associations and Its Implications. *China Quarterly* 155: 582 – 609.

Liu, Jin and Wenzhao Li

2011a 刘进、李文照:《江门五邑侨汇档案选编（1940—1950）》,北京：中国华侨出版社 [Selected Archival Materials on Overseas Remittance in Jiangmen City (1940 – 1950)]. Overseas Chinese Press, Beijing, China。

2011b 刘进、李文照:《银信与五邑侨乡社会》,田在原、赵寒松译,广东：广东人民出版社 (Yinxin and the Wuyi Qiaoxiang Society). Guangdong People's Press, Guangzhou, China。

Lu, Jing and Baocong Guan

1999 路菁、关宝琮:《中国民间青花瓷》,沈阳：辽宁画报出版社 (Chinese Blue and White Porcelain). Liaoning Pictorial Magazine Press, Shenyang, China。

Lydon, Jane

1999 *Many Inventions: The Chinese in the Rocks*, Sydney, 1890 – 1930. Monash University, Clayton, Victoria, Australia.

Madsen, Andrew D and Carolyn L. White

2011 *Chinese Export Porcelains*. Left Coast Press, Walnut Creek, CA.

Majewski, Teresita, and Michael J. O'Brien

1987 The Use and Misuse of Nineteenth-Century English and American Ceramics in Archaeological Analysis. *Advances in Archaeological Method and Theory* 11: 97 – 209.

Martin, Alexander C. and William D. Barkley

1961 *Seed Identification Manual*. University of California, Berkeley, CA.

Mei, Weiqiang, and Zefeng Guan

2010 梅伟强、关泽峰:《广东台山华侨史》, 北京: 中国华侨出版社 (Overseas Chinese History in Taishan of Guangdong). The Chinese Overseas Publishing House, Beijing, China。

Michaels, G.

2005 Peck-Marked Vessels from the San José Market Street Chinatown, A Study of Distribution and Significance. *International Journal of Historical Archaeology* 9 (2): 123 – 134.

Miller, R. C. and F. A. McClure

1931 The freshwater clam industry of the Pearl River. Lingnan Science Journal 10: 307 – 322.

Molenda, John

2015a Moral Discourse and Personhood in Overseas Chinese Contexts. *Historical Archaeology* 49 (1): 46 – 58.

Molenda, John

2015b Rethinking Fung Shui. In *Historical Archaeologies of Capitalism, Second Edition*, M. P. Leone and J. Knauf, editors. Pp. 181 – 199. Springer, New York, NY.

Morales, Ernesto J

2007 Self-recruiting species in farmer managed aquatic systems: their importance to the livelihoods of the rural poor in Southeast Asia. Doctoral Dissertation. Institute of Aquaculture, University of Stirling, Stirling, UK.

Mudge, J. M.

1986 *Chinese Export Porcelain in North America*. Clarkson N. Potter, New York, NY.

Orchard, D. J.

1930 China's Use of the Boycott as a Political Weapon. *Annals of the American Academy of Political and Social Science* 152: 252 – 261.

Pan, Lynn

1990 *Sons of the Yellow Emperor: A History of the Chinese Diaspora*. Little, Brown, &

Company, London, UK.

Pan, Lynn, editor

1999 *The Encyclopedia of the Chinese Overseas.* Harvard University Press, Boston, MA.

Peffer, George Anthony

1999 *If They Don't Bring Their Women Here: Chinese Female Immigration before Exclusion.* University of Illinois Press, Urbana, IL.

Rains, K.

2003 Rice bowls and beer bottles: Interpreting evidence of the overseas Chinese at a Cooktown dumpsite. *Australasian Historical Archaeology* 21: 30 – 14.

Reitz, E. J., and E. S. Wing

2008 *Zooarchaeology*, 2nd edition. Cambridge University Press, Cambridge, UK.

Rice, P.

1987 *Pottery Analysis: A Sourcebook.* University of Chicago Press, Chicago, IL.

Rinaldi, Maura.

1989 *Kraak Porcelain: A Moment in the History of Trade.* Bamboo Publishing, Ltd., London, UK.

Ross, Douglas E.

2011 Transnational Artifacts: Grappling with Fluid Material Origins and Identities in Archaeological Interpretations of Culture Change. *Journal of Anthropological Archaeology* 31: 38 – 48.

Ross, Douglas E.

2013a *An Archaeology of Asian Transnationalism.* Gainesville, University Press of Florida.

2013b Overseas Chinese Archaeology. In *Encyclopedia of Global Archaeology.* C. Smith, editor. Springer, New York, NY.

Simoons, F. J.

1991 *Food in China: A Cultural and Historical Inquiry.* CRC Press, Boca Raton, FL.

Spence, J.

1977 Qh'ing. In *Food in Chinese Culture: Anthropology and Historical Perspectives*, edited by K. C. Chang, pp. 259 – 294. Yale University Press, New Haven, CT.

Staski, Edward

1993 The Overseas Chinese in El Paso: Changing Goals, Changing Realities. *Hidden Heritage: Historical Archaeology of the Overseas Chinese.* P. Wegars, editor. Baywood Publishing Company, Amityville, NY: 125 – 149.

2009 Asian American Studies in Historical Archaeology. In *International Handbook of*

*Historical Archaeology*. T. Majewski and D. Gaimster, editors. Pp. 347 – 359. Springer, New York, NY.

Schiffer, Herbert, Peter Schiffer and Nancy Schiffer

1975 *Chinese Export Porcelain*: *Standard Patterns and Forms*, 1780 *to* 1880. Schiffer Publishing Ltd. , Pennsylvania, PA.

Sinn, Elizabeth

2001 Hong Kong as an In-Between Place in the Chinese Diaspora 1849 – 1939. In *Connecting Seas and Connected Ocean Rims*: *Indian*, *Atlantic*, *and Pacific Oceans and China Seas Migrations from the* 1830*s to the* 1930*s*, Donna R. Gabaccia and Dirk Hoerder, editors, pp. 225 – 247. Brill, Leiden, the Netherlands.

2003 *Power and Charity*: *A Chinese Merchant Elite in Colonial Hong Kong*. Hong Kong University Press, Hong Kong.

Staniforth, Mark

1996 Tracing Artefact Trajectories - Following Chinese Export Porcelain. *Bulletin of the Australian Institute for Maritime Archaeology* 20 (1): 13 – 18.

Staniforth, Mark and Mike Nash

1998 *Chinese Export Porcelain from the Wreck of the Sydney Cove* (1797). Special Publication No. 12. The Australian Institute for Maritime Archaeology, Inc. , Australia.

Sui, Helen F.

2010 *Merchants' Daughters*: *Women*, *Commerce*, *and Regional Culture in South China*. Hong Kong University Press, Hong Kong.

Takaki, Ronald

1998 *Strangers from a Different Shore*: *A History of Asian Americans*, updated and revised edition. Back Bay Books/Little, Brown, & Company, New York, NY.

Tan, Jinhua (Selia)

2013a The Culture of Lu Mansion Architecture in China's Kaiping County, 1900 – 1949. Doctoral dissertation, Architecture Conservation Programme, University of Hong Kong, Pokfulam.

2013b 谭金花:《开平碉楼与村落的建筑装饰研究》,北京: 中国华侨出版社 (Research on the Ornamentation of Kaiping Diaolou and Its AssociatedVillages). The Overseas Chinese Publishing House, Beijing, China。

2013c *Profile of Cangdong Village. Kaiping Diaolou Conservation and Development Project*. Cangdong Education Center, Kaiping, China.

Toulouse, Julian Harrison

1971 *Bottle Makers and Their Marks*. Thomas Nelson Inc. , New York, NY.

UN Educational, Scientific and Cultural Organization

2014 World Heritage List: Kaiping Diaolou and Villages. Electronic document, http: //whc. unesco. org/en/list/1112, accessed October 24, 2014.

Voss, Barbara L.

2015 The Historical Experience of Labor: Archaeological Contributions to Interdisciplinary Research on Chinese Railroad Workers. *Historical Archaeology* 49（1）: 4 – 23.

2016 Towards a Transpacific Archaeology of the Modern World. *International Journal of Historical Archaeology* 20: 146 – 174.

In press. The Archaeology of Serious Games: Play and Pragmatism in Victorian-era Dining. *American Antiquity*.

Voss, Barbara L., and Rebecca Allen

2008 Overseas Chinese Archaeology: Historical Foundations, Current Reflections, and New Directions. *Historical Archaeology* 42: 5 – 28.

2010 Guide to Ceramic MNV Calculation Qualitative and Quantitative Analysis. *Technical Briefs in Historical Archaeology* 5: 1 – 9.

Voss, Barbara L., and J. Ryan Kennedy, Editors

2017《广东省开平市仓东村考古调查报告》。*Guangdong sheng kaipingshi cangdongcun kaogu diaocha baogao* (Kaiping County, Guangdong Province: Archaeological Survey of Cangdong Village). Guangdong Provincial Institute of Cultural Relics and Archaeology, Guangzhou, China; Guangdong Qiaoxiang Cultural Research Center at Wuyi University, Jiangmen City, China; and Stanford Archaeology Center at Stanford University, Stanford, California. Manuscript on file, Historical Archaeology Laboratory, Stanford Archaeology Center, Stanford University, Stanford, California。

Voss, Barbara L., J. Ryan Kennedy, Jinhua Selia Tan and Laura W. Ng

2018 The Archaeology of Home: Qiaoxiang and Non-State Actors in the Archaeology of the Chinese Diaspora. *American Antiquity* 83（3）: 407 – 426.

Wang, Ke

2011 王克:《广东侨乡历史文化调查集》，汕头：汕头大学出版社（*Investigations on the History and Culture of Guangdong Qiaoxiang*). Shantou University Press, Shantou, China。

Wästfelt, B., B. Gyllensvärd and J. Weibull

1990 *Porcelain from the East Indiaman* Götheborg. Wiken Press, Denmark.

Watson, Rubie S.

1991 Wives, Concubines, and Maids: Servitude and Kinship in the Hong Kong Region, 1900 – 1940. *Marriage and Inequality in Chinese Society*. R. S. Watson and P. B. Ebrey, editors. Pp. 231 – 255. University of California Press, Berkeley, CA.

Watson, Rubie S., and Patricia Buckley Ebrey, editors.

1991 *Marriage and Inequality in Chinese Society*. University of California Press, Berkeley, CA.

Weisz, Gary J.

2014 (updated 2018) *Archaeology of the Overseas Chinese: A Pictorial Essay*. Sandpoint, Idaho.

Welch, Patricia Bjaaland

2008 *Chinese Art: A Guide to Motifs and Visual Imagery*. Tuttle Publishing, North Clarendon, Vermont.

Willits, W. and S. P. Lim

1981 *Nonya ware and Kitchen Ch'ing: Ceremonial and domestic pottery of the 19th-20th centuries commonly found in Malaysia*. Southeast Asian Ceramic Society/Oxford University Press, Petaling Jaya, Malaysia.

Wong Tak-yan

1984 Lime-making on Tsing Yi. *Journal of the Hong Kong Branch of the Royal Asiatic Society*, 24: 295–304.

Wolf, Arthur P.

1980 *Marriage and Adoption in China, 1845–1945*. Stanford University Press, Stanford, CA.

Yang, J. K. and R. W. Hellmann

2013 A Second Look at Chinese Brown-Glazed Stoneware. *Ceramic Identification in Historical Archaeology: The View from California, 1822–1940*. R. Allen, J. E. Huddleson, K. J. Wooten and G. J. Farris. Germantown, MD, Society for Historical Archaeology: 215–227.

Yang, J. K. and V. R. Hellmann

1998 What's in the Pot? An Emic Study of Chinese Brown Glazed Stoneware. *Proceedings for the Society for California Archaeology* (11): 59–66.

Yeo, S. T. and J. Martin

1978 *Chinese Blue & White Ceramics*. Southeast Asian Ceramics Society, National Museum of Singapore, and Arts Orientalis, Singapore.

Yung, Judy

1995 *Unbound Feet: A Social History of Chinese Women in San Francisco*. University of California Press, Berkeley, CA.

# 第四章 北美铁路华工与广东侨乡的物质实践之对比

本书首次提供了关于铁路华工生活的全面研究,结合了北美中国移民遗址和一个侨乡乡村调查的考古资料。在本项目开始之前,北美的考古学家无法将其资料与中国类似数据进行对比,而中国学者也同样不易获取关于北美铁路华工生活的考古资料。本研究具有开创性,将这两个迥然不同但至关重要的数据库相结合。本次研究的成功基于由斯坦福大学考古中心、广东侨乡文化研究中心,以及广东省文物考古研究所三方所签署的《合作意向书》。

在本结尾章节,我们将北美铁路华工与广东侨乡物质实践进行比较研究。对比资料来源于北美铁路华工营和其他铁路劳工遗址与生活相关的考古数据和历史描述,详述于本书第二部分以及其他发表资料。虽然仓东村的物质文化分析工作还处于初期阶段,但将其与北美考古发现进行比较之后,我们已发现了两地之间的众多联系。

## 研究发现

### 主题一 远离故乡,建立新居

在仓东村地面调查和试掘中,我们发现的一些器物与铁路华工营及其他华人移民遗址在形制和装饰风格上完全一致。这些相同的器物来自不同方面的物质实践,包括食物准备、用餐、祭祀以及药品使用。综合来看,这些器物表明华工通过物质文化来营造一个"远离家乡的家",

从而实现他们在新的社会与物质环境中的延续。

地表调查中发现的一小部分遗物与市场大街唐人街中发现的相同。市场大街唐人街是19世纪一个大型的城市唐人街，位于加利福尼亚州的圣荷西。这些相似的遗物包括磨光炻器碗、竹花纹碗具以及瓷质的炻器油灯盘的碎片（图4-1）。这类器物的碎片也出土于仓东村的试掘探方，以及其他北美西部与铁路华工相关的遗址（Maniery et al. 2016；Voss 2015，2018a，2018b）。其他能与北美遗址相匹配的遗物还包括陶瓷烹饪器、中国褐釉炻器（包括嘴壶、酒瓶和大型储藏器）、油灯架、香炉和鸦片枪头。在试掘出土的陶器标本中，其中一些纹饰与以往在北美铁路华工考古遗址所发现的类型相同，这些标本来自中型碗，上带有寿桃灵芝、兰石、模板印花、莲纹和鸟语花香的纹饰（Lister and Lister 1989：56-57；Layton 1997；Weisz 2014；Costello，Hallaran，and Warren 2010：Fig 6-24）。

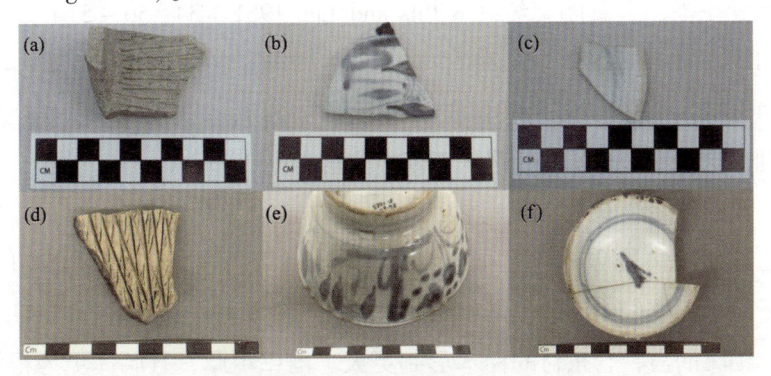

图4-1　仓东村（a-c）与加州圣荷西市场大街唐人街（Market Street Chinatown）（d-f）所发现的相似器物
　　（a、d）炻器磨碗残片；（b、e）竹花纹饰的饭碗残片；（c，f）似瓷炻器油灯残片（照片均由仓东村考古项目和圣荷西唐人街考古项目提供）

除了特定的遗物和瓷器风格，仓东村与铁路华工营的器物种类也有相似之处。在侨乡和中国移民遗址中，虽然两地的陶瓷纹饰有所差异，中型碗都是最常见的器型（见下文，主题五：乡村生活的稳定性）。这个发现表明，尽管在19世纪晚期和20世纪早期大量移民给家乡和国外带来深远变化，两地日常用餐的器型仍然保持不变。

美国和中国器物之间的关联表明，铁路华工利用物质文化来建立一个"远离家乡的家"。不论这些劳工是否都参与了例如切菜、饮食或是点燃仪式用油灯一类的日常工作，这些物品为他们在新的社会和物质环境中提供了视觉、触觉和感知上的连续性。通过在侨乡和移民社群中使用相同的物品，返乡的移民能够更加轻松地融入环境。通过这些物品在各地的延伸，"家"的概念在物质上从侨乡扩展至各个遥远的移民社群。

### 主题二　市场资源的差异

尽管仓东村和铁路华工营的遗物存在一定相似性，他们在其他方面仍有差别。这种差别在晚清（约1875—1912）至民国（1912—1949）的中国制陶瓷餐具中尤为明显。和铁路华工营以及其他相关遗址出土的器物相比，仓东村的陶瓷装饰图案和器物类型上多有不同。这些瓷器大多为青花瓷，上有团菊纹（Willits and Lim 1981：34, 50 - 51）、梵文（Willits and Lim 1981：6, 34），以及一些尚未鉴定的青花图案（见第三章第五节）。器物大多为类似瓷器的炻器中型碗，其中许多在内壁底部用釉，这种生产技术在铁路华工营中非常少见。

双喜纹是仓东村和北美铁路华工营中最频繁出现的纹饰（图4 - 2）。这种纹饰最常出现于两地的中型碗上。不过，对仓东村双喜陶片的分析显示，它们的制造工艺和原料来源均与中国移民遗址的标本有所差异。相比而言，仓东村的标本形制更大、器壁更厚，且胎体更为粗糙，装饰更为随意。研究中国移民遗址的考古学家通常认为，在移民社区所发现的双喜陶瓷一般产自广东东部，主要来源于历史上潮州市大埔县南部的高陂镇（Choy 2014），但仓东村的标本很有可能产自珠江三角洲地区的本地窑。仓东村的四喜标本与海外标本的不同表明这类跨国比较的后续研究工作十分重要。

无论在2016年的地表调查（Voss and Kennedy 2017）还是在2017年的试掘中，仓东村的瓷器遗物中均不见四季花纹和豌豆纹。两种花纹几乎出现在所有北美铁路华工营和其他中国移民社区遗址。举例来说，在加利福尼亚州圣荷西市场大街唐人街的餐具瓷片中，四季花纹瓷器占瓷片总数量的 41.11%（Voss et al. 2018：417）。这类瓷器用釉上珐琅彩技术进行装饰，最有可能产于江西景德镇。豌豆纹往往出现在米酒壶上，相对而言较不常见，仅占市场大街唐人街餐具瓷片总数量的 1.14%，虽然数量较少，此类图案还是在北美西部的各个中国移民遗址中出现。这两种图案在仓东村堆积中的缺失，进一步表明了侨乡和海外铁路华工社区在供应网上的显著不同。

图 4-2　双喜纹饰碗具残片对比
（a）仓东村；（b）圣荷西市场大街唐人街（照片均由仓东村考古项目和圣荷西唐人街考古项目提供）

纹饰风格上的明显不同表明了两地物质文化来源的不同。仓东村居民使用相对便宜的青花瓷，来自本地和开平附近的陶瓷生产点，而铁路华工的瓷器供应则依赖于广东东部高陂镇窑和江西景德镇窑。瓷器（可能还包括其他商品）的不同供应渠道可能源于大型进出口公司金山庄的控制，同时这家公司也几乎垄断了对北美铁路华工的供给。海外社群内中国陶瓷具有明显的统一性和单一性，表明金山庄公司与特定的制造商签订了大量标准化生产的陶瓷订单，其中很多制造商位于珠江三角洲以外的地区。由此而言，铁路华工使用的中国制造的陶瓷和其他物品并不与他们家乡的完全相同。这可能导致了铁路华工和其珠江三角洲家乡居民在日常生活方面的差异。而且，对于一些铁路华工而言，他们可能并不熟悉他们所使用的国产商品。金山庄的垄断性供给在很大程度上控制了铁路华工的物质生活，导致这些华工在购买陶瓷类的进口商品或是加工食品时，基本没有选择空间。

### 主题三 消费西方商品

在北美铁路华工相关的遗址中发现了数量可观的欧美制产品，很显然铁路华工已将很多西方商品融入其生活各方面。同时，北美铁路华工还参与当地的市场，购买并使用如布料、工具以及陶瓷器等西方产品，他们还消费各种的食物、饮料和药物（Heffner 2015；Kennedy 2015，2016；Voss 2015）。关于北美铁路华工使用西方物质文化这个问题，北美考古学家有诸多辩论。他们提出，中国人对西方商品的使用可能代表了文化适应、文化混合或是在有限条件之下的无奈选择（Voss et al. 2018）。由于缺乏关于侨乡比较数据，北美考古学家难以全面阐释铁路华工和其他中国移民遗址中西方商品的含义。

2016年和2017年在仓东村的研究表明，侨乡居民购买和使用西方商品。在仓东村地表调查（Voss and Kennedy 2017）期间，研究人员共发现了9件英国精制白瓷碎片，并且在试掘期间发现了另外28件精瓷碎片，包括乳白瓷、白瓷、改良白瓷和带有蓝彩的改良白瓷（见第三章第五节）。虽然这些只占仓东村发现的餐具的一小部分，但是它们的出现表明，侨乡居民已融入全球市场，将一些西方商品纳入日常生活中。

地表调查期间，研究人员发现了3个玻璃瓶，年代可以追溯到19世纪末和20世纪初，均由北美生产商制作。第一件是由马萨诸塞州的DuBois玻璃公司制造的无标签药瓶（1914—1918；Jones and Sullivan 1989；Lindsey 2014，2016：40），第二件为压塞封口玻璃瓶，破损严重，可能用于储存药液。这个瓶子上印有中英文标记（图4-3），其中英文部分为"GREENS//…CAL.//"，其全文应该是"GREENS LUNGSRESTORER/SANTA ABIE// ABIETINE MEDICAL CO// OROVILLE, CAL. U. S. A."（Fike 1987：212）。四个汉字中只有两个可以辨认："青"和"厂"，"青"可能是R. M. Green姓氏的翻译，"厂"可能指1885年至1921年在加利福尼亚州奥罗维尔经营的松香（Abietine）制药公司（Mansfield 1918）。下面我们将详细讨论松香（Abietine）制药公司的瓶子。第三个瓶子是无色带有压纹的长方形鞋油瓶，可能制造于1914—1930年。压印标签"WHITEMORES [sic] SHOE POLISH"代表Whittemore

Bros. &Company，是一家位于马萨诸塞州波士顿的家居用品公司（Lindsey 2016；Russell 2017；Toulouse 1971）。

图4-3 松香医药公司（Abietine Medical Company）的双语药瓶
（照片均由仓东村考古项目和圣荷西唐人街考古项目提供）

尽管在仓东村试掘期间所发现的遗物分析仍在进行，我们已发现了更多反映村民使用西方商品的证据，其中包括带有燧石发火装置的步枪火石（图4-4）。

图4-4 仓东村试掘单位106所发现的步枪火石
（照片均由仓东村考古项目和圣荷西唐人街考古项目提供）

总之，调查和试掘所发现的遗物表明，仓东村村民在清末（约1875—1912）和民国（1912—1949）时期使用西方商品。仓东村村民使用英国精瓷作为餐具，消费北美药品和个人护理产品，并依赖欧洲武器技术。这些研究结果表明，在19世纪，伴随广东融入全球化进程，村民的生活也随之改变。此外，这也说明北美的铁路华工可能在迁移之前便已熟悉西方商品。这一发现对解读北美铁路华工使用西方物质文化这个问题提供了重要线索。在海外中国人社区所发现的欧洲和美国的产品，可能表明早期居民更倾向于使用熟悉、更容易获取的产品，而非对新文化的接纳（Voss et al., 2018）。

**主题四　乡村生活的变迁**

过去的研究已详细记录了移民对家乡日常生活的影响，而仓东村调查为现存的研究提供了新的信息。首先，试掘显示，仓东村的地貌从晚清（1875—1912）至民国（1912—1949）变化较大。每个地下探测单位中均出现了19世纪晚期到20世纪早期挖掘的灰坑。它们其中大多与建筑活动有关，例如石灰或灰泥的搅拌，或是堆积用于制造砖瓦的黏土。此外，所有探方中频繁出现的建筑碎片和牡蛎壳（可能用于石灰制造）进一步表明了村庄建设和改建的强度。根据以往的仓东村建筑学研究和其他侨乡文件，村民通过海外家人和宗族成员的汇款来扩大和改善他们的居住环境（Tan 2013a，2013b）。试掘结果进一步证实这些活动的存在，同时指出这些建筑工程对非建筑空间带来了影响。

关于乡村生活的第二个改变，目前原因尚不明确。地表调查显示，仓东村的居民拥有获取多种陶瓷餐具的渠道，这些餐具至少包括十余种装饰图案。然而，从晚清（1875—1912）至民国（1912—1949）时期地层出土的遗物分析显示，此期间的餐具的种类相对较少。其中大多数仅限于以上提及的廉价青花瓷器。这是一个出乎意料的结果，目前我们尚不清楚造成这种物质文化改变的原因。可能是由于海外汇款的增加，促使了仓东村居民购买更多种类的餐具陶瓷，也可能由于20世纪（特别是民国时期）制造方法的改变，产出了大量便宜且式样丰富的餐具。具体是何种原因造成了仓东村这一段时间内青花瓷向多式样瓷器的转变，我们仍然需要更多的研究。

**主题五　乡村生活的稳定性**

虽然乡村生活的某些方面因移民而发生变化，但是有充分的证据表明在这些时期生活其他方面的文化稳定性。例如，在仓东村的地下堆积中发现了一些陶瓷餐具，它们与先前预测的 19 世纪中国南方传统餐具一致。中型碗是发现最多的餐具，虽然人们使用的餐具类型和装饰随着时间的推移而改变，但餐具的形制与其父祖辈相同。这个现象说明，尽管物质生活的其他方面发生了变化，但是包括餐具类型在内的膳食形式保持不变。

动植物遗存的分析也说明了清末和民国时期乡村生活的稳定性。仓东村的动物数据显示，在此期间，除了食用当地贝类，村民食用的肉类数量非常有限。尽管铁路华工和其他移民每日肉类食用量明显高于侨乡居民，但几乎没有证据显示家乡的饮食发生了根本变化。虽然欧美产品进入了家乡的日常生活，但是铁路华工的肉类消费增加并没有影响到珠江三角洲的村庄。造成这个现象的原因可能是 19 世纪广东的肉类价格远高于北美，但我们也不排除饮食偏好在这过程中起到的作用（Anderson 1988：179）。虽然大植物遗存的数量有限，但是它们表明村民食用大米和冬瓜。此外，仓东村居民充分利用所有动植物资源，将动植物作为田地肥料和动物饲料，这点也与铁路华工和北美华人移民有所不同。

尽管移民和全球化给侨乡生活带来了许多变化，但是仓东村的数据表明有几个方面维持着稳定。特别是日常饮食中使用的碗具类型，在所有时期中型饭碗均为主体。动植物遗存证据也显示，晚清和民国时期动植物种类的变化很小。这种稳定性与同时期新引进的药品、个人护理产品和陶瓷等西方商品带来的变化形成对比。这些现象表明，在此期间仓东村日常生活各方面变化有着不同的方式与节奏。

**主题六　新文化形式的出现**

尽管以上提及的松香（Abietine）制药公司瓶子产于美国，但它不一定是"西方"商品。带有英文标记的松香（Abietine）制药公司的瓶子是考古学家和收藏家所熟知的。然而，在仓东村收集的带有双语标记的药瓶,则是松香(Abietine)制药公司向汉语消费者推销其产品的首例证据。中国移民与美国西部欧美居民的互动促使了新的文化形式的出现,同时也带来了新的研究问题。

松香制药公司的历史众所周知。1864 年,在加利福尼亚州奥罗维尔附近的巴特县发现了松树林,这种树材适合制造松香(松树汁蒸馏物)。1885 年 1 月,奥罗维尔居民 R. M. Green 成立了松香制药公司,生产和销售由松香制成的药品(Mansfield 1918:319)。Green 为松香制药公司注册多个包括"卡他治疗""预防肺和咽喉疾病"和"从松香膏、药膏、软膏和其他化合物中获取的蒸馏物"在内的专利(US Patent Office 1885:109)。目前,我们尚不清楚 Green 如何开发这些新药物。但它的相关传记资料显示,Green 是一名未经过医学或科学训练的企业家。除了管理松香制药公司,Green 还与他人合作开发金矿,创立奥罗维尔银行,建立一个药店,管理多处房产,并推动整个巴特县的农业和灌溉发展(Aiken 1903:190;Davis et al. 1897;Lenhoff 2001:52,60)。

也许是通过与在美中国人合作,Green 得以开发并销售面向中国消费者的药品。尽管迄今为止没有发现关于 Green 与中国合作者的文字记录,但是奥罗维尔中国寺庙的一张历史照片显示了一种合作关系的存在。一张命名为"Feng Lee Company, 1215 Lincoln Street, Oroville, California, 95965 Butte County"的照片被展出于一个庆祝华人草药学家 Chun Kong You(中文不详)对奥罗维尔历史贡献的小型庆祝活动上。展览的描述文字表明,该照片摄于 1895 年 1 月 26 日的中国新年集会,地点位于 Chun 的店面之前,也就是"宏利号"(Fong Lee Company)。照片的标签信息显示,Green 本人也在这张合影之中。

照片相关的说明性文字表明,Chun(约1840—1897)于 1867 年以铁路工人的身份从广东省台山来到美国。在 1869 年至 1879 年,Chun 在加利福尼亚州的特拉基(Truckee)开设了一家草药店。20 世纪 70 年代晚期,Chun 创立了奥罗维尔的 Fong Lee Company,经营中药,同时也为中国移民提供国际邮政服务。在松香制药公司成立之时,Chun 和他的公司已建立起良好声誉,因此可成为 Green 有利的合作伙伴。Chun 的中药学知识可能帮助松香制药公司研发产品配方。通过宏利号金山庄

——美国与珠江三角洲之间的中药原料进口和产品运输的必要中介的关系，Green 不仅可以销售其产品给在美中国人，也可扩展至珠江三角洲的消费市场。在仓东村所发现的松香制药公司药瓶无法被归类成"欧美"或"中国"。它是一个在 19 世纪美国西部的欧洲和中国移民之间的复杂关系网中所生成的产物。这个新型商品被销售至广东的同时，也将移民社群的创新带回了家乡。

## 总　结

在此项研究之前，由于缺少关于铁路华工家乡的物质文化信息，美国的考古学家在分析铁路华工遗址中遗物和遗迹的时候面临了困难。例如，虽然研究者们想要了解铁路华工是如何适应北美地区新的生活环境的，但是由于无法得知劳工们在家乡时的居住条件、饮食传统及其他生活传统，探讨文化转变是十分困难的。与之相似的是，在中国的侨乡学者很难获取北美考古学家关于铁路华工的研究成果，因此无法将其与侨乡的历史、建筑和民族学的丰富资料进行比较。以上所提及的六个研究主题展示了考古学方法对侨乡研究的贡献，以及它如何可为铁路华工和侨乡居民的跨国比较研究提供一个基础。显然，铁路华工和其故乡生活的物质实践紧密相连，我们不能把它们视为独立的分析个体。

通过综合侨乡和铁路华工营遗址的资料，本研究展示了铁路华工如何通过从中国进口的物品来建立异乡之家。不过，这些进口商品与侨乡物品不尽相同，金山庄公司供应的双喜碗便是其中一个例子。在北美，考古学家通常将所有产自中国的物质文化都视为侨乡传统，而我们研究的成果显示，金山庄有可能向铁路华工和其他中国移民提供了不常见的中国商品（Voss et al. 2018）。同样，在仓东村所发现的欧美产品说明，在晚清和民国前期，侨乡居民是国际市场的参与者，且对西方物质文化有一定了解。此外，侨乡居民不仅将包括陶瓷、药品以及个人美容产品的西方物质文化融入了他们的生活，铁路华工在移民北美之前可能已对一系列的西方产品有所熟悉。这些发现与以往北美考古学家的相关分析大相径庭。在此之前，在铁路华工营所发现的欧美物品通常被认为是一种文化转变，或是在中国产品缺乏的情况之下对西方产品的应急性购买。

仓东村的数据同时也涉及了晚清至民国乡村生活的转变与稳定。从调查所发现的大量建设和拆卸相关遗迹和废墟来看，仓东村居民通过海外汇款改造了他们的居住环境，但同时他们生活的其他方面则维持现状。在面临持续甚至极端性的历史变更之时，仓东村居民仍继续食用传统食材，例如蜗、蚌类、稻米、蔬菜以及鸡肉。他们饮食所用的碗也与他们祖先数代所使用的完全相同。

最后，本研究还解释了移民和跨国关系的新生特性，其中以松香公司的药瓶为代表。这个药瓶揭示了加利福尼亚州奥罗维尔的铁路华工草药师与美国创业者之间的独特合作，在此之前从未发现。只有19世纪的中国人移民美国后，中国移民才得以与北美白人交流互动，这件物品才得以产生。这类互动还发生在中国人与北美土著人群之中，即第二章第四节中所提及的联盟关系。

虽然本研究项目取得了成功，但还有很多工作尚需完成。首要的是，尽管北美的考古学家已经对上百个铁路华工遗址进行了调查，仓东村却是唯一一个通过调查和试掘来开展研究的侨乡遗址。因此，本研究所得出的一些结论受到田野工作所获取材料的局限，无法反映珠江三角洲侨乡遗址的多元性。若要探讨不同的地区、家族、年代侨乡的变化，我们需要用同样的方法对更多村落进行调查，以此获取与物质文化和动植物数据相关的资料。在本书撰写之际，对台山另外一处历史村落的研究计划已开始实行。经过未来对更多村落的调查，我们可以逐渐解决北美历史考古与珠江三角洲对比性数据失衡的问题。

此外，研究者通常需要数年时间来完成各类文物、标本和残留物的整理分析工作。除了例行的遗物鉴定和描述，还可利用各种属性分析来促进跨区域研究，用化学成分分析来确定生产地点和技术，用微观残留物分析来揭示物品的使用方式，以及用DNA分析来精确动物种属的鉴定。为了将仓东村的研究成果尽快呈现于其他研究者，本书包含2017年12月至2018年8月所进行的初步分析成果。这些初步研究的重点是遗物整理和鉴定。未来的研究将得出更多细致的结论。

本书是首部将北美铁路华工遗址的考古资料与一个侨乡村落的地表

和地下资料相结合的研究成果。这些数据以跨国的视角描述了一段铁路华工的故事，突出了这个群体在故乡与北美生活的联系。仓东村的研究提供了首批来自侨乡的对比性资料，增强了我们关于北美铁路华工物质生活的理解。本书的成果不仅为我们研究铁路华工在大洋两岸的生活提供了重要的证据，也为未来北美和中国的合作研究奠定了基础。

## 参考文献

Aiken, Charles Sedgewick

1903 *California Today, San Francisco, Its Metropolis*. California Promotion Committee, San Francisco, CA.

Anderson, E. N.

1988 *The Food of China*. Yale University Press, New Haven, CT.

Choy, Philip P.

2014 Interpreting "Overseas Chinese" Ceramics Found on Historical Archaeology Sites: Manufacture, Marks, Classification, and Social Use. Society for Historical Archaeology Research Resources. Electronic document, http://www.sha.org/index.php/view/page/chineseCeramics, accessed March 1, 2014.

Costello, J. G., K. Hallaran and K. Warren, Editors.

2010 *The Luck of Third Street: Historical Archaeology Data Recovery Report for the Caltrans District 8 San Bernandino Headquarters Demolition Project*. Prepared by Foothill Resources Ltd., Mokelumne Hill, CA and Applied Earth Works, Inc., Hemet, CA, for the California Department Department of Transportation District 8, San Bernadino, CA.

Davis, J. Z., W. S. Keyes, Thomas B. Bishop, W. S. Lyle, and J. E. Doolittle

1897 *Appendix to the Journals of the State and Assembly of the Thirty-Second Session of the Legislature of the State of California*, Vol. 5. State Printing, Sacramento, CA.

Fike, Richard E.

1987 *The Bottle Book: A Comprehensive Guide to Historic, Embossed Medicine Bottles*. Peregrine Smith Books, Salt Lake City, UT.

Heffner, Sarah C.

2015 Exploring Health-Care Practices of Chinese railroad Workers in North America. In *The Archaeology of Chinese Railroad Workers in North America*, B. L. Voss, editor. Thematic issue, *Historical Archaeology* 49 (1): 134–147.

Jones, Oliveand Catherine Sullivan

1989 *The Parks Canada Glass Glossary for the Description of Containers, Tableware,*

*Flat Glass*, *and Closures*. National Historic Parks and Sites and Canadian Parks Service. Canadian Government Publishing Centre, Quebec, Canada.

Kennedy, J. Ryan

2015 Zooarchaeology, Localization, and Chinese Railroad Workers in North America. *Historical Archaeology* 49: 122 – 133.

2016 Fan and Tsai: Food, Identity, and Connections in the Market Street Chinatown. Doctoral dissertation, Indiana University, Bloomington. Available from ProQuest Dissertations and Theses database (UMI No. 1868415777).

Layton, T. N.

1997 *The Voyage of the* Frolic: *New England Merchants and the Opium Trade*. Stanford University Press, Stanford, CA.

Lenhoff, James

2001 *Images of America*: *Oroville*, *California*. Arcadia, Charleston, SC.

Lindsey, Bill

2014 Historic Glass Bottle Identification and Information Website. Society for Historical Archaeology. Electronic document, https://sha.org/bottle/, accessed April 16, 2017.

2016 Summary Guide to Dating Bottles. In *Baffle Marks and Pontil Scars*: *A Reader on Historic Bottle Identification*, edited by Peter D. Schulz, Rebecca Allen, Bill Lindsey, and Jeanette K. Schultz, pp. 33 – 49. Special Publication Series No. 12. Society for Historical Archaeology, Germantown, MD.

Lister, F. C. and R. H. Lister

1989 *The Chinese of Early Tucson*: *Historic Archaeology from the Tucson Urban Renewal Project*. University of Arizona Press, Tucson, AZ.

Maniery, Mary L., Rebecca Allen, and Sarah Christine Heffner

2016 *Finding Hidden Voices of the Chinese Railroad Workers*: *An Archaeological and Historical Journey*. Society for Historical Archaeology, Germantown, MD.

Mansfield, George C.

1918 *History of Butte County*, *California*: *With Biographical Sketches of the Leading Men and Women of the County Who Have Been Identified with its Growth and Development from the Early Days to the Present*. Historic Record Company, Butte County, California.

Russell, David

2017 *Glass Bottle Marks*. Whittemore Boston U.S.A./Antique Bottles. Electronic document, https://glassbottlemarks.com/whittemore-boston-antiquebottles/, accessed May 8, 2017.

Tan, Jinhua (Selia)

2013a The Culture of Lu Mansion Architecture in China's Kaiping County, *1900 –*

1949. Doctoral dissertation, Architecture Conservation Programme, University of Hong Kong, Pokfulam.

2013b 谭金花:《开平碉楼与村落的建筑装饰研究》, 北京: 中国华侨出版社(Research on the Ornamentation of Kaiping Diaolou and Its AssociatedVillages). The Overseas Chinese Publishing House, Beijing, China。

Toulouse, Julian Harrison

1971 *Bottle Makers and Their Marks*. Thomas Nelson, New York, NY.

US Patent Office

1885 *Official Gazette of the United States Patent Office* 33 (October 8 – December 29). Government Printing Office, Washington, DC.

Voss, Barbara L.

2015 The Historical Experience of Labor: Archaeological Contributions to Interdisciplinary Research on Chinese Railroad Workers. *Historical Archaeology* 49 (1): 4 – 23.

2018a Every Element of Womanhood with which to Make Life a Curse or Blessing: Missionary Women's Accounts of Chinese American Lives in Nineteenth-Century Pre-Exclusion California. *Journal of Asian American Studies* 21 (1): 105 – 135.

2018b The Archaeology of Precarious Lives: Chinese Railroad Workers in Nineteenth-Century North America. *Current Anthropology* 59 (3): 287 – 313.

Voss, Barbara L., and J. Ryan Kennedy, Editors

2017《广东省开平市仓东村考古调查报告》(Kaiping County, Guangdong Province: Archaeological Survey of Cangdong Village). Guangdong Provincial Institute of Cultural Relics and Archaeology, Guangzhou, China; Guangdong Qiaoxiang Cultural Research Center at Wuyi University, Jiangmen City, China; and Stanford Archaeology Center at Stanford University, Stanford, California. Manuscript on file, Historical Archaeology Laboratory, Stanford Archaeology Center, Stanford University, Stanford, CA。

Voss, Barbara L., J. Ryan Kennedy, Jinhua Selia Tan and Laura W. Ng

2018 The Archaeology of Home: Qiaoxiang and Non-State Actors in the Archaeology of the Chinese Diaspora. *American Antiquity* 83 (3): 407 – 426.

Weisz, Gary J.

2014 (updated 2018) *Archaeology of the Overseas Chinese: A Pictorial Essay*. Sandpoint, Idaho.

Willits, W. and S. P. Lim

1981 *Nonya ware and Kitchen Ch'ing: Ceremonial and domestic pottery of the 19th-20th centuries commonly found in Malaysia*. Petaling Jaya, Malaysia, Southeast Asian Ceramic Society/Oxford University Press, Oxford, UK.

## 编后感语

2003 年，我在美国当访问学者研究华侨史，第一次寻找早期中国人与铁路的足迹，在马里斯维尔（Marysville）唐人街一处破败荒凉的小巷里，我看见一盆小小的竹子，旁边有几个黑褐色的陶罐，一只猫从旁边蹿过，那一刻我仿佛回到家乡的村子里；在加利福尼亚州北部一个极为偏僻的淘金贸易小镇菲当埠（Fiddletown）的"朝记"小店里，我看到华工供奉的两个神龛和中草药买卖柜台，旁边一块破旧的木板，写着"唐番和合"，那一刻我仿佛感受到早期排华期间，华工一边紧抱祖宗传统，一边挣扎与努力……

华工在海外面对新的社会，新的物质世界与迥异的文化，而骨子里又是那样地守护着自己的传统与信仰。在建筑铁路过程中不幸去世的华工，常常就近草率下葬，十数年后唐人街的族人仍然组织人力把他们的骸骨从铁路边上的旷野挖走，辗转经香港东华医院运回原籍安葬……

无论在侨乡做华工村落的田野调查还是在美国铁路沿线考察华工的营地，我总能从细小的器皿和周边的景致中看到有关联的线索，哪怕是原址已经消失，而只有留在博物馆里的几块碗片、一个茶壶、一个酒杯、一个牌匾，我都可以想见他们当时的生活情状及其背后的文化因素；总是感叹一百多年前华侨先辈们，如何在缺乏家庭生活支撑的情况下，游走于祖国与居住国的物质世界和精神世界之间，如何克服时间、空间、文化、信仰上的差异，来平衡自我的生活需求与身份认同。

美国横贯大陆铁路的建成，不但改变了美国的命运，也间接改变了世界，间接改变了铁路华工家乡的经济政治面貌和文化景观。19 世纪中后期去美国淘金和建设铁路的第一代华工，他们本身未必赚了很多钱寄回家乡，然而，正是那段经历，让他们走出了家乡的圈子，开阔了视野，获得了经验，学会了改革的新思想，开拓了新的发展路径，让他们的后代可以有机会接受教育，可以有基础再到海外谋生，以支持家庭及家乡的建设。此后几十年，经过几代华工的努力，家乡的面貌已经发生了翻天覆地的变化。

1934年上海良友画报社出版《今日之四邑》，摄影记者兼总编辑张沅恒表达了他考察侨乡之后的感受："这次有机会旅行全国各地，北至关外，南迄海南岛，所见所闻，只觉得足资伤戚的地方比较多，可供欣幸的地方少……这次我们旅行到四邑的感想：看到那平坦的公路，整洁的市政建设，美丽的公园，藏书万卷的私家图书馆，以及许多私立的中学校和小学校，在我们已到过的地方里，可以说没有一处及得上它那样有生气的。……这些做客他乡的四邑人民，对于故乡的热爱，并不因空间的隔离而减少，反而为了在国外受到因祖国羸弱而被其他民族所轻视的刺激，使他们每个人都抱着一个理想——一个如何在国外发了财，要把自己的故乡改造得和国外的城市一样兴旺发达的理想。近数年来，这一个伟大的理想，已由无数个四邑侨胞的努力而逐渐实现了。"

回乡建设家园的时候，华工们把他们对于铁路的记忆和梦想画在自家房子里，作为灰雕（图1）和壁画（图2）装饰的主题——唐纳峰开凿隧道的艰难岁月让他们刻骨铭心，因此画中的铁路必然经过崇山峻岭中的隧道。在台山，曾经在美国参与铁路建设的陈宜禧及其支持者依靠华侨自己的资金和自己的工程技术人员于1909年建成"新宁铁路"，对家乡产生极大的影响（图3、图4）。对经历过海外艰辛创业和排华岁月的华侨来说，此举不但完成了家乡人的"摩登（modern）"梦，更重要的是通过建筑本土的铁路而建立起来的自信与尊严；在开平，虽然未能最后建成铁路，但工匠们也把"广平铁路"（广州至开平）（图5）和"广平铁路公司"车站的梦想描绘了出来（图6）。

图1 火车灰雕

图2 火车钻山洞

图3 新宁铁路

图 4　稻田边的新宁铁路

图 5　广平铁路火车

图 6　广平铁路车站

华工的世界从来都是双向的。他们生活在太平洋两岸的物质文明之中，浸染在中西文化当中。因此，对于华工的研究，必将也是双向的，只有综合东西方文化，根据他们在太平洋两岸的气候特点、生活习惯、文化传统去解读，才能真正理解华工的思想，才能真实还原华工的声音。

从参与斯坦福大学张少书与谢利·费希尔·费雪金两位教授于2012年提出的"斯坦福大学铁路华工研究项目"到编辑本书，我更深刻地了解了铁路华工的世界，他们那么的卑微，悄无声息地消融在历史当中；然而，华工在铁路营地及其家乡村落的生活点滴、瓶瓶罐罐、散落满地的瓦片、瓷片，哪怕是他们吃过的一块骨头，他们种植过的一颗种子，他们用过的一瓶药水，所发出来的声音却那么铿锵有力，都成为学术背后坚强的支撑！

感谢五邑大学广东侨乡文化研究中心、广东省文物考古研究所、斯坦福大学铁路华工研究项目给我参与"广东省开平市仓东村人类学深度调查"项目的机会，校对和编辑本书中文版，作为五邑侨乡人，幸甚！

谨以此书告慰千千万万铁路华工的在天之灵！

谭金花

2019年1月27日